KB235590

불교 철학 이야기

일상에서 찾은 천년불교

김문갑 지음

글앤북
Geul&Book

나를 찾아 나서는 여정
'천년불교'를 시작하며

장면 1 : 이기적이고 괴팍한 노처녀 도라는 글을 읽지 못하는 사람들의 편지를 대필해주고 받는 돈으로 살아갑니다. 하루는 남편이자 아버지를 간절히 만나고 싶어하는 아나와 그의 아들 조슈에의 편지를 대신 써 준 그 날, 아나가 교통사고로 죽습니다. 중앙역을 떠나지 못한 채 배회하는 조슈에. 도라는 조슈에를 인신매매단에 팔아넘기고 받은 돈으로 리모콘 TV를 사지요. 그날 밤을 잠 못 이루는 밤으로 보내고, 아침 날이 밝자 인신매매단을 찾아간 도라는 조슈에와 함께 도망칩니다. 내친 김에 조슈에의 아버지를 찾아 함께 길을 떠나는 도라.

장면 2 : 테살리아의 대도시 이올코스의 왕 아이손은 아버지가 다른 동생 펠리아스에 의하여 왕위에서 쫓겨납니다. 아이의 어린 아들 이아손은 어머니의 손에 이끌려 켄타우로스 족의 현자賢者 케이론에게 맡겨지고 ...... 다 자란 이아손은 잃어버린 왕위를 되찾기 위해 숙부인 펠리아스를 찾아갑니다. 순순히 왕위를 내놓을 리 없는 펠리아스는 먼 동방 황무지 콜키스에 있는 황금모피를 가져올 것을 요구합니다. 이에 원정대가 결성되니 바로 아르고 원정대이지요.

[장면 1]은 영화 <중앙역>의 내용이고, [장면 2]는 그리스 신화입니다. 이 두 장면은 사이에 수천 년의 간극이 있음에도 불구하고 똑같은 이야기 구조를 갖고 있습니다. 도라는 일상이 반복되는 중앙역을 떠나 낯선 환경, 익숙하지 못한 세계로 떠났다가 돌아옵니다. 이아손도 왕궁을 떠나 펠레온산에서 살고, 다시 콜키스로 긴 여정을 떠났다가 돌아오지요. 이 일상으로부터의 '분리', 낯선 미지의 세계로의 '입문', 다시 본래 자리로의 '귀환'이라는 이야기 구조는 일찍이 조셉 캠벨이 제시한 신화 속 서사구조입니다.

<중앙역>, <델마와 루이스> 같은 로드무비는 물론, <스타워즈>, <반지의 제왕> 같은 SF, <본 시리즈>류의 액션 추리극, 심지어 <악마는 프라다를 입는다> 같은 멜로물까지도 '분리 - 입문 - 귀환'이라는 서사구조를 뼈대로 합니다. 어째서 수천 년 전 신화 속 이야기 구조가 첨단 과학의 시대에도 맹위를 떨치는 걸까요? 그건 아마도 인간은 과거나 현재나 늘 떠나고 싶어 하기 때문일 겁니다. 일상으로부터의 탈출은 대부분이 꿈꾸는 희망사항이지요. 그럼 왜 우리들은 그토록 일상에서 벗어나고 싶어할까요? 그건 일상이 내가 꿈꾸는 삶이 전혀 아니기 때문이겠지요.

도라가 낯선 곳으로의 여행 끝자락에서 만나는 사람은 거울 앞에서 화장을 하는 자신, 그토록 미워하던 아버지가 그리워 눈물 흘리는 그녀 자신입니다. 이런 도라의 모습은 일상 속에서 왜곡된 채 은폐되어 있었던 것입니다. 일상에서 탈출하고 싶은 욕망은 어쩌면 이렇게 가려진 '나'의 참 모습을 되찾고 싶어서 일 것입니다. 선재동자가 깨달음을 얻고자 길을 나선 것도, 예수가 광야에 나아가 악마의 시험에 드는 것도, 싯달타 태자가 고행길에 접어드는 것도 모두 잃어버린 본래면목을 찾아 나선 여정은 아

닐까요?

그래서 떠나보려고 합니다. 석가모니가 생노병사가 고통임을 알게 된 순간부터, 큰 수레[대승大乘]에 몸을 싣고, 중국의 천태산에도 올라갔다가 육조 혜능을 만날 때쯤이면 아마도 나의 본래 면목과 조우하리라 기대하면서 말입니다.

유성에서
저자

차례

천년불교. 멀리보기. 가볍게 훑어보기

제1장 _ 근본불교

제2장 _ 대승불교

제3장 _ 중국불교

기나긴 여정 _ 282

자본주의와 불교 _ 292

천년불교 멀리보기, 가볍게 훑어보기

인도불교

1. 근본불교根本佛敎

근본불교는 부처가 깨달은 것으로, 사성제四聖諦, 삼법인三法印, 연기설緣起說, 팔정도八正道 등으로 구성됩니다. 그 내용은 다음과 같이 요약할 수 있을 것입니다.

> 모든 존재는 독립불변의 실체 없이[무아설] 서로 의지하며 존재한다.[연기설] 그런데 중생들은 마치 영원히 변치 않는 실체가 있는 것처럼 헛된 망상에 사로잡혀 있기에 고통이 따른다.[사성제] 따라서 집착을 버리고 망상을 여의면 고통으로부터 해탈할 수 있다.[팔정도]

관념은 인간의 사고와 행위를 지배합니다. 득히 시배체세가 만든 관념은 오랜 시간 광범위한 지역에 걸쳐 사람들의 의식과 행동을 지배합니다. 동양의 전통사회에서는 유교적 도덕관념이, 근대 유럽에선 이성이 사람들의 의식을 지배하였습니다. 선善의 이름으로, 신神의 이름으로, 몸을 구속하고 자유를 억압하였습니다. 불교가 관념을 망상으로 규정하고 비판하는 이유는 자유를 위해서입니다. 현대적 의미에서 해탈이란 모든 구속으로부터의 자유를 의미합니다. 법률적인, 제도적인 자유에서 그치는 게 아니라 나의 사고와 의식을 지배하는 일체의 관념으로부터 자유로운 것입니다. 극단적 자유주의, 아니 이런 개념으로부터도 자유롭고자 하는, 절대자유의 세계입니다.

체제수호자나 지배 권력의 입장에서 볼 때, 불교는 매우 위험한 사상입니다. 왜냐하면 체제를 유지하기 위해서 상당한 통제와 구속은 필수인데, 불교는 이 모두를 부정하기 때문입니다. 그 어떤 도덕적 선이나 사회적 정의도 불교 앞에서는 헛된 망념이 되고 맙니다. 불교보다도 더 혁명적이고 반체제적인 사상은 없습니다.

불교의 이런 태생적 특성은 이후 불교의 방향을 결정합니다. 불교가 지배담론을 생산하는 일은 거의 없습니다. 불교는 오히려 기존의 지배담론과 치열하게 싸웠습니다. 드물게 불교가 체제 안의 지배담론을 만드는 경우도 있습니다만, 대개 이런 경우는 깊은 종교적 깨달음을 얻은 지배자가 등장하여 불교전파에 힘을 쏟거나(아소카왕), 정치적 필요, 예컨대 다양한 민족과 종교를 하나의 체제로 통일시켜야할 요구에 불교가 부응할 때입니다(당唐의 교종). 이런 매우 예외적인 경우를 제외하고 불교는 언제나 권력 밖에 있었습니다. 체제 밖에서 자유가 가져다주는 희열을 추구하였고, 억압받는 중생들의 최후의 의지처가 되었습니다.

근본불교라는 용어에 대하여

흔히 부처 당대의 불교를 원시불교라고도 하는데, 이 용어는 적절치 않다고 보여집니다. 이 용어는 원시기독교에 대응하여 나온 말입니다. 원시기독교라는 말은 예수 탄생이후 기독교가 정식 교회체제를 갖추기 이전까지를 가리키는 용어입니다. 기독교에서도 원시기독교라는 말 대신 초기기독교, 혹은 초기 교회라는 용어를 사용하는데, 초기라는 말에는 역사적으로 초창기라는 의미 외에는 다른 의미는 없습니다. 불교에서도 초기 불교라고 하는데, 이 경우에도 같은 의미로 사용됩니다.

대다수의 세계종교는 오랜 기간 여러 사상과 관념이 섞여들며 만들어집니다. 하지만 불교는 부처라는 특정인이 깨달은 바가 그 자체로 온전한 이론체계를 갖추고 이를 기반으로 그 위에 세워진 종교입니다. 따라서 부처의 교설이 모든 불교사상의 근본이 된다는 의미에서 근본불교라는 용어가 가장 적합해 보입니다.

근본불교라는 용어는 불교가 부처의 교설을 벗어나 해석될 수 없다는 의미를 내포합니다. 이는 어떤 사상이든 그것이 불교라는 말을 들으려면 반드시 부처가 깨달은 범위 안에 있어야만 한다는 말입니다. 이를 벗어난다면 그것은 이미 불교가 아닙니다. 예컨대 불교의 특정 종파나 사상이 불변의 실체를 인정한 것으로 해석하는 경우가 있는데, 이런 해석은 완전히 부처의 교설을 벗어난 해석입니다.

불교는 부처의 깨달음을 근본으로 하고 결국은 그 근본으로 돌아갑니다. 근본불교라는 용어가 불교만큼 적절한 것도 없습니다. 부처의 깨달음은 화수분과도 같아서 캐어내고 캐어내도 결코 마르지 않는, 고향과도 같아서 언젠가는 반드시 돌아가야만 하는 뿌리, 바로 근본입니다.

2. 부파불교部派佛敎

부처 입멸 후 100여 년이 지날 무렵, 교단은 교리 해석을 놓고 분열합니다. 교리나 계율을 엄격히 지켜야한다는 보수적인 입장과 시대변화에 맞춰 융통성을 보이자는 진보적인 입장으로 나뉘지요. 보수파는 상좌부上座部, 진보파는 대중부大衆部라 하는데, 이들 상호간에 다시 이견을 보이며 기원전 200년경에는 20여 개의 부파로 분열됩니다. 상좌부의 설일체유부說一切有部나 경량부經量部가 대표적인 부파입니다.

이들은 자신들의 주장을 합리화하기 위한 논서論書를 펴내는데, 이를 '아비다르마abhidharma'라고 합니다. 설일체유부의 『아비달마발지론阿毘達磨發智論』이나 『아비달마대비바사론阿毘達磨大毘婆沙論』 등이 그것입니다. 아비달마阿毘達磨는 아비다르마의 한역漢譯으로, '다르마dharma'는 '법法', '아비abhi'는 '~에 대하여'라는 의미이니 '아비다르마'는 '법, 혹은 존재에 대하여'란 말이 됩니다.

3. 대승불교大乘佛教

상좌부의 출가와 엄격한 계율 준수가 성불의 필요조건이 되어서는, 출가하지 않고 세속에 살면서 성불할 수 있는 길은 애초부터 막혀 있는 것입니다. 따라서 모든 중생을 구제한다는 부처의 정신을 실현할 방법은 없습니다. 이에 상좌부의 보수적인 교단 운영에 반발하여 대중 속으로 들어가 대중들과 함께 생활하며 중생을 구제하겠다는 운동이 생기고 퍼져나갔습니다. 이 운동을 주도했던 사람들은 상좌부를 소승小乘이라고 비판하면서 스스로를 대승大乘, 즉 모든 중생을 구제하는 큰 수레로 부르기 시작합니다. 대승불교가 꽃망울을 터트리는 순간입니다.

대승불교가 성립하려면 세속에 살면서도 진리를 터득할 수 있다는 논리가 성립하여야 합니다. 이 시점, 대략 기원전 1세기 무렵부터 『반야경般若經』 계통의 경전이 등장합니다. '색즉시공 공즉시색色即示空空即示色'은 세속이 곧 진리요, 진리는 세속을 벗어나지 않음을 선언하는 것입니다. 출가하지 않고서도 해탈이 가능해진 것입니다. 『반야경』 계통의 경전이 유난히도 많이 출간되는데, 이는 곧 대승불교운동이 각지로 퍼졌나갔음을 의미합니다. 소승불교가 스리랑카나 동남아 지역에 국한되었음에 비하여 대승불교는 동유럽에서 극동까지 광범위하게 전파됩니다. 대승불자들의 종교적 열정은 그렇게 뜨거웠고, 자유를 향한 중생들의 열망 또한 그토록 강렬했던 것입니다.

대승불교가 널리 전파될수록 그에 대한 비판과 반론도 세집니다. 따지고 보면 대승의 정신이 부처 본래의 정신과 가깝습니다. 근본불교가 본래 갖고 있는 혁명성, 그 비판과 저항 정신은 고스란히 대승불교로 전수된 셈입니다. 대승불교가 기존의 종교나 지배 사상과 충돌하는 모습을 보이는 것도 당연합니다.

중관학中觀學은 처음부터 파사현정破邪顯正을 기치로 내걸었습니다. 용수龍樹와 그의 제자들은 기존의 가치관이나 전통사상을 공격함으로써 부처의 바른 가르침을 알리려 하였습니다. 이들은 파사破邪를 통하여 현정顯正코자 하였던 것입니다. 중관학의 팔불설八不說은 이런 배경 하에서 제대로 이해될 수 있습니다.

그런데 중관학은 너무 나갔습니다. 이들은 공격할 줄만 알았지 방어할 줄은 몰랐던 것 같습니다. 이들은 일체의 관념을 깨부수고 마침내는 자신마저 깨뜨리게 됩니다. 결국 차라리 실유實有에 사로잡힐지언정 악취공惡趣空에 빠지지 말라는 말이 나오게 됩니다.

그럼에도 불구하고 용수는 백가百家의 스승으로 추앙되었습니다. 이유가 뭘까요? 그를 통해 불교의 근본정신을 보기 때문은 아닐까요? 일체의 관념을 부정하고, 일체의 구속에 저항하며, 절대의 자유를 향한 치열함. 그게 불교인의 참모습입니다. 모든 걸 다 부숴버리더라도 결코 노예적 삶을 허용하지 않겠다는 자유에의 열망이 가장 불교적인 것입니다. 그렇게 중관학은 기꺼이 모든 걸 부쉈습니다.

모든 걸 부셔버린 그 위에 부처의 가르침을 다시 세워야하는 일이 불자들에게 주어졌습니다. 이런 과업을 짊어지고 유식학唯識學이 등장합니다. 일체의 관념이 부정된 그 위에 마음이 유일한 주체로 세워지게 되는 것입니다. 중관학을 거쳐 유식학에 오면서 마음은 정히 해탈의 주체가 됩니다. 미륵彌勒, 무착無着, 세친世親 등 탁월한 유식논사들이 연이어 나오며 이론을 체계화하고 정밀하게 다듬어 갔던 것입니다. 혜능의 "깃발이 흔들리는 것도 아니요, 바람이 부는 것도 아니요, 오직 마음이 흔들리는 것이다."라는 일갈 또한 여기에 그 씨앗을 저장하고 있었던 것입니다.

대승불교에서 결코 빼놓아서는 안 되는 부분이 여래장사상如來藏思想입니다. 여래장사상은 중생에는 본래 여래장, 즉 깨끗한 불성이 내재해 있다는 것입니다. 바로 여래장자성如來藏自性입니다. 따라서 이 불성을 닦으면 누구라도 성불할 수 있다는 것인데 …… 이 주장의 문제는 근본불교의 무아설과 정면으로 배치된다는 점입니다. 무아설은 자성을 부정하는 것이고 여래장사상은 자성을 긍정하는 것이기 때문입니다. 자성을 긍정하는 여래장사상은 필연적으로 실유實有형태를 띠게 되고, 실유형태가 되어서는 결코 불교라고 말할 수 없습니다. 그래서 혹자는 여래장 사상을 불교가 아닌 것으로 이해하기도 합니다. 이를 어떻게 이해하여야 할까요?

여래장사상은 누구라도 성불할 수 있어야 한다는 대승불교의 대전제에서 바라보아야합니다. 즉 선지식을 만나지 못하거나 무식쟁이라도 성불할 수 있어야 합니다. 그렇다면 다른 사람의 도움 없이 스스로 성불할 수 있는 근거를 갖고 있어야 합니다. 그게 여래장입니다. 본래 갖고 있는 여래장자성을 닦으면 혼자의 힘으로도 성불할 수 있어야 하는 것입니다.

여래장 사상은 단순히 여기에 그치지 않습니다. 우리는 흔히 언어의 부족을 느낄 때가 있습니다. 느낌이나 체험을 말로 표현하기 힘들 때가 많습니다. 하물며 깊은 종교적 체험이나, 그 희열을 말로 표현하기란 불가능합니다. 깨침은 주체성에 대한 강렬한 자각을 동반합니다. 오직 내가 있다는 체험. 이보다 더 강렬한 불성 자각은 없을 것 같습니다. 내 안의 불성. 그 여래장에 대한 강한 믿음. 여래장계통이 훗날 밀교로 이어지게 되는 것도 또한 역사적 전개의 필연이라고 하겠습니다.

중국불교

1. 비단길이 열리고

한 무제漢武帝의 등장은 세계사에 엄청난 변화의 서막을 여는 것이었습니다. 고대에는 일개 동쪽 변방 국가였던 중국이 한 무제의 즉위와 함께 본격적으로 세계사의 주역으로 등장합니다. 이때가지만 해도 중국은 흉노匈奴에게 조공을 바치며 평화를 구걸하는 신세였습니다. 한漢나라는 일찍이 흉노와의 전쟁에서 패하였고, 그 대가로 매년 여자와 선물을 바쳐야만 하였습니다. 흉노는 그처럼 막강하였고 중국은 아직 미약하였습니다. 하지만 비옥한 중원은 결국 많은 물자와 사람을 길러내기에 충분하였으니,

중국이 아시아의 주인으로 등장하는 것은 시간문제일 뿐입니다. 경제적 풍요와 불어난 인구는 젊은 황제의 야심을 일깨웠고, 흉노 정벌은 그간 응축된 에너지의 분출이기도 하였습니다. 이제 중국은 동쪽 끝 변방 국가가 아니라 중앙아시아를 건너 서방에까지 위력을 떨치는 나라가 된 것입니다.

무제의 야망에 부응하여 길을 나선 장건張騫에 의해 서역로가 열리고 본격적인 동서 교역이 시작되었습니다. 비단길은 물품만이 오가는 게 아니었습니다. 동서의 문화가 만나고, 뜨거운 열망이 교차했습니다. 종교적 열정으로 충만한 승려와 학자들이 이 길 위에 자취를 남겼습니다. 그렇게 불교는 중국에 들어옵니다. 적어도 B.C. 2세기 경 전한前漢의 애제哀帝 때에 이미 불교가 중국에 전파되었다는 게 학계의 통설이다.

2. 역경승의 도래

문화의 전파는 이종교배를 통해서 가능합니다. 서로 다른 문화 간에 융합이 이루어져야 하는 것입니다. 이종교배를 거부하고 순수혈통을 이식하고자 하는 노력은 엄청난 희생을 가져옵니다. 기독교가 토착문화를 거부하며 순수한 기독교만을 이식하려는 시도가 엄청난 순교자를 양산한 것처럼 말입니다. 기독교의 관점에서 순교자이지, 객관적인 눈으로 보면 잘못된 교리와 강요된 신앙이 빚은 비극입니다.

불교의 포교사에서 기독교와 같은 비극은 발생하지 않았습니다. 불교는 기꺼이 다른 문화와 섞였고, 새롭게 태어납니다. 이 융합이 세계사에 필적할 게 없는 거대하고 화려한 문화를 꽃 피웠던 것입니다.

초기의 중국불교는 중국 전통의 도교와 결합하며 조금씩 뿌리를 내리기 시작합니다. 도교의 불로장생술이나 신선술에 불교는 기생하여 영역을 넓히고자 하였는데, 이런 시도는 오래가지 않습니다. 왜냐하면 도교가 불교를 포용하기에는 너무 작았기 때문입니다.

중국불교가 독자적인 문화를 창조하기 위해서는 먼저 불경의 번역이 선행되어야 합니다. 역경승譯經僧들의 중국 도래는 역사적 필연입니다. 후한後漢 말 낙양洛陽에 도착한 안세고安世高에 의해『사제경』,『전법륜경』 등이, 지루가참支婁迦讖에 의해『도행반야』,『수능엄경』 등의 대승경전이 번역됩니다. 안세고는 안식국(安息國, 현재의 이란)의 태자이며, 지루가참은 대월씨국(大月氏國, 현재의 아프가니스탄) 사람입니다. 중국에 전래된 초기의 불교는 천축(天竺, 인도)이 아닌 서역西域의 불교였습니다. 조선이 중국을 통해 서양의 학문을 접하는 것처럼, 중국 또한 서역을 통해 불교를 만났던 것입니다.

하지만 이런 간접 경험은 언제나 갈증을 유발합니다. 서양의 사상과 문화를 직접 배우고자 독일이나 프랑스로 유학을 가듯, 인도에 직접 유학을 가서 본래의 불교를 접하려는 사람들이 나타나게 됩니다. 삼장법사三藏法師 현장玄奘의 등장 또한 이런 문화전파의 필연적인 과정인 것입니다. 현장의 번역은 중국인의 눈에 비친 인도 불교가 어떤 것임을 드러냅니다.

역경승으로 빼놓을 수 없는 인물이 구마라집(鳩摩羅什, 344~413)입니다. 구마라집은 구자(龜玆, 현 신장위구르자치구) 사람인데, 전진前秦 왕 부견符堅이 그를 얻기 위해 구자를 공격하였다는 말이 전해질 정도로 당대 최고의 학승이었습니다. 장안에 도착한 그는 국가의 전폭적인 지원 하에 대대적으로 역경사업을 펼칩니다.『대품반야경大品般若經』,『법화경法華經』,

『유마힐경維摩詰經』,『아미타경阿彌陀經』,『금강경金剛經』 등의 경經과,『중론中論』,『백론百論』,『십이문론十二門論』,『대지도론大智度論』,『성실론成實論』 등의 논서論書가 그에 의해 번역되었습니다. 또한 구마라집은 무수히 많은 제자들을 길러냈습니다. 도생道生, 승조僧肇, 도융道融, 승예僧叡 등이 그의 문하에서 가르침을 받았습니다. 그는 실로 가장 위대한 번역가, 탁월한 학자, 훌륭한 스승이었다고 말하여도 과언은 아닐 것입니다. 삼장법사 현장은 구마라집 이후 사람이기 때문에, 구마라집의 번역을 구역, 현장의 번역을 신역이라고도 합니다.

3. 격의불교格義佛敎

격의불교 또한 불교가 중국화하는 과정에 나타나는 필연적인 수순이라고 하겠습니다. 격의불교는 대개 노장철학老莊哲學의 용어로 불교를 설명합니다. 승조(僧肇, 384~414)의 『조론肇論』이 대표적으로,『조론』에 실린 「열반무명론涅槃無名論」은 열반을 노자老子의 무명無名으로 설명합니다. 「반야무지론般若無知論」 또한 반야를 도가道家의 무분별지無分別智를 통해 이해하려는 것입니다.

이런 격의불교는 오래지 않아 반론에 부딪힙니다. 불교와 도교는 태생적으로 서로 다른 영역이 있기도 하지만, 조금 전에 언급한 것처럼 도교나 노장철학이 불교를 다 담기에는 그릇이 작은 것도 사실입니다. 결국 도안(道安, 314~385) 같은 사람이 나와 격의불교格義佛敎 폐지를 주장하게 되는 것입니다. 도안은 중국의 생활 풍속에 맞는 승려의 생활규범을 정했는데, 이 또한 중국불교가 온전히 자신의 색깔을 드러내는 시도라 하겠습니다.

격의불교는 그 외형보다도 훨씬 더 중요한 내적 의미를 품고 있습니다. 그 의미는 진리성 여부보다는 역사성에 있습니다. 격의불교가 유행하던 위진 남북조 시대는 매우 혼란한 시기였습니다. 중원의 통제력이 약해지자, 북방민족들이 대거 중국으로 들어옵니다. 흉노匈奴를 비롯해서, 갈羯, 저氐, 강羌, 선비鮮卑 등, 북방의 유목민족이 중원에서 건국과 패망을 되풀이합니다. 이른바 오호십육국五胡十六國입니다. 이렇게 황하 유역이 오호들로 어지러울 때, 한족은 장강長江 일대로 내려가 특유의 귀족문화를 키웁니다. 예컨대 왕희지(王羲之, 307~365)는 북쪽의 산동성山東省에서 태어났으나 혼란을 피하여 남쪽 회계현(會稽縣, 지금의 절강성) 산음山陰으로 이주하게 되는데…… 이곳에서 사안謝安, 손작孫綽 등의 문인들과 어울리며 시서詩書와 청담淸談을 즐깁니다. 말이 즐기는 것이지, 실상은 내일을 기약할 수 없는 귀족 지식인의 오늘을 사는 방법이었습니다. 도연명陶淵明이 <유사천遊斜川>에서 "내일은 내 알 바 아니네, 오늘을 즐기는 거야."라고 노래한 것처럼 말입니다. 내일 일을 어찌 알겠습니까. 자고 일어나 목이 붙어 있으면 또 오늘을 사는 것입니다. 힘없는 황제와 힘 있는 실력자의 틈바구니에서, 명분과 실리 사이에서, 이들은 선택을 강요당했습니다. 숨 막히는 억압과 공포 속에서 그들은 술에 취하였고, 기행으로 세상을 비틀었습니다. 그렇게 죽림칠현竹林七賢이 등장하고 청담이 유행하였던 것입니다.

이런 배경 하에 중국 특유의 귀족문화가 형성됩니다. 당시에 삼현학三玄學이 크게 유행합니다. 삼현학이란 노자老子, 장자莊子, 주역周易을 합쳐 부르는 말인데, 현학玄學이란 말이 풍기는 것처럼 심오함과 비논리, 형이상학과 비현실성은 당시 귀족 지식인들의 문화적 기풍이며 성향이었던 것입니다.

중국 불교사에서 격의불교의 등장은 불교가 이제부터 상류 엘리트들의 의식 속에 자리 잡기 시작하였음을 말하는 것입니다. 격의불교는 그 진리성보다는 역사성이 중요한 것입니다. 맞냐 틀리냐의 문제가 아니라, 불교의 위상이 중국에서 달라지는 계기가 되는 것입니다. 격의불교는 중국문화의 상부구조 속으로 편입되려는 학승들의 뜨거운 열망과 치열한 노력의 산물인 것입니다.

4. 교종

위진남북조의 400여 년에 걸친 혼란은 수隋나라에 의해 평정되고, 이어 당唐나라가 천하통일의 대업을 계승합니다. 이제 정치적 통합 못지않게 사상적 통합이 지식인들에게 주어진 시대적 사명이 되었습니다. 더구나 수와 당은 한족이 아니라 선비족이 세운 나라였습니다. 한족의 입장에서 보면 이민족이며 오랑캐입니다. 따라서 동서남북의 지리적 · 문화적 차이, 계층 간 · 민족 간 갈등을 넘어 중화와 오랑캐까지 모두를 아우를 수 있는 사상이 절실히 필요했던 것입니다. 이 요구에 부응한 게 바로 불교입니다.

이 일은 일체의 우주가 중중무진重重無盡, 단 하나도 남김없이 모조리 담겨야 하고, 광대무변廣大無邊 무시무종無始無終의 원대한 체계가 세워져야 하는 것입니다. 이를 위해 국가는 당대의 천재들을 불렀고, 준재俊才 기사奇士들이 부응하였습니다. 장안長安에는 한족만이 아니라 인도나 서역의 지식인, 예술인들이 넘쳤습니다. 현수賢首 법장法藏도 그런 사람 중의 하나였습니다.

법장은 중앙아시아의 강거康居 출신으로 오늘날 터키계 사람입니다. 비슷한 시기에 신라인 의상義湘 또한 중국에 들어갑니다. 이 이방인들은 당나라 조정의 전폭적인 지원 하에 연구에 매진합니다. 그리고 마침내 사상사에 유래가 없을 정도로 광대한 교학체계를 세웁니다. 바로 화엄학華嚴學입니다. 수나라의 천태학天台學과 더불어 이른바 교종敎宗은 국가의 지원이 없으면 성립하기 힘든 것이었습니다. 오랜 기간 뛰어난 이론가들이 배출되며 치열한 논리를 거쳐야 가능했던 것입니다.

생각해보면 놀라운 일입니다. 중국이란 공간을 배경으로 한족과 이민족, 지배 계급과 그 귀족문화, 생산과 교역을 통해 축적된 막대한 부富, 기타 등등의 요소들이 절묘하게 조화를 이루며, 인류역사상 가장 완벽한 이론 체계를 만들어 내었던 것입니다. 이보다 더 완벽할 수는 없다 싶을 정도로 뛰어나고, 아름답고, 황홀합니다. 모든 존재가 긴밀히 연결되어, 서로가 서로를 존재하게 하는 세계. 모든 존재의 본성이 그대로 발현되는 우주. 화엄종의 법계연기설法界緣起說과 성기설性起說이 빚어내는 우주적 하모니는 참으로 황홀합니다. 천태의 일념삼천一念三千은 어떤가요. 순간의 마음에 우주가 열리고 닫히는 세계. 제법諸法의 실상實相이 마치 모든 꽃이 한번에 피어나듯 그대로 드러납니다. 『묘법연화경妙法蓮華經』이 그리는 세계는 그렇게 아름답습니다.

교종의 성립은 이미 불교가 상당부분 중국화 되었음을 의미합니다. 본래 불교는 자성自性을 부정하는 무아론無我論입니다. 하지만 천태의 성구설性具說이나 화엄의 성기설은 자성의 실체성을 인정하고 들어가는 것입니다. 따라서 무아無我와 유아有我의 모순을 극복하는 것이 당시의 불교사상가들이 풀어야할 과제입니다. 체용론體用論은 중국불교가 창조해 낸 또 하나의 위대한 사상체계입니다. 본체의 공성空性을 인정하면서 작용의 실체성實體性을 드러냄으로써 주체성을 확립하는 체계. 초월적인 신에게 의지하지 않아도, 내생의 천국을 제시하지 않아도, 이 순간 그대로 '나'에게서 펼쳐지는 우주를 완성해 냅니다. 그러므로 성구설이나 성기설에서 요지는 성性에 있는 게 아니라 구具나 기起에 있습니다. 이런 취지를 이해 못하고 글자만을 좇게 되면 자성自性의 실체성을 긍정함으로써 불교철학의 근간인 무아론을 부정하는 우를 범하게 되는 것입니다.

교종은 정치적으로는 많은 이질적인 요소들을 통합하여야 하고, 사상적으로는 인도 불교와 중국 사상 간의 모순을 극복, 융합시켜야 했습니다. 방대한 이론에 수많은 저술과 논서가 양산되는 이유입니다. 교종의 화려한 성취는 이런 내외의 요인이 절묘하게 작용하였기 때문에 가능했던 것입니다. 하지만 이유야 어떻든 종교가 세속 권력과 결합하여 끝도 아름다웠던 적은 없었습니다. 세속 권력과 결탁한 종교는 필연적으로 타락했고, 이는 권력의 필요에 따라 박해받는 요인이기도 합니다. 당 무종唐武宗에 의한 폐불사건도 그 원인은 도교에 심취한 무종 개인에게 있는 게 아니라, 이미 지나치게 비대해진 불교 내부에 잠재되어 있었던 것입니다.

5. 선종

교종을 이끄는 불교교단의 타락을 일찍이 경계하지 않은 건 아니었습니다. 일군의 승려들은 진즉부터 세속 권력과 거리를 두었습니다. 그들은 권력에 기생한 화려함 보다는 가난한 자유를 선택하였습니다. 선종禪宗은 교종에 대한 비판과 반성에서 등장합니다. 선승禪僧들은 방대한 이론체계에 감탄하기 보다는 간결하고 쉬운 길을 제시하였다. 그들은 구름처럼 가볍고 바람처럼 자유롭고자 하였습니다. 이런 길에 가난은 필연이었고, 또한 수행이었습니다. 선승들은 도시를 떠나 산으로 들어갔습니다. 그들은 비탈을 일구어 곡식을 심었습니다. 노동은 먹거리를 얻는 수단이지만 동시에 깨달음에 이르는 길이었습니다. 백장 회해百丈懷海의 "일일부작 일일불식一日不作 一日不食", 하루를 일하지 않으면 하루를 먹지 않는다는 청규淸規는 수도자의 길이었습니다. 나를 속박하는 규율이 아니라 나를 자유롭게 하는 희열입니다.

산중 노동은 방외지사方外之士임을 선언하는 것입니다. 세속 권력으로부터 자유를 얻는 대가로 지불해야만 하는 것입니다. 동시에 불교가 출세간의 종교로 색깔이 입혀지는 계기이기도 합니다. 교종이 도회지를 중심으로 융성하였다면 선종은 산을 바탕으로 문파를 형성합니다. 세속과 일정한 간격을 유지함으로써 선종은 고유의 가치를 지켜나갈 수 있었습니다.

하지만 이는 불교, 특히 대승불교의 정신과는 거리가 있습니다. 선종 또한 당연히 산을 내려와 세속의 풍진을 뒤집어 써야 합니다. 산 속에서 홀로 고고한들 소승의 발바닥만 못합니다. 속세로 돌아가 중생의 고달픈 삶을 보담아 주어야 합니다. 중생의 일상에 미소가 피어나게 하여야 하는 것입니다.

> "평상심이란 무엇입니까?"
> "졸리면 자고 앉고 싶으면 앉는다."
> "좀 더 자세히 가르쳐 주십시오."
> "더우면 부채질하고 추우면 불 쬐지."

아침에 일어나 직장에 출근하고 저녁이면 퇴근하여 가족과 시간을 보
내다 자고, 다시 해가 뜨면 되풀이 되는 일상. 그 일상이 의미 없는 나날이
아니라, 깨달음의 순간이요 희열이 되게 하는 것. 굳이 출가하지 않고 세
속에 살면서도 피안에 이를 수 있는 길. 선종은 그 일상을 살려냅니다. "평
상심이 곧 도[平常心是道]"임을 일깨웠던 것입니다.

6. 천년을 돌아서

부처가 깨달음을 얻은 이래 불교는 세월로는 천년을 지나고, 지역으로
는 동서를 오가며 수많은 종파와 조사들을 배출하였습니다. 이론은 체계
화되고 수행은 정교해졌습니다. 하지만 불교가 천년을 돌아 도달한 곳은
본래 그 자리. 아주 소박한 자리입니다. 착하게 살라.

『법구경法句經』의 "모든 악을 짓지 말고, 모든 선을 받들어 행하라"는
말이 다시 회자되기까지 선악과 도덕의 기원, 신의 존재 등등의 형이상학
적 문제들을 다 돌아봐야만 했던 것입니다. 그렇게 천년을 돌아서 착하게
살라고, 그러면 일상에 연꽃이 피고, 우주에 꽃비가 내린다고 하는 것입니
다. 아주 쉽고 누구라도 할 수 있는 길로 다시 들어선 것입니다. 피안은 저
멀리 있는 것이 아니라, 내 안에 있음을 깨우쳐주었던 것입니다.

제1장 _ 근본불교

사성제 : 나의 고통, 타인의 고통

"내 확신에 따르면
사람들은 현실의 불행과 타인의 고통을 보면서
얼마간, 그것도 적지 않은 즐거움을 느낀다."
에드먼드 버크 수전 손택,『타인의 고통』에서

1. 타인의 불행은 곧 나의 행복인가?

요즘 들어 자주 연예인들의 아픈 과거나 고통스런 가족사를 듣게 됩니다. 암에 걸린 아내, 불치병을 앓고 있는 아이, 교통사고 등등 …… 화려하고 멋져 보이는 그들에게 말 못할 아픔이 있다는 사실에 팬들은 같이 눈물 흘립니다. 고통과의 힘든 싸움을 이겨내거나 현재 극복해가고 있는 그들에게 아낌없는 찬사와 격려를 보냅니다.

하지만 얼마 전까지만 하여도 아픈 가족사나 질병 등은 연예인들에게는 드러내서는 안 되는 금기였습니다. 그런데 요즘은 왜 마치 릴레이경기라도 하듯 그들은 금기를 깨뜨리는 걸까요?

금기시되던 어떤 것이 드러날 때 많은 주목을 받는 것은 사실이지요. 그런 이유로 연예인들은 감추고 싶은 이야기를 털어 놓고 팬들은 그들의 이야기에 감동한다고 말할 수도 있을 겁니다. 그렇다면 이는 팬들 입장에서는 연예인들의 깊숙한 사생활을 엿보고 싶은 관음증이 발한 거고, 연예인 입장에서는 팬들의 그런 욕망에 적절히 대응한 것이겠군요.

사실 스타들이 온갖 고통을 극복하며 오늘의 영광을 누리게 되었다는 이야기는 오래된 스토리입니다. <스타탄생> 같은 영화는 몇 번이나 리메이크되었을 만큼 진부한 이야기이기도 합니다. 따라서 지금의 초점은 연예인 스타에게 가는 게 아니라 팬들에게 맞춰져야 합니다. 왜 사람들은 연예인들의 비밀스러우면서도 고통스런 이야기를 듣고 싶어 할까요?

만약 사람들이 타인의 고통을 자신의 고통으로 여긴다면 그들은 더 이상 남의 고통을 들으려 하지 않을 것입니다. 비록 내가 좋아하는 연예인이라고 할지라도 말이지요. 헬레니즘시대 에피쿠로스라는 철학자가 간파하였듯이 인간은 쾌락을 추구하고 고통은 피하려 하기 때문입니다.

스타들이 고백하는 비밀스런 고통은 팬들에겐 고통이 아닙니다. 타인의 고통은 나에겐 쾌락입니다. 타인의 불행은 곧 나의 행복이고, 타인의 고통지수는 내 행복지수와 비례합니다. 우리는 타인의 고통을 보며 적이 내 삶의 만족도를 잽니다.

오늘도 무수히 많은 사람들이 죽습니다. 질병으로 죽고, 사고로 죽고, 테러로 죽습니다. 이렇게 죽어간 많은 사람들을 보며, '어쩜 저럴 수가!' 하다가도 곧이어 나오는 라면광고에 불현듯 라면이 먹고 싶어집니다. 타인의 불행이 너무 자주 반복되다 보니 무감각해진 것일까요? 분명 그런 측면도 있을 것입니다. 어찌되든 타인이 불행할수록 나의 행복지수가 상승하고 타인이 행복해 보일수록 나의 고통지수는 증가합니다. 그래서 이런 말이 나왔나요? 최고의 복수는 행복해지는 거라고 ……

수전 손택, 『타인의 고통』,
고통의 이미지가 가득한 현대사회를
분석하고 있다.

자본주의는 이런 함수관계를 적절히 응용하여 상품을 만들고 팔아왔습니다. 멋진 옷과 명품 핸드백, 넓은 아파트에 고급 승용차는 행복의 정도를 표시하는 기호입니다. 이런 것들을 소유한다는 것은 가지지 못한 자들의 고통까지 더해져서 행복감을 높이고, 소유하지 못한 자들은 가진 자들의 행복감을 곱해서 더 고통스럽습니다. 여기에 우월감과 열등감이 더해지면 그 쾌락과 고통의 상관지수는 무한히 확대됩니다. 그리하여 빚을 내서라도 소유하는 행복을 느끼려하고, 자본주의는 이런 욕망에 불을 지핍니다. 그러므로 자본주의 사회에서 고통은 매우 비싼 상품입니다. 우리는 시간과 돈과 에너지를 기꺼이 지불해가며 타인의 고통을 삽니다. 연예인들의 비밀스런 불행은 매우 비싼 상품인 것입니다.

여기 타인의 고통 그대로를 자신의 고통으로 품은 한 남자가 있습니다. 그는 일국의 왕자로 태어나 인간이 맛볼 수 있는 온갖 쾌락을 즐기며 살고 있었습니다. 그에겐 아무런 고통도 번뇌도 없을 성 싶습니다. 그러던 그가 동남서북의 문으로 나가서 각각 생로병사의 고통을 목격합니다. 그리고는 곧장 심각한 고뇌에 빠집니다. 그는 타인의 고통을 보고 곧장 자신의 고통으로 여겼던 것입니다. 현대인들 같으면 자신의 행복감이 배가했을 터인데 말이지요. 부처님 마음이란 이런 거겠지요. 그저 겉으로만 동정하고 안타까워하는 것이 아니라, 온전히 그대로 타인의 고통을 그대로 품을 수 있는 것. 그게 바로 부처가 되는 첫걸음입니다. 그는 카필라 왕국의 고타마 싯달타 태자였습니다.

2. 인간은 왜 종교에 귀의하는가?

불교에서 그리는 인간의 모습은 고통에서 헤매는 존재입니다. 인간은 자신이 지은 업業이 쌓여[집集] 고통[고苦]을 겪습니다. 따라서 이런 고통을 사라지게[멸滅] 하는 것, 바로 해탈이 불교인들의 목적입니다. 팔정도八正道는 해탈에 이르는 방법[도道]인 것이지요.

삶이 고통이라는 자각은 불교의 원초적 의식입니다. 이때의 고통은 자신의 고통입니다. 인간은 살면서 괴로움에 봉착하고 이 때 던지는 삶의 본질에 대한 근원적인 물음은 곧 불교적 실존인식으로 이해됩니다.

기독교에서 인간은 근본적으로 죄를 짓는 존재입니다. 설혹 본인 스스로는 죄를 짓지 않았다할지라도 아담과 이브가 지은 원죄의 구렁텅이 속에 인간은 태어납니다. 원죄설이 옳으냐 그르냐는 차치하고 우리는 생각과 말과 행위로 매일 죄를 짓습니다. 아리따운 아가씨를 보는 순간 드는 음탕한 생각도 죄입니다. 그러기에 누구보다도 맑은 영혼을 사랑했던 윤동주가 하늘을 우러러 한 점 부끄러움 없기를 그토록 갈구하는 것이, 잎새에 이는 바람소리에도 가슴 졸여야 하는 어려운 길입니다. 기독교 세계에서 죄를 짓지 않는 인간은 없습니다. 나는 죄를 짓지 않았다는 생각이야말로 오만이라는 범죄입니다. 인간은 죄를 짓는 존재라는 의미에서의 원죄의식이야말로 기독교가 말하는 실존적 인간상입니다. 이런 인간의 모습이 전제되어야 하느님에 의한 구원과 은총이 가능합니다.

반면 유교는 불안 속에 사는 인간을 말합니다. 유교에서 인간은 늘 실수하고, 잘못하고, 고민하는 존재입니다. 과오를 저지르고 나서야 고칠 줄 알고, 고뇌로 잠 못 이루는 밤을 며칠씩이나 보내고 나야 분발할 줄 압니다. 그러기에 맹자는 "우환 속에서 살고 안락함 속에서 죽는다"고 한 것입니다. 끊임없이 근심 걱정 속에서 살아가야만 하는 존재, 이 우환의식이야말로 유교적 인간상을 그려내는 원초적인 의식입니다. 유교는 그런 위에 '락樂'의 경지를 말합니다. 흔히 '안빈낙도安貧樂道'라고 하는 그런 즐거움의 경지이지요.

지은 죄가 통렬히 다가올수록 신을 향한 구원의 손짓은 더 애절하고, 삶의 무게가 견디기 힘들수록 해탈에의 욕망은 강렬한 법입니다. 근심 걱정으로 며칠 밤을 꼬박 새어 보지도 않고 한 덩어리 밥과 한 표주박의 물만 있어도 즐거움이 그 안에 있다고 말하는 건 위선입니다.

이렇듯 종교는 먼저 적어도 의식이 있는 인간으로 태어나, 살면서 한번쯤은 겪게 되는 실존적 상황에 주목합니다. 그 실존적 상황이 절실하여야만 그 종교나 사상은 사람들의 마음속으로 파고들 수 있는 것입니다. 또한 무엇이 옳고 무엇이 그르냐는 물음은 아무 의미가 없습니다. 각각의 종교나 사상은 그들이 처한 환경과 역사와 사고방식의 차이만큼이나 다양한 인간의 실존적 모습을 그려내는 것입니다.

그러나 아무리 다양한 형태의 실존상이 그려진다고 하더라도 그 양태의 근원을 찾아 들어가면 하나의 거대한 심연을 만나게 됩니다. 살면서 시시때때로 떠오르는 것, 그것이 고업苦業의식이든, 원죄의식이든, 우환의식이든, 그 의식의 밑바탕 저 깊은 곳으로부터 스멀스멀 피어나는 것은 바로 불안입니다. 키에르케고르의 탁월한 분석대로 이 불안은 대상이 없는 것입니다. 공포는 그 대상이 존재합니다만 불안은 왜, 무엇 때문에 생기는 것인지, 구체적인 이유를 알 수 없습니다.

> "죽음을 향한 존재는 본질적으로 불안이다."
> ─ 하이데거, 『존재와 시간』

영화 <매트릭스> 포스터
진실을 아는 것은 고통이며, 자유이다. 죽 한 그릇으로 허기진 배를 채우더라도 그 길을 가는 이유이다.

불안이야말로 인간의 유한성을 깨닫게 해주는 중요한 계기입니다. 인간은 언젠가는 반드시 죽는다는 사실. 이 삶의 유한성에 대한 자각이야말로 인간의 실존에 대한 절실한 깨달음으로 이어지는 것입니다. 인간은 태어났으면 늙고 병들어 반드시 죽습니다. 곰곰이 돌아보면 노병사의 그림자는 곳곳에 드리워져 있습니다. 그래서 태자 싯달타가 아버지 정반왕에게 젊음을 유지한 채 영원히 죽지 않게 해 줄 것을 출가하지 않는 조건으로 요구한 것일 겁니다. 하지만 결코 그럴 수 없다는 사실, 즉 우리 삶의 유한성에 대한 자각이야말로 해탈에의 열망을 일깨우는 것입니다. 이런 열망이 종교에 귀의하게 되는 보편적인 이유일 것입니다.

태자 싯달타는 온갖 산해진미와 미녀들 속에 파묻혀 사는 삶은 인간 실존의 근원적 문제를 해결해 주는 게 아니라 다만 일시적인 망각이며 의식의 마비임을 알았습니다. 우리들은 어쩌면 명품핸드백과 고급 자동차에 눈을 뺏기며 이런 망각과 마비 속에서 하루하루 삶을 낭비하고 있는 것은 아닌지요? 더구나 이러한 본질망각과 의식마비가 타인의 고통을 자신의 행복으로 여기며 살도록 조작하는 자본주의 매트릭스 때문에 더 심화되고 있다면 어떻게 해야 할까요? 그래서 우리는 영화 <매트릭스>에서 네오가 빨간 약을 먹는 것처럼 기꺼이, 아니 조금은 주저하면서라도 떠나야 합니다. 한 번 시작하면 결코 되돌릴 수 없더라도, 맛대가리 없는 죽 한 그릇으로 잘 차려진 만찬을 대신하더라도, 우리는 진실의 세계를 찾아 떠나야 합니다. 2600여 년전 인도 카필라 왕국의 태자 고타마 싯달타가 그랬던 것처럼, 현재 누리는 약간의 달콤함을 버리고 고행길에 나설 수 있어야 합니다.

무아론 : 나는 무엇인가?

색色은 아我가 아니다. 만일 '색'이 '아'라면 색에서 병이나 괴로움이
생기지 않아야 하며 …… 수·상·행·식受想行識도 이와 같으니라
『잡아함경』 권2 「비아경非我經」

1. 왜 없지 않고 있는가?

많은 철학자들이 이런 질문을 던집니다. 고대의 파르메니데스부터 근대의 라이프니츠, 그리고 현대의 하이데거까지. 같은 질문이 되풀이 된다는 것은 여전히 그 답을 찾지 못해서일까요?

소크라테스의 죽음은 소크라테스가 독배를 마시기 직전의 모습을 그린 것입니다. 모두들 슬픔에 겨워 누구는 흐느끼고, 누구는 벽에 머리를 박고 있고, 누구는 그저 멍하니 앉아 있을 뿐입니다. 하지만 정작 죽음을 목전에 둔 소크라테스는 당당하기만 합니다. 무엇이 그를 저토록 당당하게 할 수 있는 것일까요?

공자가 광匡이란 지방에 머물렀을 때의 일입니다. 이 곳 사람들이 공자 일행을 잡아두고 핍박을 가했습니다. 공자를 양호란 사람으로 오인하고

위협을 가한 것이지요. 제자들이 두려워 떨고 있을 때 공자가 말합니다.

> 문왕이 돌아가셨으니 그 문화가 나에게 있지 않느냐? 하
> 늘이 장차 이 문화를 없애려하지 않는다면 저 사람들이
> 나를 어찌하겠느냐?
>
> 논어,『자한子罕』

공자의 말에는 중국 문화의 수호자라는 자부심이 가득합니다. 그런 자부심에는 하늘이라고 하는 절대자의 존재에 대한 확고한 신념이 자리하고 있고요.『논어』에는 공자가 하늘을 언급한 일이 자주 나옵니다. 이들 공자의 말을 종합해 보면 하늘은 인간의 운명과 길흉화복, 나아가 역사와 문화를 주재하는 절대적인 존재입니다. 이런 하늘이 자신에게 주나라 이래의 중국 문화를 지키라는 사명을 내렸다는 것이 공자의 믿음이었던 것입니다. 그런 강렬한 믿음은 죽음의 위협 앞에서도 태연할 수 있었던 힘이지요.

> 아버지여 때가 이르렀사오니 아들을 영화롭게 하사 아들
> 로 아버지를 영화롭게 하게 하옵소서.

『요한복음』에 나오는 구절입니다. 죽음이 임박하였음을 안 예수가 마지막으로 남긴 기도문입니다. 예수는 자신의 죽음으로 하나님의 영광을 드러내고 자신까지 영광이 되리라고 믿었습니다. 그리하여 당당하게 빌라도 앞에서 십자가를 매는 것입니다. 마지막 숨이 멈추는 순간에도 예수는 "다 이루었다."라고 하며 머리를 숙입니다. 십자가는 예수에게 주어진 마지막 사명이었던 것입니다.

소크라테스는 법정에 서서 당당하게 말합니다. 자신은 신의 신탁에 따라

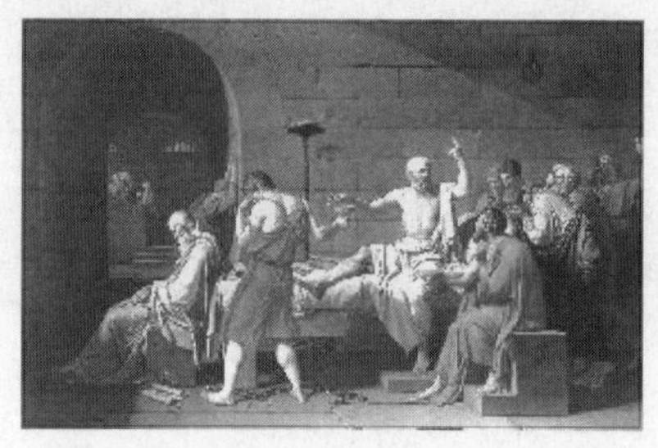

J. L. 다비드, <소크라테스의 죽음>. 소크라테스에게 죽음은 마지막 사명이었다.

행동했을 뿐이라고 『소크라테스의 변명』은 시종일관 신의 이름으로 자신이 한 행위의 정당성을 주장하는 내용입니다. 소크라테스에게 죽음은 신으로부터 부여받은 마지막 사명입니다. 그래서 소크라테스는 하늘을 가리키며 기꺼이 독배를 마시는 것입니다.

소크라테스, 예수, 공자. 이들은 결코 만나본 적이 없습니다. 때와 장소를 달리해서 다른 역사와 문화 속에서 살았지만, 죽음 앞에서 똑같이 태연했고 다 같이 당당했습니다. 이들이 그토록 당당할 수 있었던 것은 영원히 변치 않는 절대적이며 보편적인 존재가 있고, 자신은 그 존재의 수호자, 내지는 그로부터 모종의 사명을 받은 사람이라는 믿음 때문입니다. 그들이 말하는 진리는 이런 보편적 절대자와 떼려야 뗄 수 없는 긴밀한 관계로 맺어지는 것입니다.

예수는 "내가 곧 길이요 진리요 생명이니 나로 말미암지 않고는 아버지께로 올 자가 없느니라." 라고 하였습니다. 소크라테스는 당시 아테네 사람들이 절대적인 진리가 있음을 모르고 있다고 통탄하며 이런 무지의 자각을 "너 자신을 알라"는 말로 역설하였습니다. 공자 또한 15살에 학문에 뜻을 두고 평생을 통해 나아간 그 길은 지천명知天命, 곧 하늘의 뜻을 알고 그 뜻에 따르는 것이었습니다. 이들은 신神, 혹은 하나님, 혹은 하늘天로 그 명칭은 달리할지언정 유일하며 절대적이고 영원히 변치 않는 보편적 존재가 실재한다고 믿었고, 그 믿음에서 조금도 물러섬이 없습니다.

이 보편적 존재는 지역과 역사와 문화의 차이에 따라 얼마간 성격과 내용을 달리 하지만 대체적으로 영원히 변하지 않으며, 만물을 초월하여 만물을 지배하는 절대적인 권능을 갖고 있거나, 만물 속에 보편적으로 실재하면서 만물의 본질을 형성하는 실체라는 특성을 나누어 갖는다는 점에서는 공통적입니다. 이를 영원불변의 고정된 실체라고 한다면, 이 실체는 초월성, 보편성, 절대성 등의 특성을 갖습니다. 기독교의 하나님, 혹은 하느님, 유교의 천天, 서양 철학에서의 근원자, 혹은 실체實體 등과 같은 단어들이 이런 특성을 지니는 개념들입니다. 인도의 브라흐마나Brahman도 이런 자리에서 빠져서는 안 되는 중요한 개념인 것은 물론입니다. 그런데 동서고금에 어찌하여 이런 공통의 개념이 나타는 것일까요?

2. 문명의 탄생과 통합의 논리

그들은 자기에게 다가오는 인간들은 누구든 다 유혹해요.
……
그대는 얼른 그 옆을 지나가되, 꿀처럼 달콤한 밀랍을 이겨서 전우들의 귀에다 발라주세요. 다른 사람들은 아무도 듣지 못하도록 말예요. 그러나 그대 자신은 원한다면 듣도록 하세요.
그대는 돛대를 고정하는 나무통에 똑바로 선 채 전우들로 하여금 날랜 배 안에 그대의 손발을 묶게 하되, 돛대에다 밧줄의 끄트머리들을 매게 하세요. 그러면 그대는 즐기면서 세이렌 자매의 목소리를 듣게 될 거예요.
호메로스, 『오디세이』

반인반조인 세이렌의 유혹을 이기는 오디세우스. 세이렌의 추락은 인간에 의해 자연이 극복되고 문명이 시작됨을 은유한다.

오디세우스의 모험은 인간이 자연을 극복하고 문명을 건설해 가는 과정의 알레고리입니다. 오디세우스의 지혜 앞에서 외눈박이 거인 폴뤼페모스도, 마녀 키르케도, 세이렌의 유혹도 무용지물이 됩니다. 하지만 이 모험의 과정은 많은 희생을 치러야만 하는 과정이기도 합니다.

그것은 지배자와 피지배자의 분열, 노동하는 자와 노동하지 않는 자의 분업이었으며 사유와 경험의 분리였습니다. 인간은 자신의 내적 자연(욕망)을 억압함으로써 외부 자연에 대한 지배를 가능하게 하였고, 사회라는 '제2의 자연'에 예속시킴으로써 문명을 건설할 수 있었던 것입니다. M. 호르크하이머와 T. 아도르노가 『계몽의 변증법』에서 증명하고자 했던 것은 이런 분열과 분업, 그리고 분리를 통해 인간은 자연을 극복하고 문명사회를 건설할 수 있었다는 사실입니다.

그래서일까요? 고대문명이 찬란했던 곳은 하나같이 통합의 논리를 내세우고 발달시킵니다. 중국문명에서의 유교, 서구문명의 이성주의와 기독교, 인도문명의 브라만교 등은 모두 강력한 통합의 논리를 갖고 있습니다. 그 통합의 논리는 차별적 신분제도를 정당화하고, 개개인의 욕망을 억압하며, 자유로운 영혼을 구속하였습니다.

3. 왜 무언가가 반드시 있어야만 한다고 생각하는가?

> 이와 같이 나는 들었다. 어느 때 부처님께서 사위국 기수
> 급고독원에 계셨다. 그때 세존께서 모든 비구들에게 말
> 씀하셨다. "색色은 아[我]가 아니다. 만일 색이 나라면 색
> 에서 병이나 괴로움이 생기지 않아야 하며 ……. 수 · 상
> · 행 · 식受想行識도 이와 같으니라.
>
> 『잡아함경』 권2, 「비아경非我經」

'제행무상諸行無常 제법무아諸法無我 열반적정涅槃寂靜'을 삼법인三法印
이라고 합니다. 법法은 존재를 가리키고, 인印은 도장을 찍는다는 말이니,
삼법인은 '존재는 이렇다'라고 인증하는 것이지요. 제행무상은 일체 존재
는 영원하지 않다는 의미이고, 제법무아는 독립불변의 고정된 실체는 없
다는 뜻입니다. 이는 존재의 시간과 공간 측면에서 말하는 것입니다.

당시 인도의 브라만교에서는 불생불멸不生不滅의 영원불변한 존재가
있다고 보았습니다. 이 우주적 실체를 범(梵, brahman)이라 하고, 개개 사
물에 내재해 있는 실체를 아(我, atman)라고 하여 양자는 동일하다는 범아
일여梵我一如사상을 제기하였지요. 석가는 이에 대해 그런 실체는 없다고
단언하였던 것입니다. 여기에서 '없다'는 말은 인식할 수도 없고, 증명할
수도 없다는 의미입니다. 그래서 이를 무기無記라 하는 것입니다. '아가 없
다[無我]', 혹은 '아가 아니다[非我]'라고 번역하기도 하는데, 이는 '독립불
변의 고정된 실체는 없다'거나, '독립불변의 고정된 실체가 있다고 보아서
는 안 된다'는 의미로 이해하는 것입니다.

이 삼법인설이야말로 불교를 불교이게 만드는 최고의 가르침이라고 봅
니다. 제행무상은 어느 종교나 사상에서도 말하는 것이지만, 제법무아는

존 레논과 오노 요코. 사랑과 평화가 가득한
세상은 이들의 꿈이었다.

오직 불교에서만 보고 들을 수 있는 법문입니다. 실로 위대한 가르침인 것은 고래로 동양과 서양에서 구축한 인류문명의 사상적 근간을 뒤엎어 버리는 가장 강력한 각성이기 때문입니다. 이제껏 살펴본 것처럼 인류문명은 동서고금을 막론하고 어떤 영원불변의 보편적이며 절대적인 실체가 존재한다는 믿음 위에 세워졌습니다. 그 믿음을 바탕으로 인간은 욕망을 억압하고 사회적 차별을 감내해 왔던 것이지요. 특히 남성중심의 문명체제에서 여성들에게 가해진 억압과 차별은 더욱 극심하였습니다. 무아론은 이런 믿음의 허구성을 드러내어 단번에 뒤집어 버리는 쾌거였던 것입니다.

뒤돌아보면 인류는 참으로 많은 오류를 범했습니다. 십자군 전쟁, 유대인 대학살, 난징 대학살, 캄보디아 킬링필드, 문화대혁명, 보스니아의 인종청소…… 등등, 여전히 현재진행형이기도 한 그 아픔들은 통합의 논리를 내세운 이념의 희생물입니다. 하나님의 이름으로, 사랑의 이름으로, 국가와 민족의 행복을 위하여, 저질러졌던 것입니다. 그 신앙이 굳세고, 그 확신이 강렬할수록, 비극은 더욱 더 확대되었습니다. 21세기에 들어서도 그 비극의 상처는 현재진행형이기에 부처교설의 이 무아론이 더 새로워지는지도 모르겠습니다. 여기 또 한사람 비극적으로 삶을 마감한 한 젊은이의 꿈을 다시 들어보며 5월에 부처님 오신 뜻을 되새겨 볼까 합니다.

상상해 보세요, 천국이 없다고. 해보면 어렵지 않아요.
우리 밑에 지옥은 없고, 우리 위엔 하늘뿐이죠.
상상해 보세요, 모두들 오늘을 위해 산다고.
상상해 보세요, 국가가 없다고. 그리 어려운 일도 아니죠.
무엇을 위해 죽일 일도 죽을 것도 없어요. 또한 종교도 없구요.
상상해 보세요. 모두들 평화롭게 산다고. 상상해 보세요, 아무런 소유도 없다고. 당신은 그럴 수 있을까요.
욕심을 낼 필요도, 굶주릴 이유도 없어요. 형제애만 있을 뿐이죠.
상상해 보세요, 모두가 함께 온 세상을 산다고요.
당신은 나보고 몽상가라고 할지 몰라요. 하지만 난 혼자가 아니예요.
언젠가 당신도 우리와 함께하길 바래요. 그렇게 하나가 되어 이 세상을 살아요.

Imagine there's no heaven, It's easy if you try.

No hell below us, Above us only sky.

Imagine all the people living for today...

Imagine there's no countries, It isn't hard to do.

Nothing to kill or die for, no religion too.

Imagine all the people living life in peace...

Imagine no possesions, I wonder if you can.

No need for greed or hunger. A brotherhood of man.

Imagine all the people sharing all the world...

You may say I'm a dreamer, but I'm not the only one.

I hope some day you'll join us, and the world will live as one.

존 레논, <imagine>

연기설 Ⅰ : 운명, 필연, 그리고 신

1. 운명, 그 피할 수 없는 삶의 굴레

서해 훼리호 침몰, 성수대교 붕괴, 삼풍백화점 붕괴, 대구 지하철 화재 등등 참 많은 사건 사고가 있었습니다. 일본 동북부 지방에서 발생한 강진과 쓰나미, 후쿠시마 원전의 폭발사고, 중국 쓰촨성 대지진 등등 …… <항공기 사고 기록 기구ACRO>의 통계에 의하면 매년 수백 명이상의 사람들이 항공기 사고로 목숨을 잃습니다. 새로운 세기가 시작되는 2000년에만 179건의 사고에 1,567명이 숨졌습니다. 바다에서도 마찬가지이지요. 타이타닉호 침몰사고에선 1,517명이 배와 함께 가라앉고 705명만이 살아남았습니다. 그러고 보면 엄청난 재난 앞에서 살아남은 사람들도 많이 있습니다. 도대체 누구는 죽고, 누구는 살아남는 걸까요?

운명 아닌 게 없다.

테베의 왕자로 태어난 오이디푸스에게는 저주스런 신탁이 내려집니다. 아버지를 죽이고 어머니를 아내로 맞이하게 되리라는 것이지요. 오이디푸스는 산속에 버려지지만, 한 양치기에게 구해져 코린토스왕의 아들로 성

존경받던 테베의 왕 오이디푸스는 하루아침에 손가락질과 경멸의 대상이 되어 테베를 떠난다. 장님이 된 오이디푸스를 그의 딸이자 여동생인 안티고네가 인도하고 있다. - Charles Francois Jalabeat, <테베를 떠나는 오이디푸스를 이끄는 안티고네>

장합니다.

성인이 된 오이디푸스는 우연히 테베의 삼거리에서 어떤 노인을 죽이고, 스핑크스의 수수께끼를 풀어 테베의 왕이 됩니다. 당연히 왕비 이오카스테와 결혼하고 둘 사이에 아들 둘, 딸 둘을 둡니다. 그렇게 행복했던 시간이 지나고 테베엔 역병이 창궐합니다.

재난을 막기 위한 수순이 하나씩하나씩 행해지며 오이디푸스는 자신에게 주어진 가혹한 운명을 알게 됩니다. 그리하여 아이들의 어머니이자 자신의 아내이며 동시에 생모인 왕비 이오카스테는 자결하고, 그녀의 시신 앞에서 오이디푸스는 스스로 자신의 눈을 찌르며 먼 방랑길을 떠납니다.

> 어쨌든 내게 속한 운명이라면, 그것이 어디로 향하든 내 버려 두시오.
>
> 소포클레스,『오이디푸스 왕』

옛날 그리스 사람들 대부분은 운명을 믿었습니다. 그들은 인간의 삶은 이미 정해진 길이 있고 그 길은 어느 누구도 피해 갈 수 없다고 생각했지요. 운명은 신이 정해준 것이기에 필멸의 존재인 인간은 어찌할 수 없습니다. 소포클레스의『오이디푸스 왕』은 이러한 그리스사람들의 운명관이 투영되어 우리 삶의 비장함을 더합니다. 이 작품에서 오이디푸스의 선택과 행위 하나하나는 일련의 사슬처럼 엮이며 운명에서 한 치도 벗어날 수 없음이 드러납니다. 만약 오이디푸스가 자신에게 내려진 신탁을 몰랐다면 어땠을까요? 아내이자 어머니인 이오카스테는 더 이상 알려고 하지 말라고 간청하지만 오이디푸스는 비극적 종말을 향해 거침없이 나아갑니다. 그 또한 운명이기에…… 운명은 어떠한 가정도 허용되지 않는 것입니다.

2. 필연, 인간은 어찌할 수 없는 신의 또 다른 이름

아침이면 산이와 맥이 두 풍산개와 함께 뒷산에 오릅니다. 노란 꽃, 하얀 꽃, 보라 꽃…… 온갖 꽃들이 예쁘게 피어 있습니다.

산에는 꽃 피네 \ 꽃이 피네 \ 갈 봄 여름 없이 \ 꽃이 피네
……
산에서 우는 작은 새여 \ 꽃이 좋아 \ 산에서 \ 사노라네

소월의 노래마냥 산에는 정말 봄여름 가리지 않고 꽃이 핍니다. 그리고 새소리! 작은 새 어디에서 저토록 아름다운 소리가 나오는지…… 근데 소월은 아침에는 산에 오르지 않았나 봅니다. 그랬다면 틀림없이 햇살을 노래했을 텐데요. 쭉 뻗은 낙엽송, 키 큰 소나무, 물푸레나무…… 그들 사이로 아침 햇살이 스며듭니다. 햇살에 반짝이는 키 작은 도토리나무. 이 순간 숲은 황홀해집니다.

이처럼 꽃 피고 새가 우는 일들이 벌어지는 곳이 세간世間입니다. '세世'

는 시간을 '간間'은 공간을 의미하니, 세간은 시간과 공간 안에서 사물과 사건이 생겼다 사라지는 곳입니다. 이렇게 사물과 사건들이 생멸하는 일을 현상現象이라 하므로 세간世間은 곧 현상계現象界입니다. 꽃도, 새들도, 숲 속 나무들도, 그리고 우리 인간들도 모두 생겼다 사라집니다. 다만 누구는 천수를 다하고 누구는 비명횡사합니다. 누구는 행복했지만 누구는 고통 속에 야위어 갑니다. 어째서 그런 걸까요? 이런 천수와 요절, 행복과 불행은 이미 정해져 있는 걸까요? 그래서 사람들은 묻습니다. "이 모든 것들은 어디에서 오는 걸까?", "무엇이 이 현상을 가능하게 하는 걸까?"

암벽사이에 핀 꽃
A.테니슨, 장영희 역

틈이 벌어진 암벽 사이에 핀 꽃
그 암벽에서 널 뽑아들었다.
여기 뿌리까지 널 내 손에 들고 있다.
작은 꽃 - 하지만 내가 너의 본질을
뿌리까지 송두리째 이해할 수 있다면
하느님과 인간이 무언지 알 수 있으련만.

시인은 바위틈에 핀 작은 꽃을 뽑아 들고 뿌리까지 샅샅이 살핍니다. 그리하여 꽃의 본질을 알게 되면 신의 본질까지 알 수 있으리라고 기대합니다. 참 생뚱맞습니다. 꽃 피고 지는 일이야 일상사인데 왜 신이 개입하는지요? 하지만 생각해 보면 일리가 있습니다. 노자老子처럼 "천하만물은 모두 유有에서 나오고 유有는 무無에서 나온다."라고 하면 아무 것도 없는데 갑자기 바람이 불고 파도가 치는 것 아니겠습니까. 이런 노자류의 설명이야말로 생뚱맞고 황당한 것입니다.

따라서 "그 어떤 것도 신들의 뜻에 의해 무無로부터 생겨나진 않았다"
는 루크레티우스와도 같은 생각은 너무도 자연스럽고 당연해 보입니다.
그렇다면 현상계와 신은 어떻게 관계되나요?

먼저 무한한 권능을 가진 신이 있어서 무無에서 유有를 창조하는 겁니
다. 기독교의 하느님이 대표적입니다. 그야말로 완벽한 창조입니다. 또 다
른 경우는 미리 준비 된 질료를 이용하여 사물 내지 형상을 지닌 존재를
만드는 것입니다. 이 또한 창조적 행위이지만, 무無에서 유有를 만들어 내
는 게 아니라 유有에서 유有를 창조하는 것입니다. 플라톤의 데미우르고
스 같은 신이 이 경우에 해당합니다. 데미우르고스는 무질서한 질료에 이
데아를 바탕으로 혼을 불어 넣음으로써 이 세계를 영혼이 살아 숨 쉬는 이
성적 공간으로 만듭니다. 카오스(무질서)로부터 코스모스(질서)를 만드는
창조신이지요. 마지막으로 자연법칙이 신의 섭리로 이해되는 경우도 있습
니다. 스토아학파의 로고스logos, 동양의 주역周易에 나타나는 도道나 리理
와 같은 개념은 이런 신적 특성을 띠고 있다고 볼 수 있습니다.

> 존재하는 모든 것은 신 안에 있으며, 신 없이는 아무 것도
> 존재할 수도 또 파악될 수도 없다.
> 스피노자, 『에티카』

> 변화의 도道를 아는 자는 신神이 하는 바를 아는 것이다.
> 『주역』

스피노자(Baruch de Spinoza, 1632~1677)에게서 필연은 운명이고 신과 동의어다. 그는 많은 후원금도 철학 교수직도 사양한 채, 폐질환의 원인이 된 렌즈 깎는 일을 하며 경건하게 살다 죽었다.

존재하는 모든 것, 생겼다 사라지는 모든 현상에 신, 혹은 신적 속성이 내재해 있거나 작용하고 있다는 생각이지요. 이런 생각은 동서양에 보편적인 사유전통이었습니다. 이런 법칙성이 신적 속성으로 이해된다면 그 속성은 필연성을 띠게 됩니다.

> 사물의 본성에는 어떤 것도 우연적으로 주어진 것이 없으며, 모든 것은 일정한 방식으로 존재하고 작용하게끔 신적 본성의 필연성에 의해 결정되어 있다.
> 스피노자, 『에티카』

사물이 존재하고 변화해 가는 모든 과정은 신의 속성으로, 필연의 법칙으로 이해됩니다. 그 어떤 것도 우연히 존재할 수 없습니다. 꽃이 피고 새가 우는 현상에서, 우리들이 살아가며 부딪히는 모든 사건에 이르기까지 신의 주재 아닌 게 없습니다. 섭리이고 필연이기에 인간은 피할 수 없습니다. 그게 운명입니다.

그런데 만약에 정말로 우연히 일어난 사건이라면 어떻게 되나요? 오이디푸스가 한 모든 일들이 운명적으로 정해진 게 아니라, 그저 우연히 벌어진 일들이라면 꼭 스스로 눈을 파내고 고통의 방랑길을 떠나야할 필요가 없는 것 아닌가요? 설혹 우연이라고 하더라도 생모와 동침해서 아이까지 낳은 행위는 반드시 징벌이 따라야 하는 법이라면, 그런 법은 누가 만들었나요? 이런 의문에 대해 부처님은 어떻게 대답하실까요?

연기설(II): 왜 우연이면 안 되지

> 연기緣起를 본다면 곧 법法을 보는 것이요,
> 법을 본다면 곧 연기를 보는 것이다.
> 『중아함경』

1. 우연과 필연 사이

운명은 어떠한 가정도 허용하지 않습니다. 그러기에 필연입니다. 어느 누구도 피해 갈 수 없고, 어떤 예외도 끼어들 수 없습니다.

"만약 단 한 가지만이라도 다르게 일어났더라면 …… 그 운동화 끈이 끊어지지 않았더라면 …… 택배트럭이 조금만 더 일찍 움직였더라면 …… 그 남자가 알람에 맞춰 5분만 일찍 일어났더라면 …… 택시 기사가 커피를 마시지 않았더라면 …… 그 여자가 자기 코트를 잊지 않고 나와서 앞의 택시를 잡았더라면 …… 데이지와 그녀의 친구가 그 길을 건너지 않고 택시가 지나갔더라면 ……"
영화, <벤자민 버튼의 시간은 거꾸로 간다>

이들 중 단 한 가지만이라도 다르게 일어났더라면, 사고는 일어나지 않았을 것입니다. 하지만 그 찰나의 순간들이 일련의 시리즈로 엮여 무용가 데이지의 인생을 바꿉니다. 이 또한 운명이라고 밖에 말할 수 없는 것 아닐까요?

영화 <벤자민 버튼의 시간은 거꾸로 간다>는 시간을 거슬러 사는 주인공을 통해 이미 정해진 삶의 길이만큼만 살아가야 하는 운명적 삶과 그 속에서 벌어지는 운명적인 만남, 그리고 사랑을 말하는 것 같습니다.

> "산다는 건 그러니까 삶을 가로지르는 일련의 사건들로
> 이루어지지. 어느 누구도 제어할 수 없어"
> 영화, <벤자민 버튼의 시간은 거꾸로 간다>

그들이 만나 가장 좋았던 시간은, 서로의 삶이 엇갈리는 순간이었다. 영화, <벤자민 버튼의 시간은 거꾸로 간다> 포스터

삶을 가로지르는 사건들은 누구에게나 언제라도 일어날 수 있습니다. 어느 누구도 통제할 수 없기에 피할 수 없습니다. 이런 통제불능은 역설적이게도 우연히 발생하기 때문에 일어나는 현상입니다. 아무런 법칙도, 규칙도 없이 우연히 일어나는 사건을 누가 통제하고 제어할 수 있겠습니까.

『오이디푸스 왕』에서 일어나는 일련의 사건들이 신들에 의해 예정된 운명이기에 인간으로써는 통제할 수 없는 필연이라면, 이 <벤자민 버튼 …>

의 사건들은 그냥 우연히 발생합니다.

2. 약간의 일탈, 그 운명으로로부터의 해방, 그리고 자유

> 물체들이 자체의 무게로 인하여 허공을 통하여 곧장 아
> 래로 움직이고 있을 때, 아주 불특정한 시간, 불특정의 장
> 소에서 자기 자리로부터 조금, 단지 움직임이 조금 바뀌
> 었다고 말할 수만 있을 정도로, 비껴났다는 것을 하지만
> 만일 그들이 기울어져 가 버릇하지 않았다면, 모든 것은
> 아래로 마치 빗방울들처럼, 깊은 허공을 통하여 떨어질
> 것이고, 충돌도 생기지 않았을 것이고, 타격도 일어나지
> 않았을 것이다, 그래서 자연은 아무것도 창조하지 못했
> 을 것이다.
>
> 루크레티우스, 『사물의 본성에 관하여』

루크레티우스는 헬레니즘시대의 철학자 에피쿠로스를 깊이 흠모했고, 그를 따라 고대 그리스의 원자론자인 데모크리토스의 철학에 심취했습니다. 물체들이 허공을 통하여 곧장 아래로 움직인다는 말은 원자들의 움직임을 말합니다.

이런 원자들의 움직임에서 어떻게 우주 만물이 생겨나느냐가 이 시의 주제입니다. 루크레티우스의 입을 빌려 에피쿠로스는 우연히 생긴다고 말합니다. 그는 비처럼 쏟아지는 원자들 중에 어느 하나가 아주 약간 틀어져서 다른 원자들과는 달리 사선으로 내려오다 보면 다른 원자들과 충돌이 생기고, 이 충돌로부터 만물이 생겨난다는 것입니다.

완전한 우연입니다. 언제 어디에서 왜 비껴나는지, 왜 틀어져야 하는지
는 누구도 알 수 없고, 알 필요도 없습니다. 그건 전적으로 자유입니다. 아
주 약간의 '비껴감', 어느 때 어느 곳이든 조금, 단지 아주 약간의 비껴남이
모든 창조의 원동력이라는 것입니다. '이 현상계의 모든 존재, 모든 사건
은 완전한 우연, 전적인 자유의지로 생긴 것이다'라는 겁니다. 멋있지 않
나요?

> 새 운동은 옛 <운동으로부터> 정해진 순서를 좇아 생겨
> 난다면,
> 그리고 기원들이, 원인이 원인을 무한한 시간부터 좇게
> 되지 않도록,
> 비껴남으로써 운명의 법을 깨뜨릴
> 운동의 어떤 시작을 이루지 않았다면,
> 대체 어디에서 이 자유의지가 온 땅에 걸쳐 동물들에게
> 생겨나 있는 것이며,
> 묻노니, 대체 어디에서 운명으로부터 빼앗아낸 이 의지
> 가 생겨나서,
> 그것으로 말미암아 우리는, 쾌락이 각자를 이끄는 방향
> 으로 나아가고,
> 또 마찬가지로, 정해진 시간에 공간적으로 정해진 자리
> 에서가 아니라,
> 정신 자체가 이끌어간 그곳에서, 그때에 운동의 방향을
> 비껴 바꾸는 것일까?
>
> 루크레티우스,『사물의 본성에 관하여』

약간의 '비껴남'은 운명의 법을 깨뜨리며 필연법칙을 무력화시킵니다.
그리하여 자유의지에 따라 각자 쾌락이 이끄는 대로 살아가게 합니다. 에

피쿠로스의 사유를 따라 가노라면 우리는 운명론이 주는 삶의 중압감으로부터 해방과 자유를 느끼게 됩니다. 이런 해방과 자유는 쾌락의 원천입니다. 에피쿠로스 철학이 쾌락주의로 읽혀지는 이유 중의 하나이지요.

에피쿠로스철학은 강렬한 유혹이면서 동시에 매우 위험한 사상입니다. 그가 말하는 해방과 자유는 운명, 혹은 필연이라는 이름으로 통제되는 질서체계를 한순간에 허물 수도 있습니다. 따라서 기독교의 엄숙주의와 이성주의의 필연법칙이 지배하던 서구사회에서 그의 철학은 억압되고 기피되어야하는 것이었습니다. 그래서일까요? 에피쿠로스 철학은 그가 남긴 몇 마디 말과, 약간의 서간문, 그리고 루크레티우스가 쓴 이 책『사물의 본성에 관하여』에서 매우 부분적이고 단편적으로 남아 있을 뿐입니다. 더하여 쾌락주의자라는 과히 아름답지 못한 이름으로 덧칠되어 왔던 것입니다.

3. 연기緣起이므로 공空이니라

> "제법諸法이 무아無我라면 눈에 보이고 손에 잡히는 이
> 세계는 무엇이란 말입니까?"

삼법인三法印이 설해지면 이와 같은 질문이 나오는 것은 당연합니다. 이에 대한 붇다의 대답이 연기설緣起說입니다.

> "이것이 있음으로 저것이 있고, 이것이 일어남으로 저것

이 일어난다."

　이것은 저것을 존재하게 하는 근거이며, 발생 원인이 됩니다. 연기설은 일단 인과율因果律입니다. 모든 존재는 어떤 원인의 결과로 존재합니다. 이른바 사事의 세계, 즉 사물事物이 있고, 사건事件이 발생하는 이 세계는 인과율이 지배하는 세계입니다. 불교는 이 인과관계를 업業으로 설명하지요..

　세계는 존재가 지은 업의 과果로 존재합니다. 김기덕 감독의 영화 <봄 여름 가을 겨울 그리고 봄>은 어린 동자승이 뱀과 개구리에게 행한 못된 짓과 그가 성인이 되어 저지른 사건과의 인과관계를 그립니다. 하지만 언뜻 납득되지 않는 부분이 있습니다.

　더구나 영화 <벤자민 버튼……>으로 말한다면 일련의 작은 사건들과 데이지의 교통사고 사이에 업감연기業感緣起를 들이대기에는 곤란한 점이 많습니다. 전생, 혹은 전생의 전생을 이야기하는 것은 더욱이나 억지스럽구요. 업감연기설은 매우 초보적인 논리입니다. 다만 내가 지은 업과 그 업에 의해 빚어지는 결과와의 필연적인 관계는 부인할 수 없는 사실이겠지요.

　불교 연기설은 현상론입니다. 연기설에 의한다면 이 세계는 현상으로 존재하는 것입니다. 즉 어떤 원인에 의하여 결과가 발생하고 이는 또 다시 원인이 되어 다른 결과를 발생시키고, 이런 인과의 사슬이 무한히 이어지며 이 세계는 존재합니다. 이런 점이 서양 인과율과는 다른 점입니다.

　서양의 인과율은 그 인과관계를 추적해 올라가다 보면 필연적으로 어떤 신적 존재, 혹은 신적 본성을 갖는 존재와 만나게 되어 있습니다. 하나의 존재는 앞선 원인에 의해 결과로 존재하며, 앞선 원인은 그보다 더 앞선 원인에 의해 결과로 존재하고, 이렇게 앞선 원인의 원인자를 추구하다 보면 결국 더 이상 다른 원인자를 필요로 하지 않으면서 스스로 존재하는 최초의 원인자에 이르게 됩니다.

> "나는 실체實體란 자신 안에 있으며 자신에 의하여 생각되는 것이라고 이해한다. 즉 실체는 그것의 개념을 형성하기 위하여 다른 것의 개념을 필요로 하지 않는 것이다."
> 스피노자, 『에티카』

실체란 다른 어떤 것에 의존하지 않으며 그 자체로 존재하는 것입니다. 즉 절대적으로 존재하는 것이니 바로 신神, 혹은 신적 속성을 갖는 존재입니다. 실체는 최초의 원인자이면서 곧 신입니다. 이는 필연적인 인과법칙을 하나의 선線 위에 적용시키면 반드시 그려지게 되어 있는 그림입니다. 서양의 인과율은 단선적이며 분석적입니다.

반면에 불교 연기설은 입체적입니다. 먼저 존재하기 위해서는 인因과 연緣이 필요합니다. 인이 씨앗이라면 연은 씨앗이 발아하여 자랄 수 있는 환경이며 조건입니다. 솔씨가 떨어졌다고 해서 반드시 낙락장송으로 자라는 것은 아닙니다.

남산 위의 저 소나무가 되기까지는 적당한 햇살과 바람과 기후조건이 맞아야 하고, 더하여 짐승이나 사람에 의해 꺾여서도 안 됩니다. 이런 모든 조건이 맞을 때 한 그루의 커다란 소나무로 자라서 그 푸르름을 드리울 수 있는 것입니다. 소나무 한그루가 존재하기 위해 온 우주가 동시에 작용합니다. 그러기에 연기설은 입체적입니다.

이런 입체적 설명은 신적 속성을 갖는 실체나 최초의 원인자를 필요로 하지 않습니다. 입체적이라는 의미는 곧 서로가 서로에 대해 인과관계를 맺는 걸 의미합니다.

소나무 밤나무가 울창하여야 숲이 만들어지고, 숲이 있어야 노루며 고라니가 뛰어 놀고, 짐승들이 풀을 뜯는 곳에 사람이 사는 것입니다. 이처럼 이 세계는 세계를 구성하는 모든 존재들이 서로를 존재하게 해 주는 곳입니다. 그러기에 "만약 연기緣起를 본다면 곧 법法을 보는 것이요, 법을 본다면 곧 연기를 보는 것이다."라고 말하는 것입니다. 이 상의相依·상자相資하는 세계관은 불교교설의 현상론을 이루는 주요한 관념입니다. 불교 연기설은 입체적이며 전체론적입니다.

이 세계는 상의·상자하며 존재하기 때문에 이 세계 밖의 다른 세계나, 혹은 어떤 절대자를 상정할 필요가 없습니다. 불교에서 말하는 현상계는 그 자체로 완전한 세계입니다. 이 세계는 세계를 구성하는 모든 존재의 선택과 결정이 모여 만들어 가는 곳입니다.

나의 선택과 결정이 이 세계를 만듭니다. 나의 선택에는 나 이외의 다른 존재를, 그것이 비록 신이라고 할지라도, 염두에 둘 필요가 없습니다. 아니 유신론자의 선택이든 무신론자의 선택이든 구성원 각자의 선택과 결정이 모여 이 세계를 형성합니다.

따라서 나의 선택과 그 선택에 의해 빚어지는 현상 사이에는 필연적인 인과관계가 형성되지만, 내가 무엇을 선택할 것인지는 전적으로 나의 자유이며 우연입니다. 운명이라 여기고 이 길을 걸어가든, 저 길로 약간 비껴가든, 그건 당신의, 나의 자유입니다.

연기성공緣起性空 : 연기의 본성

신이 존재하는 것이 아니라면, 모든 것이 허용된다.
도스토예프스키, 『카라마조프가의 형제들』

1. 도덕 근원으로서의 신神

테베에 닥친 재앙은 오이디푸스의 부도덕이 원인으로 밝혀집니다. 아버지를 죽이고 어머니와 혼인한 행위는 용서받지 못할 패륜이지요. 이 패륜 때문에 신들의 노여움을 사게 되고, 불행한 결말을 보게 되는 것입니다. 그런데 신중의 신인 제우스는 아버지인 크로노스를 쫓아내고 누이인 헤라와 결혼합니다.

오이디푸스와 제우스의 차이는 살인과 추방, 어머니와 누이의 차이에 불과합니다. 어찌보면 종이 한 장 정도의 차이 같은데…… 누구는 천하의 패륜아가 되고, 누구는 모든 존경을 받는 최고의 신이 됩니다.

프레이저의 『황금가지』에 의하면 친부살해는 세대교체를 위한 일종의 통과의례입니다. 근친혼은 인류의 오랜 전통이기도 했고요. 그렇게 본다면 오이디푸스의 행위가 그토록 비극적인 결말을 가져와야할 만큼 부도덕한 것일까요? 이참에 물어봅니다. 도덕과 부도덕의 경계는 어디냐고?

　도덕은 어떤 행위는 해도 좋고, 어떤 것은 결코 해서는 안 되는 경계를 표시합니다. 누이와의 근친혼은 해도 되지만, 어머니와의 근친상간은 해서는 안 되는 것입니다. 근친혼과 근친상간이란 단어 자체가 이미 경계선 이쪽인지 아니면 저쪽인지를 말해줍니다. 다시 물어 보지요. 도대체 이 선은 누가 그은 건가요?

　소포클레스의『오이디푸스왕』이 그리고 있는 도덕의 근원은 신입니다. 신에 의해 내려진 재앙은 곧 오이디푸스의 행위가 결코 넘어서는 안 되는 선을 넘었다는 강력한 증거입니다. 신에게 용납되지 않는 행위를 한 것이지요. 이 시대의 도덕은 신으로부터 나왔던 것입니다.

> 신이 지금 질병을 나에게 정해 주었다는 사실을 알았다면, 나는 질병을 추구했을 것이다.
> 크라시포스,『초기 스토아 철학자의 단편』

　고대 그리스의 신들은 헬레니즘 시대에 오게 되면 로고스logos, 즉 형이상학적 이법理法의 모습을 띠기도 합니다. 신의 섭리攝理는 그대로 자연의 법칙이 되는 것이지요. 스토아학파의 철학자들은 이런 자연의 이법에 따른 삶이 곧 신의 섭리를 이해하고 이에 따라 사는 삶이라고 보았던 것입니다. 인간세계의 도덕률은 신, 혹은 형이상학적 원리로부터 나오는 것입니다.

신		인간
신학 형이상학	⇒	윤리 도덕

이러한 구조는 기독교가 서양문화의 중심축이 되면서 더욱 두드러집니다. 오히려 고대 그리스의 신들은 매우 인간적이며, 그리스신화는 세속적 삶이 투영된 작품이라고 할 수 있습니다. 그에 비해 기독교의 신은 완전히 초월적이며 절대적인 권능을 소유한 유일신입니다. 이런 신의 명령이 도덕적 판단의 기준입니다. 십계명은 그대로 인간세상의 도덕률이 됩니다. 신의 눈으로 세속의 규칙이 정해지는 것이지요.

절대적 권능을 지닌 유일신이거나 결코 거부할 수 없는 보편법칙의 명령으로부터 나오는 것이기에 도덕적 당위는 지상의 명령이 됩니다. 이렇게 초월자나 보편자의 시선으로 도덕률을 규정하는 사유전통에서 <신학적 윤리학>이 나오고, <형이상학적 도덕학>이 만들어지는 것입니다.

2. 내 위는 별이 반짝이는 하늘, 내 안에는 도덕률

신학적 도덕학의 논리구조를 뒤집은 철학자가 있습니다. 그는 칸트입니다.

> 세계 안에서나 세세 밖 아무 곳에서도 무조건적으로 신
> 하다고 생각될 수 있는 것은 오직 선의지善意志뿐이다.

선의지는 그것이 도덕법칙이기 때문에 준수코자 하는 의지입니다. 칸트에 의한다면 오직 선의지만이 순수하게 선한 것입니다. 칸트 이전에 완전히 선한 존재는 신뿐이었습니다. 하지만 칸트에 오게 되면 도덕법칙의

명령을 따르고자 하는 선의지만이 완전히 선한 것입니다. 이제 도덕적 선의 근원은 신이 아니라 인간 자신이 되었습니다. 이래 놓고 칸트는 신의 존재를 요청합니다.

이제 신은 이 우주가 생기기 이전부터 무조건 존재하는 절대자가 아닙니다. 인간이 있어달라고 요청함으로써 비로소 존재하는 존재가 된 것입니다. 칸트에 이르러 신은 그 자리를 인간에게 내어주고 부가적인 조건으로 내려옵니다. 칸트의 『도덕 형이상학』은 인간이 도덕판단의 근원이며 실로 이 세계의 주인임을 선언하는 것이었습니다.

인간		신
윤리	⇒	신학
도덕		형이상학

이제 이런 구도가 성립하게 되었습니다. 그렇다면 인간의 모든 행위는 전적으로 인간에 의해 결정되는 것일까요? 비록 칸트에 의해 인간이 세계의 중심이고 행위의 주체가 되었다고 할지라도 신의 명령을 외면하지는 못합니다. 칸트가 신의 존재를 요청한 이유도 따지고 보면 신이 존재하여야만 선의지에 따른 행위가 가능하다고 보았기 때문은 아닐까요? 칸트의 도덕명령에 따르는 삶은 고통도 인내할 것을 요구하는 것입니다. 뇌사상태에 빠진 가족이 있는 경우, 칸트에 의한다면 남은 가족들은 그 환자를 살리기 위해 모든 고통을 감수하여야만 합니다.

안락사 시킴으로써 여러 사람의 생명을 살리고, 남은 가족들의 고통을 덜어 줄 수 있음에도 불구하고 결코 해서는 안 됩니다. 왜냐하면 칸트철학에서 인간은 그 자체가 목적이기 때문입니다. 결코 수단으로 삼아서는 안 됩니다. 이 경우 도덕법칙은 현실의 고통에 대해 인내할 것을 요구하는 것입니다. 이런 윤리체계에서 그나마 위안이 될 수 있는 힘은 하느님이 보고 계신다는 믿음에서 오는 것은 아닐까요? 신의 존재를 요청하였다는 것 자체가 이미 신에 대한 의존에서 완전히 벗어나지 못하였음을 증명하는 것은 아닐런지요?

3. 신은 죽었다

<원 나잇 스탠드>라는 영화가 있습니다. 맥스웨슬리 스나입스 분가 뉴욕에 출장차 왔다가 우연히 카렌나스타샤 킨스키 분이란 여자를 만나 하룻밤을 보냈는데, 나중에 알고 보니 친구 형의 부인이었지요. 그리고 맥스의 아내는 바로 그 친구의 형과 불륜관계를 맺고, 결국 두 커플은 서로 부인—남편—을 교환하게 됩니다. 하룻밤의 우연한 불륜이 진정한 사랑을 찾게 해준다는 스토리라면, 이런 경우의 불륜은 좋은 것 아닌가요? 하느님은 비록 간음하지 말라고 하셨지만 말이지요. 니체는 말합니다.

> 기독교에 오면 모든 것은 벌이 되어버린다. …… 기독교인은 불행할 때마다 자신이 도덕적으로 비난받아 마땅한 자라고, 그리고 그렇게 내팽개쳐진 자라고 느끼는 것이다.
> 니체,『서광』

신은 인간을 나약하게 만들어 놓고 그 위에 군림하는 난폭한 폭군입니다. 하지만 이런 신은 허구입니다. "기독교에서는 도덕이나 종교 그 어느 것도 현실과 단 한 지점에서도 만나지 못"하기 때문입니다. 그래서 니체가 신은 죽었다고 외쳤던 것은 아닌지요? 그렇다면, 신이 정말로 죽고 없다면, 오이디푸스도, 맥스와 그의 이웃들도, 그들이 행한 모든 행위는 허용되는 걸까요?

신이 존재하는 것이 아니라면, 모든 것이 허용된다.

도스토예프스키는 『카라마조프가의 형제들』에서 이반의 입을 빌려 이렇게 말합니다. 이것이 니체가 꿈꾸었던 세계는 아니었는지요? 어쩌면 그렇게 모든 것이 허용되는 세계를 위해 정말로 신을 죽여야만 한다고 니체는 믿었는지도 모르겠습니다.

4. 연기緣起이므로 공空이니라

서양철학사를 보면 인간들은 처음에는 신에 의지해 살다가 나중에는 신을 버리고, 마지막에는 신을 죽이지만, 결과적으로는 신의 손바닥에서 단 한발자국도 나아가지 못하는 것 같습니다. 그들의 사유 속에서 신은 단 한 순간도 존재하지 않았던 적이 없습니다. 그래서 머우쭝싼[牟宗三]선생은 이런 서양철학을 '존재를 위한 투쟁Struggle for Being'이라고 불렀던 것입니다. 사유의 방향 자체가 존재를 향하거나 잠시라도 존재를 전제하지 않고는 단 한 발자국도 나아갈 수 없는 것입니다.

반면에 불교의 철학적 특징은 '존재를 부정하기 위한 투쟁Struggle for Non - Being'입니다. 그래서 무아를 전면에 내세웁니다. 무아無我를 말하면서 이 현실세계가 어떻게 가능한가를 물었고, 그 대답으로 현상으로 가능하다고 대답하였습니다. 하지만 사유의 방향으로 볼 때, 이는 질문이 잘못된 것입니다. 잘못된 질문은 잘못된 대답을 유도하고, 결과적으로 잘못된 사유를 하게 만듭니다.

> 부처님께 파구나가 물었다.
> "누가 접촉觸합니까?"
> 부처님은 파구나에게 말하였다. "나는 접촉하는 자가 있다고 말하지 않았다. 내가 만약 접촉하는 자가 있다고 말하면 너는 마땅히 '누가 접촉합니까?'라고 물어야할 것이다. (그러나 나는 그렇게 말하지 않았다.) 그러므로 너는 응당 '무엇에 인연해서 접촉이 생하는 것입니까?'라고 물어야 한다. 그러면 나는 당연히 '육입처에 연하여 접촉이 있고, 접촉에 연하여 느낌受이 있다'라고 대답할 것이다."
> 『잡아함경』 372경

여기 파구나의 질문은 어떤 존재를 전제하고 묻는 것입니다. 파구나의 의식 속에는 어떤 존재가 있어서 그 존재에 의해 이 세계가 연기한다는 관념이 도사리고 있는 것입니다. 이런 사유는 끊임없이 존재를 찾고 존재를 옹호하는 방향으로 나아갑니다. '존재를 위한 투쟁'이 펼쳐지는 것이지요. 하지만 이런 존재를 추구하는 사유야말로 상견常見이고 증익견增益見입니다. 상견이란 변치않는 존재가 있다는 생각이고, 증익견이란 이 세계에 다른 존재를 더하는 것입니다. 이는 환상을 더하는 것입니다. 종교사상를 포함하여 서양철학은 시종일관 상견을 견지합니다.

'신', '이데아', '형상', '실체' 등과 같은 주요 개념들은 불교교설에서 볼 때 모두 상견이고 증익견입니다. 이렇게 이해하고 보면, 수천 년 세월동안 서구인들은 환상을 좇아 스스로를 구속하고 벌주었던 것입니다.

니체가 신은 죽었다고 선언한 이유는 가장 본질적인 환상을 제거함으로써 이 세계를 긍정하고자 하는 것이었습니다. 그러나 니체 또한 존재지향적 사고에서 완전히 벗어나지 않는 한 환상이 떠난 그 허무虛無의 늪에 다시 빠지는 것은 어쩌면 당연합니다.

결국 니체는 초인이라는 또 다른 환상을 창조함으로써 허무의 자리를 메꾸려 한 것은 아닐런지요? 불교적 관점에서 볼 때 니체는 신을 제거하는 단견斷見이자 감손견減損見으로 출발하여 다시 초인超人을 부르면서 상견과 증익견에 빠지고 마는 것입니다.

연기설이 위대한 것은 연기를 연기 그 자체로 본다는 것입니다. 그러기에 연기의 본성은 공空입니다. 연기성공緣起性空의 의미는 연기의 배후나 초월한 곳에 어떠한 존재도 없음을 분명히 하는 것입니다. 따지고 보면 이런 존재야말로 인류의 근심과 고통의 근원이었습니다.

신이 그랬고 이데아가 그랬습니다. 신탁이 가르쳐준 운명 앞에서 오이디푸스는 자신의 눈을 뽑아야 했고, 이오카스테는 자결합니다. 하지만 연기법에서는 이들보다 몇백 배 더 부도덕한 앙굴리마라도 용서가 됩니다. 이런 한없는 용서는 해악을 벌할 실체가 없다는 깨달음에서 나오는 것입니다. 다만 잘못된 인연이 살인마를 만든 만큼, 좋은 인연이 맺어지면 훌륭한 성인으로 다시 태어날 수 있다고 보는 것입니다.

“무아無我이므로 연기로 존재한다.”는 해석은 현상계를 해명하기 위한 변명이며 논리적 사유일 뿐입니다. 이는 진정한 불교교설이 아닙니다. 부처님은 “연기緣起이므로 공空이니라.”라고 가르치셨습니다. 연기로부터 공을 말하는 이 사유의 방향은 일체의 환상을 깨부수고 모든 독단을 제거하려는 ‘존재부정을 위한 투쟁’이자, 환상을 좇아 온갖 고통과 비극을 만들어내는 중생을 구제하기 위한 한없는 자비심의 발로입니다.

팔정도 : 어떻게 해야 해탈할 수 있지?

> 학문을 하면 날로 더해 가지만, 도를 하면 날로 덜어진다.
> 덜고 덜어 무위에까지 이르면 하지 않아도 되지 않는 게 없다.
> 노자, 『도덕경』

1. 신의 눈으로 본 세계

> 그는 심지어 사파리를 떠날 때도 그라모폰(축음기)을 갖
> 고 갔다. 세 자루의 소총과 한달치 식량, 그리고 모차르트
> …… 우리들의 우정은 선물과 함께 시작되었지. 그 후,
> '챠보'로 가기 얼마 전 그는 나에게 또 다른 놀라운 선물
> 을 주었다. 신의 눈으로 본 세계! 그리곤 생각했지 '이제
> 야 알 것 같아. 신이 의도한 바를……'

영화 <아웃오브아프리카>는 이런 멘트로 시작합니다. 카렌메릴 스트
립 분은 답답한 일상을 벗어나기 위해 친구 브릭센 남작과 결혼을 약속하
고 아프리카로 건너갑니다. 케냐 도착 한 시간만에 결혼식을 올리고, 이들
신혼부부는 농장운영문제로 말다툼을 벌입니다. 이튿날 날이 새기도 전에

브릭센 남작은 사냥을 떠나고, 홀로 남은 카렌. 외로움이 아프리카에 남겨진 그녀의 숙명임을 보여주기라도 하려는 듯 카메라는 곳곳에서 카렌의 홀로됨을 집요하게 담아냅니다.

　본래 막대한 유산의 상속녀였던 카렌은 많은 소유물로 둘러싸여 있습니다. 외로움의 대가인 듯 그녀의 주위는 진귀한 물건으로 가득 차 있지요. 뻐꾹 시계, 크리스탈 잔 등등……

　이런 카렌에게 자유로운 영혼을 가진 한 남자가 나타납니다. 제국주의와 인종차별주의가 기승을 부리던 시절, 일체의 구속을 거부하며 아프리카 원주민들과 친구하는 데니스로버트 레드포드 분. 그와 그녀는 사는 방식은 너무도 달랐지만, 운명인 듯 둘은 가까워집니다. 그리고 선물. 만년필은 그의 우정의 선물이었고, 비행기에서 보여준 광활하고 장엄한 아프리카의 풍광은 사랑의 선물이었습니다. 푸른 초원과, 초원을 가로지르는 강, 그 위에서 노는 홍학 떼…… 너무도 아름다운 이 모든 게 신의 눈으로 본 세계일까요? 신의 눈높이라…… 높은 곳에서 내려다보았기 때문에 그렇게 말한 걸까요?

　하지만 이건 데니스가 준 선물입니다. 신이 의도한 세계를 볼 수 있는 기회는 오직 신만이 줄 수 있는 선물이겠지요. 인간이 주고받을 수 있는 게 아닙니다.

2. 깨달음은 아프리카로부터 온다.

> 데니스 : 나의 키큐유, 나의 리모지, 나의 농장 …… 엄청
> 　　　　나게 소유하고 계시네요?
> 카　　렌 : 나는 그것들을 얻기 위해 충분한 대가를 치렀어
> 　　　　요."
> 데니스 : 정확히 소유라는 게 뭐죠? 우린 소유자가 아니
> 　　　　요. 스쳐지나갈 뿐이지.

소유욕이 강한 카렌은 이제 한 남자마저도 온전히 소유하고 싶어 합니다. 하지만 본래 바람처럼 자유로운 남자 데니스에게 이런 카렌의 소유욕은 견디기 힘든 구속입니다. 결국 그는 떠나고, 그녀는 다시 홀로 됩니다.

커피농사는 대풍년이었습니다. 창고 가득 커피가 채워졌지요. 그리고 그날 밤의 화재. 신은 최고의 수확을 주시고 그 기쁨을 채 누릴 새도 없이 다 가져갑니다. 결국 농장과 카렌의 물건들은 처분됩니다. 텅 빈 저택 안에서 달랑 상자 몇 개 놓고 카렌은 초라한 저녁을 먹습니다. 집안으로 들어오던 데니스는 휑한 주위를 둘러보며 말하지요.

> 데니스 : 난 당신의 물건들을 좋아했는데.
> 카　　렌 : 전 그것들 없이 사는 걸 좋아하기 시작했어요.
> 데니스 :……
> 카　　렌 : 당신이 옳았어요. 농장은 결코 소유할 수 없어요.

소유로부터 벗어남으로써 진정한 자유와 사랑을 깨닫게 된 카렌. 그녀는 하인의 손에 끼워준 흰 장갑을 벗겨줍니다. 피부색에 둘러 쳐진 인종차별의 장벽이 무너지는 순간입니다.

영화 <아웃오브아프리카> 포스터

마지막 자존심까지 버려가며 카렌은 아프리카 흑인들의 권리를 보장받기 위해 노력합니다. 이런 카렌 앞에 데니스가 나타나 함께 할 것을 약속합니다. 하지만 이 또한 새로운 소유가 시작되었기 때문일까요? 카렌에게로 가던 데니스는 비행기와 함께 이 세상의 구속에서 영원히 벗어납니다. 진짜 홀로 된 카렌. 하지만 그녀는 너무나도 소중한 선물, 바로 신이 주신 선물을 안고 아프리카를 떠납니다. '신의 눈으로 본 세계!' 모든 걸 버린 자만이 볼 수 있고, 모든 걸 비운 자만이 느낄 수 있는 세계. 철학자 비트겐슈타인이 침묵하지 않으면 안 된다고 했던 세계. 바로 우리 인생의 깊은 뜻, 그 삶의 본질을 깨닫고 카렌은 아프리카를 떠납니다. 다음과 같은 인사를 남기며……

감사합니다. 이곳에서 행복하세요. 저는 행복했습니다.

3. 내 속엔 내가 너무도 많아

그런데 왜 신은 꼭 모든 걸 버려야만 삶의 본질을 알게 하는 걸까요? 빈털터리가 되고 난 후에라야 깨닫게 한다면 너무 잔인한 것 아닌가요?

한 친구가 있었습니다. 30이 넘도록 연애 한 번 하지 않은 친구입니다. 몇 번 소개팅을 주선했지만 그때마다 이 친구가 상대를 찼습니다. 결국 우리 모두는 포기했지요. 그러던 중, 결혼식장에서 만난 신부의 한 친구에게 필이 꽂혔습니다. 하지만 그녀는 이 친구를 거부했습니다. 그러자 친구는 매일 아침마다 그녀의 대문에 장미 한 송이를 꽂기 시작했습니다. 꼬박 2년을. 비가 오나 눈이 오나 단 하루도 거르지 않았습니다. 그리고 딱 2년을 채우던 날, 장미 한 송이를 꽂고 돌아서는데 대문이 삐걱 열리며 그녀가 나왔더랍니다. 그리고 말했지요.

아침이나 드시고 가실래요?

그날부터 둘은 매일 아침을 같이 먹기로 하였습니다. 모든 일은 만사형통, 속전속결…… 결혼식을 올리기까지 석 달이 걸리지 않았습니다. 식장에 들어서는 신랑의 표정. 천하를 얻은 들 저보다 더 기쁠까 싶었지요. 그랬는데…… 둘은 1년 3개월 만에 이혼했습니다. 장미꽃 갖다 바친 2년도 못 채우고 말이지요. 하지만 친구 말은 지난 1년이 악몽이었다고 합니다. 둘이 소주 한잔 마시며 조용히 말했습니다.

네가 이혼하는 건 당연하다. 네가 사랑한 여자는 너와 같
이 아침을 먹던 그 여자가 아니었다. 너는 지난 30여 년간
만나길 고대하며 가꿔온 여자, 네 머릿속에 있는 여자를
사랑한 거지, 같이 살을 맞대며 살고 있는 여자가 아니었
다. 너는 현실속의 여자에게 네 관념의 여자와 맞추라고
요구한 것 아니냐. 그와 맞지 않으니까 실망하고, 실망이
거듭되며 절망하고, 분노하고…… 너는 네 관념의 여자를
위해 현실 속 여자를 버린 거다. 그녀를 원망하지 마라.

우리는 이 친구처럼 살아갑니다. 현대인의 머릿속은 온갖 관념으로 꽉 차있지요. 내가 원하는 여인상, 남성상, 성공적인 삶, 멋진 인생, 바람직한 대한민국...... 그렇게 온갖 인생관, 가치관, 세계관 등등의 '...... 관'을 갖고 일상을 살아갑니다. 이런 관념들은 판단과 행동에 영향을 끼칩니다. 남녀가 사귀다 헤어지는 이유도 대개 '나는 이랬으면 좋겠는데, 너는 왜(내가 원하는 대로) 그렇게 못해주니?'이지요. 사람들은 이미 자신이 원하는 상대방의 모습을 머릿속에 채워놓고 상대가 거기에 맞는지 여부를 따집니다. 이게 어느 정도 일치하면 결혼하고, 살다가 아니다 싶으니까 갈등하고, 끝내 헤어지지요. 남녀관계만이 그런 게 아닙니다. 사회적 · 정치적 갈등의 원인도 이런 관념의 문제와 연결됩니다.

내 생각과 다르면 상대를 '꼴통'이니, '좌빨'이니 하며 부정합니다. 배운 게 많고 아는 게 많은 사람일수록, 그래서 지위가 더 높고, 버는 게 더 많은 사람일수록 그 정도가 더 심합니다. 파고다 공원에 매일 나오는 할아버지보다도 주요 언론사 편집위원, 그리고 국회의원이나 장차관이 갖고 있는 '...... 관'이 훨씬 더 완고합니다. 그래서 최고지도자 자리인 대통령의 역할이 중요한 겁니다. 이런 관점의 차이에서 오는 대립과 갈등을 조절하고 융화시켜야할 책임이 있는 거지요. 대통령마저 자기는 옳고, 자신의 뜻에 반대하는 의견은 다 잘못된 거라고 생각하며 자신의 생각을 밀어붙이면 이 나라에서 발붙이지 못할 국민들이 무더기로 나오게 되는 겁니다. 이게 공자님이 '과감하면서 꽉 막힌 자를 미워한다'고 하신 이유입니다.

내 속엔 내가 너무도 많아 당신의 쉴 곳 없네.
<가시나무새> 가사

먼저 자신을 꽉 채워 놓고 남보고 들어오라고 한들, 누구도 들어갈 수 없습니다. 그러니 먼저 나부터 비워야 합니다. 내 머릿속의 관념, 나의 바람, 나의 욕망부터 하나씩 지워, 얼마간의 빈 공간을 마련해 놓아야 그녀가, 그리고 그이가 들어와 쉴 수 있는 것입니다.

4. 무아無我의 경지에서 드러나는 세계

> 학문을 하면 날로 더해 가지만, 도를 하면 날로 덜어진
> 다. 덜고 덜어 무위에까지 이르면 하지 않아도 되지 않는
> 게 없다.

이른바 노자老子의 무위자연無爲自然의 경지입니다. 이 무위 개념을 차용해서 불교에서는 무위법無爲法과 유위법有爲法을 말합니다. 유위는 인위·조작을 의미하니 유위법은 인위·조작을 통해 만들어 낸 세계, 즉 우리 중생들이 생각과 말과 행위로 만들어내는 세계를 가리킵니다. 바로 연기緣起하는 세계이며 우리들이 살고 있는 속계俗界이지요. 이런 일체의 인위·조작을 없앴을 때, 자연自然, 즉 스스로 그러한, 있는 그대로의 실상이 드러나는 것입니다. 이게 무위자연의 경지이고, 바로 무위법이지요.

팔정도는 정견正見, 정사유正思惟, 정어正語, 정업正業, 정명正命, 정념正念, 정정진正精進, 정정正定, 이 여덟 가지 바른 도를 말합니다. 바로 보아야 바르게 사유할 수 있고, 바른 말을 할 수 있어야 바른 업을 쌓아 바른 삶을 살 수 있습니다. 그럴 때 바른 생각으로 바르게 나아갈 수 있으며 올바

른 선정에 들 수 있는 것입니다. 이 모든 게 정견에서 시작합니다. 그러므로 정견은 근본중의 근본입니다. 불자에게 '똑바로 보아라[正見]'는 명령은 이의를 제기할 수 없는 지상 과제인 것입니다.

이론이 중요한 게 아닙니다. 똑바로 보면 '세계는 연기緣起하며, 연기하므로 무아無我'입니다. 이른바 '연기성공緣起性空'이지요. 하지만 이렇게 아는 것은 또 다른 증익견增益見에 불과합니다. 우리들의 머릿속에 불교에 대한 하나의 관념을 쌓은 것이지요. 그저 학문을 한 것에 불과합니다. '정견'은 먼저 나를 비워야합니다. 진정으로 무아無我를 실천했을 때, 드러나는 세계가 참된 연기법이고 진여성공眞如性空한 세계입니다.

모든 것을 잃고도 카렌이 행복하다고 말할 수 있었던 이유는 세계의 본질, 우주의 실상을, 그리고 삶의 깊은 의미와 그 속에서 피어나는 진정한 사랑을 볼 수 있었기 때문은 아닐까요? '신의 눈으로 본다'는 것은 그녀가 서양인이다 보니 기독교에 훈습된 문화이어서 그렇게 말하는 것이라고 이해합니다. 카렌이 빈털터리가 되는 과정은 종래의 관념을 하나씩 비워가는 과정을 은유합니다. 서양의 기독교든 동양의 불교든, 그리고 유교나 도교든, 모든 큰 가르침은 먼저 자신을 비우라고 합니다. 그 비움의 대가는 행복이고 희열입니다. 종교적 의미를 더해 법열法悅이라고도 하지요. 이게 십지十地에서 초지初地를 환희지歡喜地라고 하는 이유입니다. 단지 내 머릿속을 오랫동안 지배해 오던 관념 하나를 내려놓는 순간부터 행복이 찾아오며, 바로 그때부터 세상은 바로 보이기 시작합니다.

십이지연기설 : 우리는 어떻게 세계를 인식하나

1. 과학적인 너무나 과학적인

틈이 벌어진 암벽 사이에 핀 꽃
그 암벽에서 널 뽑아들었다.
여기 뿌리까지 널 내 손에 들고 있다.
작은 꽃 - 하지만 내가 너의 본질을
뿌리까지 송두리째 이해할 수 있다면
하느님과 인간이 무언지 알 수 있으련만.

지난번 근본불교 세 번째 이야기에서 인용했던 시입니다. A. 테니슨의 <암벽 사이에 핀 꽃>이란 시로 지금은 고인이 되신 장영희 선생님이 번역하신 것이지요. 이 시에서 시인은 바위 틈 사이에 핀 작은 꽃을 뽑아들고 뿌리부터 세밀하게 살핍니다. 모양이며 색깔, 그리고 향기도 맡아 봅니다. 이렇게 모양과 색깔, 냄새 따위를 종합하여 '이것은 꽃이다'거나, 혹은 '이 꽃은 장미이다'라는 판단을 내립니다. 여기에서 꽃은 인식대상이고 모양, 색깔, 냄새 등은 우리들의 감각기관에 수용된 감각자료sense data입니다. 감각기관에 수용되는 과정을 '경험經驗'이라고 하며, 우리는 경험을 통해 얻어진 감각자료들을 종합하여 판단을 내리는 것입니다. 우리들이 알고 있는 대부분의 지식은 이렇게 형성된 것들입니다.

경험론은 인식대상에 인식을 가능케 하는 요소들이 존재한다는 것을 사실로 전제합니다. 즉 인간은 인식대상, 예컨대 '꽃'이라는 사물에는 모양이나 색깔, 향기 등 감각되는 요소들이 '실재'한다고 여기는 것입니다. 우리는 이렇게 실재하는 요소들을 감각기관을 통해 '모사模寫'해 냄으로써 감각자료를 얻게 되고, 이 자료들을 모아 그 사물에 대해 판단하는 것입니다. 자료들을 모아 판단하기 때문에 '종합판단'이라고 합니다. 따라서 경험론은 실재론, 모사설, 종합판단 등의 개념으로 이해되는 것입니다. 한 가지를 덧붙인다면 경험론자들이 즐겨 사용하는 논리가 귀납법歸納法인데, 귀납이란, 개별 사례들을 모아 하나의 일반 원칙을 찾아내는 과정을 말합니다. 예컨대 까마귀가 까맣다는 사실들을 모아 '까마귀는 까맣다'라는 판단을 일반명제로 확정하는 방법이지요.

경험론은 우리들의 상식과 가장 잘 부합합니다. 한편 경험 중에 특별한 주의를 기울여 관찰하고 때론 실험도 하면서 일반원리를 귀납하는 과정을 우리는 과학이라는 이름으로 부릅니다. 그러므로 과학적 진리란 관찰과 실험이라는 특별한 경험과 귀납법이라는 방법론이 적용되어 도출된 지식을 가리키며, 본질상 경험을 통해 상식을 얻는 과정과 다르지 않습니다.

2. 나는 가설을 만들지 않는다

우리는 흔히 과학적이란 말은 곧 진리라는 의미로, 반대로 비과학적이란 말은 미신이거나 어떤 진리성도 가지지 못한 걸로 생각합니다. 그렇다면 정말로 과학적이란 말이 진리를 담보할 수 있을까요? 과학적 진리가 얻어지는 과정에서 실재론, 모사설, 종합판단, 귀납법 등의 전제와 방법이 사용되었음을 살펴보았습니다.

이 과정을 하나하나 복기해볼까 합니다. 먼저 모사에 의해 얻은 지식이 진리인지 여부를 확인하려면, 인식대상인 사물과 인간의 의식 속에 모사된 관념이 일치해야만 합니다. 예컨대 꽃이라는 사물의 모양, 색깔, 향기 등과 같은 요소와 그것이 모사된 인간의 의식 속의 모양의 관념, 색깔의 관념, 향기의 관념이 일치하면 '이것은 꽃이다'라는 판단이 진리인 것으로 확정되는 것이지요. 그렇다면 이게 과연 진리인지 검증하기 위해 우리는 다시 꽃을 지각하고 꽃의 여러 요소들을 모사해 냅니다. 이런 모사를 통해 다시 인간의 의식 속에 크기, 모양, 색깔 등의 관념이 형성되고, 이 관념을 종합하여 꽃여부를 판단하는 것입니다.

하지만 이 과정을 거쳐 조금 전의 판단이 옳은지 여부를 확정한다면, 이 판단은 종전의 관념과 새로운 관념의 일치 여부로 확정짓는 것입니다. 즉 '사물과 관념의 일치'라는 모사설은 결국은 '관념과 관념의 일치'에 다름 아닌 게 되어 버리고 맙니다.

종합판단도 마찬가지입니다. 예컨대 꽃의 모양을 모사하여 모양의 관념을 만들고, 다음에 색깔을 모사하여 색깔의 관념을 만들고, 같은 방법으로 여러 요소들에 대한 관념을 형성하여 이들 관념을 종합하여 판단합니다. 이 경우 모양 다음에 색깔의 관념이 형성된다고 보면, 그 때는 이미 꽃의 모양이 변해있을 것입니다. 왜냐하면 모든 존재는 끊임없이 변화유전하니까요. 이른바 제행무상諸行無常이지요. 따라서 하나의 종합판단은 이미 지나간, 변하기 이전의 관념들로 이루어진 판단인 것이지요.

귀납법은 말할 것도 없지요. '까마귀는 까맣다'라는 명제는 단 한 마리의 흰 까마귀가 발견되는 순간 붕괴되고 맙니다. 귀납법은 애초부터 경험을 통해 얻은 부분적이고 특수한 사례를 근거로 전체에 적용시키는 것이기 때문에, 귀납에서 얻어진 결론은 필연적인 게 될 수가 없습니다. 따라서 귀납법에 의한 결론은 단지 가설에 지나지 않거나, 개연성만을 갖는 것에 불과합니다.

이런 문제에 천착했던 철학자가 바로 데이비드 흄(David Hume, 1711~1776)입니다. 그는 인간의 사물 인식은 여러 관념들의 조합, 마치 관념들이 다발처럼 엮어져서 - 이를 그는 '관념연합'이라고 불렀습니다. - 이루어지는 것이라고 하였습니다. 이는 관념이지 결코 사실이 아닙니다. 흄은 인간은 동일한 경험을 되풀이하다 보니까 마치 그것이 사실인 것처럼 믿는 것에 불과하다고 합니다. 어제도 태양은 동쪽에서 떴고, 그제도 그랬고, 백만 년 전이나 천만 년 전이나 동쪽에서 떴기 때문에, 내일도 태양은 동쪽에서 뜬다고 믿는 것에 불과하다는 것이지요. 그러므로 '태양은 동쪽에서 뜬다'는 인식은 그 어떤 진리성도 갖고 있지 못합니다. 이처럼 인간이 진리라고 믿는 것은 단지 믿음에 불과하다고 해서, 이를 '믿음지', 혹은 '신념지'라고 불렀던 것입니다.

흄의 이런 주장은 당시 학자들에겐 커다란 충격이었습니다. 흄의 주장대로라면 그때까지의 모든 과학적 성과가 일순간에 붕괴되게 되었으니 말이지요. 특하나 당시는 뉴턴 물리학이 전 유럽을 풍미하며 인간이성에 대한 확신과 찬미가 울려 퍼지던 때였습니다.

나는 가설을 만들지 않는다.

흔히 『프린키피아』로 더 잘 알려져 있는 『자연철학의 수학적 원리』에서 한 뉴턴의 이 말은 현상의 배후에 있는 알 수 없는 존재에 대한 사변思辨, 즉 형이상학에 의해서가 아니라 실험과 관찰이라는 과학적 방법을 통해 자연현상을 파악해야 한다는 선언이지만, 동시에 과학으로 이 우주의 모든 현상을 알 수 있다는 강렬한 확신의 표현이기도 하였던 것입니다
이런 즈음에 던져진 흄의 회의론은 한참 잔치 분위기가 무르익은 시점에 찬물이 끼얹어지는 것과 다름이 없었던 것입니다. 하지만 흄은 잔치 분위기를 깨려던 게 아니었습니다. 그는 단지 경험론, 나아가 과학이라는 이름으로 행해지는 일체의 독단을 경계하려는 것 이였습니다.

3. 무엇이 존재하고 어떻게 인식하나

불교에서 안眼 · 이耳 · 비鼻 · 설舌 · 신身이라는 다섯 감각기관에 의意를 합쳐 육근六根이라고 하고, 이들을 통해 수용되어 우리의 의식 속에 형성된 감각자료, 즉 색色 · 성聲 · 향香 · 미味 · 촉觸에 법法을 포함하여 육경六境이라고 합니다.
그리고 육근과 육경을 합하여 십이처十二處라고 하여 세계를 구성하는

기본구조를 이룹니다. 여기에 안식眼識·이식耳識·비식鼻識·설식舌識·
신식身識·의식意識이라는 대상에 대한 관념을 육식六識이라 하고, 십이
처에 육식을 포함하여 십팔계十八界를 이루는 것으로 설명합니다. 계界는
산스크리트어 'dhātu'를 번역한 것으로 요소를 뜻합니다.

그러니까 십팔계는 인간의 인식을 성립시키는 열여덟 가지 요소를 가
리킵니다. 감각과 의식, 그리고 식별하는 작용 일체를 인식이 성립하는 요
소로 보고 이들 요소가 인연에 따라 모이고 흩어지며 세계世界가 현현하
는 것입니다. 이렇게 볼 때 불교가 구성하는 세계는 시작부터 인간의 인식
작용을 기반으로 세워집니다. 그러므로 불교는 본질적으로 인식론입니다.

연기설緣起說은 존재론입니다. 인류의 정신사에서 보면 대개의 존재론,
혹은 형이상학이 지배담론의 자리를 차지하면, 인식에 있어서 강압적인
모습을 드러내곤 합니다. 기독교가 그러하고, 플라톤의 형이상학도 그랬
습니다. '보지 않고 믿어라', '안 보고 믿는 자가 복이 있느니라'라고 하는
식의 강압은 결국 믿지 않는 자에겐 지옥의 불구덩이 기다리고 있다는 협
박으로 발전하게 됩니다. 이것이야말로 정신적 폭력이며, 종국에는 육체
적 폭력까지 행사하게 되는 것입니다.

반대로 이런 지배담론을 비판하는 입장에서는 인식의 문제를 끄집어냅
니다. 이들은 '어떻게 보지도 않고 믿으라고 하느냐?' '분명히 보지 않고는
믿지 못하겠다'는 태도를 갖고 지배담론의 형이상학에 대해 조목조목 분
석하고 비판하게 되는 것이지요. 서양의 흄이나 동양의 도가사상이 대표
적인 인식론 계통이라고 할 수 있습니다.

불교가 철학적으로 위대한 것은 존재론을 구성하기 이전에 인식에 있
어서 충분한 분석과 반성을 거친 후에 교설체계를 세웠다는 것입니다. 이

분석과 반성의 성과가 바로 십이연기설十二緣起說입니다. 십이연기설은
십이지연기十二支緣起라고도 하여, 무명無明 · 행行 · 식識 · 명색名色 · 육
입六入 · 촉觸 · 수受 · 애愛 · 취取 · 유有 · 생生 · 노사老死의 열두 가지 항
으로 연기법을 설명하는 것입니다. 흔히 이 교설은 생사윤회를 설명하는
이론으로 이해합니다. 하지만 윤회를 십이연기로 설명하려다 보면 불합리
한 부분이 한두 가지가 아닙니다. 억지스런 부분도 있고, 석가의 본래 교
설과는 다른 부분도 생깁니다.

　십이연기설을 연기법에 대한 인식론적 접근이라고 이해하면 어떨까요?
연기설이 존재론적 체계라면 십이연기설은 인식론적 이론체계로 이해하
는 것입니다. 십이연기의 첫 번째 지支가 무명無明, 즉 어리석음으로 시작
된다는 것은 이 교설이 인식론적 반성 위에 세워졌음을 분명하게 밝히는
것입니다. 인류는 종교로, 철학으로, 그리고 과학으로 우주를 이해해 왔고
세계를 구성하여 왔습니다. 그런 정신사의 도정에서 독단이 횡행하고 폭
력이 난무해 왔던 것도 사실입니다. 이 모든 것들은 결국 우리 인간들의
생각이 만들어 낸 어리석음, 바로 무명無明에서 출발한 것입니다.

4. 헤픈 여자? 착한 여자?

　경석봉태규 분은 엄마가 한 유부남을 사랑해서 낳은 아이입니다. 또래
에 비한다면 엄마는 할머니 같고 누나는 엄마 같습니다. 유치원에서도 경
석은 외톨이입니다. 외롭게 성장한 경석에게 친절하며 다정다감한 채현

(정유미 분)이 눈에 띄는 건 당연한 일. 하지만 채현은 모든 사람을 다 좋아합니다. 어려움에 처해 있다면 상대가 누구든 채현은 헌신적으로 도와줍니다. 하지만 채현의 이런 모습이 경석에게는 오히려 절망으로 다가옵니다. 경석은 채현이 자신에게만은 좀 더 많은 배려를 해주길 바랍니다만, 그런 바람은 번번이 실망으로 귀결되었으니까요. 결국 누나와의 저녁 약속을 펑크 낸 채현에게 경석은 선언합니다.

      경석 : 우리 그만 헤어져.
      채현 : ……
      경석 : 넌 너무 헤퍼!

경석이 채현에 대해 판단하는 과정은 과학이 지식을 얻는 과정과 동일합니다. 채현의 일거수일투족이 경석의 감각기관을 통해 모사되어 감각자료를 만들고, 특별히 주의를 기울여 채현의 행동을 관찰하고, 이런 과정을 통해 모여진 자료를 종합하여 '채현은 헤픈 여자이다'라는 판단이 내려지는 것입니다. 하지만 이런 판단은 이미 살펴본 것처럼 채현 본인과는 전혀 관계가 없습니다.

우리는 이미 '채현'이라는 사실과 '헤픈 여자'라는 관념의 일치여부는 확인할 수 있는 게 아님을 살펴보았습니다. 결국 채현에 대한 경석의 판단은 경석 자신이 갖고 있는 관념을 가져다가 제 멋대로 조립해서 판단한 것이지요. 저 혼자 고민하고 저 혼자 잠 못 이루다가 제풀에 나가 떨어진 것입니다. 경석 자신의 어리석음

영화 <가족의 탄생> 포스터.

에서 만남과 헤어짐, 기쁨과 고통이 생기고 사라지는 것입니다.

과학자 한 분이 어린이들을 가득 모아 놓고 강연을 합니다. 그 분은 석양이 왜 붉게 물드는지를 알기 쉽게 설명합니다. 빛이 두꺼운 대기층을 통과할 때 생기는 산란 현상에 대하여…… 한 켠에는 과학자의 강연을 열심히 듣는 똘망똘망한 어린 눈을 흐뭇한 미소로 바라보는 엄마들이 있습니다. 어른들은 아이들에게 과학이라는 이름으로 빛의 산란을 먼저 알게 합니다, 아이들은 그렇게 우주를 바라보고 세계를 그립니다. 석양의 아름다움을 몸으로 느껴보기도 전에 말이지요. 아이들에게 가하는 어른들의 지적 폭력은 아닐까요. 이게 무명無明으로 시작하는 현대 문명의 실상입니다.

중도사상 : 쾌락과 고통을 여의다

불행은 다른 사람의 마음에서 오는 것이 아니다.
그렇다고 불행은 영혼의 외투 혹은 오막살이에 불과한 육체의 조절되지
않은 기질에서 오는 것도 아니다.
그렇다면 불행은 어디서 오는 것일까?
그것은 불행이 존재할 수 있다는 당신의 확신으로부터 온다. 그러므로
그러한 확신을 거부하라.
그러면 모든 일이 순조롭게 될 것이다.
마르쿠스 아우렐리우스,『명상록』

1. 이성은 감성의 노예

내일이 밝아 오면 배트맨은 자수하고 감옥에 들어가게 됩니다. 오늘밤은 사랑하는 여인을 보내는 마지막 밤입니다. 이런 밤에 배트맨은 가벼운 키스만으로 마음 깊이 사랑하는 여인 레이첼을 보냅니다. 고남시에 평화가 찾아오는 날, 그리하여 더 이상 배트맨으로 살지 않고 브루스 웨인으로 살게 되는 날까지 배트맨은 레이첼과의 우정을 지켜갑니다. 사랑이 아닌 우정을 말입니다.

영화 <다크나이트>의 주인공 배트맨이 헤르만 헤세의 『나르치스와

골드문트』에서의 나르치스를 대변하지는 못합니다. 배트맨은 나르치스만큼 명료하지 않습니다. 지성적이라고 하기에는 사랑에 대한 갈망도 강렬하고, 그렇다고 해서 감성적이라고 하기에는 자기 통제력 또한 너무도 강합니다. 어찌 보면 '지'와 '사랑'을 양 손에 하나씩 들고서 어찌할 줄 모르는 사내가 배트맨인지도 모르겠습니다.

영화 <다크나이트> 포스터

시리즈를 관통하는 배트맨은 불안해하고 갈등하는 존재입니다. 특히 팀 버튼 감독이 만든 배트맨 시리즈에는 이런 점이 두드러지게 나타나지요. 사랑하는 여인을 만났으면서도 사랑을 고백하지 못하는 존재가 배트맨입니다. 그렇다고 해서 나르치스처럼 이성적인 것도 아닙니다. 물론 악과 싸울만큼 충분히 지성적이지만, 한낮의 태양 아래 모든 사물이 분명히 드러나는 것처럼 명료한 것은 아닙니다. 적어도 배트맨의 이성은 아폴론적인 건 아닙니다.

태양의 신 아폴론의 세계에 속하지는 못하지만,. 배트맨의 이성은 욕망을 억제하고 감성을 통제하는 방향으로 작동합니다. 이런 점에서 배트맨은 디오니소스의 세계에도 속하지 못합니다. 다만 금욕적일 정도로 자기 통제력이 강하다는 점에서 배트맨은 나르치스 쪽에 서 있는 것입니다. 이런 배트맨에 비해 조커는 매우 분명한 특징을 지닙니다.

아주 섬세한 감성의 소유자이면서, 그런 감성의 세세한 변화를 즐기는 존재가 조커이지요. 이런 측면에서 조커는 분명 골드문트의 세계에 속합니다. 물론 범죄를 구상하고 실행에 옮기는 데에 있어서 조커는 그 누구도 따라오지 못할 정도로 지극히 이성적입니다. 여기에서 이성적이란 말은 냉정하며 치밀하게 사고한다는 의미일 뿐입니다.

이성은 감성의 노예이며 또한 그렇게 되어야 한다.

영국의 철학자 데이비드 흄의 말처럼 조커의 이성은 감성에 봉사하는 충실한 노예일 뿐입니다. 그의 사고와 행동을 지배하는 주인은 감성이며 조커는 지독히도 감성적인 인간입니다.

2. 거 봐요! 부러졌잖아요.

나르치스와 골드문트를 극단으로 몰고 가면 어떤 인물이 만들어질까요? 매우 이성적인 인간과 지독히도 감성적인 인간이 자신의 특성을 극단으로 끌고 간다면 말이지요? 영화 『다크나이트』의 두 주인공인 배트맨과 조커는 각각 이성적 인간형과 감성적 인간형의 극단에서 만날 수 있는 존재들입니다. 배트맨의 감정에 대한 통제력은 육체적 고통에 대해서 무감각적일 정도로 강합니다. 범죄와의 전쟁을 치른 후, 상처난 부위를 배트맨은 자기 손으로 꿰맵니다. 아무런 표정도 없이요.

스토아학파의 노예철학자 에픽테토스가 그랬지요. 에픽테토스가 고통에 대해 초연하다는 말은 들은 주인이 그의 팔을 비틀었습니다. 에픽테토스는 아픈 표정도 없이, "주인님! 그렇게 비틀면 팔이 부러집니다."라고 말합니다. 주인은 더욱 비틀었고 결국 팔이 부러지고 말았습니다. 그러자 에픽테토스는, "거봐요, 주인님! 결국 부러졌잖아요."라고 하였다지요. 감정과 감정이 일으키는 욕망에 대하여 스토아학파의 철학자들이 보여주는 경지는 상식의 눈으로 이해될 수 있는 게 아닙니다. 그건 차원을 달리하는 거고, 특별한 수양이나 정신적 경지를 보여주는 것입니다. 그들의 금욕주의는 욕망과의 투쟁이 아니라 욕망 자체를 초월하는 것입니다.

배트맨에게 이런 정신적 경지는 당연히 없습니다. 배트맨의 금욕은 어린 시절 눈앞에서 부모가 살해되는 장면을 목도한 트라우마에서 나옵니다. 너무도 깊은 상처가 그의 전 생애를 지배하는 것이지요. 따라서 미인들을 대동하고 파티장에 나타난다든가 하는 방탕한 부자집 도련님 모습은 거짓입니다. 마치 가면과 망토 속에 자신을 숨기듯 배트맨은 가짜 인생을 살아가는 것입니다.

어린 시절의 상처와 그로 인해 거짓된 삶을 살아간다는 점에서는 조커도 마찬가지입니다. 조커 또한 짙은 화장 속에 자기 자신을 감추고 순간적인 쾌락을 극한으로 밀고 가지요. 조커가 엄청난 범죄를 저지르는 이유는 단지 배트맨과 놀기 위해서입니다. 조커는 배트맨의 행동을 예측하고, 자신이 만들어 놓은 덫에 배트맨이 걸려들 때 쾌락의 극치를 느낍니다.

난 널 죽이고 싶지 않아! 너 없이 내가 뭘 하겠어? 마피아
애들이랑 놀라고? 넌 나를 완전하게 하는걸.

배트맨과 조커는 서로를 존재하게 하는 이유입니다. 나르치스와 골드문트가 서로를 그리워하듯이 이들도 서로를 그리워합니다. 다만 그 그리움이 나르치스와 골드문트에게는 각자에게 부족한 부분을 채워주는 것이라면, 배트맨과 조커에게는 상대를 굴복시키려는 것입니다. 대사처럼 배트맨은 조커를 완전하게 해줍니다. 그러므로 조커가 배트맨을 죽여야할

이유가 없습니다. 영화에서 배트맨은 조커와도 같은 악당을 제거하고 고담시를 지키는 정의의 사도입니다. 당연히 조커가 사라지기를 바라는 모습으로 그려지지요.

하지만 이는 배트맨이 아니라 브루스 웨인의 바람일 뿐입니다. 조커 같은 악당이 사라지면 배트맨도 존재의미가 없어집니다. 따라서 배트맨은 조커가 있어주어야 합니다. 세상에 악마가 없다면 하느님이 존재하여야 할 이유가 있을까요? 없다면, 그것이 전능하신 하느님이 악마를 없애지 않고 그냥 두는 이유는 아닐까요?

이렇게 배트맨과 조커는 서로를 필요로 합니다. 그리고 그 필요는 극으로 치달을수록 더욱 강렬해집니다. 결국 어느 쪽이든 치명적인 상처를 입게 되면 반드시 다른 쪽도 치명상을 입어야 하는 관계가 되고 마는 것입니다.

3. 비천한 쾌락을 추구하지도 말고, 의미 없는 고행에 빠지지도 말라

극단적인 선택이 너무도 많아졌습니다. 21세기 대한민국에는 뛰어 내리는 사람들이 너무 많습니다. 홀로, 때론 어린 아이들을 안고서 몸을 던집니다. 대한민국의 하늘에는 여전히 조각구름이 떠 있고 한강에는 유람선이 떠 있지만, 아파트에서, 교실에서 뛰어 내리는 사람들을 우리는 받아주지 못합니다. 그들을 받아주지 못할만큼 나라에 돈이 없는 것도 아니고, 생각해 보면 방법이 없는 것도 아닐터인데, 그저 안타까워만 하고 있습니다.

한동안 우유주사니 프로포플이니 하는 단어가 인구에 회자되었습니다. 언제부터인지 바람 부는 날이 아니라도 압구정동은 늘 붐빕니다. 거대한 욕망의 분출구가 되어 강남은 머리에서 발끝까지 새로운 스타일을 만들어 냅니다. 보다 더 자극적이고 보다 더 강렬한 쾌락을 위해 압구정동은 바람 부는 날에도 비오는 날에도 북적댑니다.

적당한 쾌락은 삶에 활력을 주지만 극단으로 달리는 쾌락은 삶을 노예로 만듭니다. 적당한 고통은 삶의 본질에 좀더 가까이 데려다 주지만 지나친 고통은 삶을 죽음으로 이끕니다. 그래서였을까요? 부처님은 지나친 쾌락에도 극단적인 고행도 빠지지 말라고 하십니다. 마치 거문고의 줄을 너무 팽팽하게 하거나 너무 느슨하게 하면 그 소리가 좋지 않듯이, 수행자들은 극단을 피하고 중도中道를 걸으라고 하셨지요.

> 비천한 쾌락을 추구하지도 말고, 의미 없는 고행에 빠지
> 지도 말라. 이 두 극단을 떠나면, 지혜를 이루고 선정에
> 들어, 깨달음을 얻고 열반으로 나아가는 중도中道가 있
> 느니라.

근본불교의 중도사상은 이처럼 쾌락과 고통의 양 극단을 피하고 중도를 걷는 것입니다. 이런 의미에서 중도中道는 아리스토텔레스의 중용中庸과 매우 유사합니다. 물론 석가의 중도가 단순히 중간적 의미를 갖는 중용에 머물러 있지는 않습니다. 하지만 본래 석가 출가의 이유가 생노병사의 고통으로부터의 해탈이었음을 고려하면, 쾌락과 고통의 중간지점에서 평정을 유지하는 것이야말로 훌륭한 방법임에는 틀림없습니다. 팔정도八正道가 정견正見에서 시작해서 정정正定으로 마무리되는 이유이기도 한 것

이고요.

다만 석가모니 당시에는 중도가 수행자들이 지켜야할 계율과도 같은 것이었다면, 21세기 대한민국에서 중도는 모든 대중들이 삶에서 실천해 가야할 덕목이 되어 있습니다. 어떠한 형태로든, 극단적 사고, 극단적 행위는 몸과 마음을 황폐하게 만들고, 결국은 죽음으로 내몰며, 종국에는 모두를 비통에 잠기게 합니다. 설혹 배트맨처럼 정의의 사도가 되어도 어둠을 벗어나지 못하고, 조커처럼 극단의 쾌락을 추구하여도 진정한 행복을 가져다주지 못합니다. 극단은 본인을 불행하게 만들고 이웃을 슬프게 하는 독약입니다.

제2장 _ 대승불교

대승 : 우리들의 수레는 무엇?

그 사람이 아니면 결코 전해지지 않는다
『황석공소서』

1. 네가 지미 추_{jimmy choo}의 신발을 싣는 순간 너는 영혼을 판 거야

곱게 차려 입은 신데렐라는 왕자님의 파트너가 되어 황홀한 시간을 보냅니다. 드디어 12시 종이 울리기 시작하고, 황급히 계단을 내려오던 신데렐라는 구두 한 짝을 떨어뜨리지요. 고의인지 아닌지는 아무 상관없습니다만 왜 하필 신발인가요? 꼬랑내 나는 신발이 뭐가 좋아서……향기가 은은히 베어있는 스카프라든가 곱게 수놓은 손수건 등이 훨씬 더 운치 있지 않을까요? 물론 신데렐라이야기에서는 유리구두라는 기막힌 아이템을 만들어냈지만…… 그래도 하필이면 신발?

곰곰이 살펴보면 신발이 등장하는 이야기는 동서고금에 넘쳐납니다. 콩쥐팥쥐에는 꽃신이, 신데렐라의 원형이 실려 있는 중국의 설화집『유양잡조酉陽雜俎』에는 가죽신이 나옵니다. 죽은 달마의 관에는 낡은 짚신 한 짝이 있고요.

네가 지미 추(jimmy choo)의 신발을 신는 순간 너는 영혼
을 판 거야.

영화 <악마는 프라다를 입는다>의 포스터.
신발은 새로운 세계, 새로운 인생의 은유이다.

영화 <악마는 프라다를 입는다>에 나오는 대사이지요. '런웨이'라는
패션잡지사에 출근한 첫날, 주인공 앤디를 머리끝에서부터 훑어보는 편집
장 미란다의 시선이 마지막으로 신발에 가 꽂히고…… 그 경멸 섞인 강렬
한 눈빛에 앤디는 거부했던 구두를 신습니다. 바로 지미추의 하이힐이지
요. 또 영화『섹스 앤드 더 시티』에서 주인공 캐리의 남친 빅은 캐리에게
구두를 신겨주며 청혼합니다. 도대체 신발 이야기가 어찌 이리 많이 나오
는 걸까요?

그리스 신화에 이런 얘기가 나옵니다. 이올코스의 왕이 늦은 나이에 아
들을 낳았습니다. 그 어린 왕자가 바로 이아손입니다. 이아손이 어릴 때
삼촌인 펠리아스가 왕위에 올랐습니다. 펠리아스는 조카인 이아손이 성인
이 되면 왕위를 물려주겠다고 약속했지만, 이 약속이 지켜지리라고 믿는
사람은 거의 없겠지요. 오히려 왕위계승권을 갖고 있는 이아손은 더 위험

한 지경에 처한 겁니다. 다섯 살배기 이아손은 친척의 도움으로 왕궁을 빠져나와 펠리온 산으로 갑니다. 그곳에서 그는 반인반마半人半馬인 켄타우로스족의 현인賢人 케이론에게서 무술을 익힙니다.

다 자란 청년 이아손은 드디어 산을 내려와 이올코스로 향합니다. 잃어버린 왕위를 되찾기 위해서지요. 이때쯤 나라 안에는 이상한 소문이 돌기 시작했고, 어린 아이들은 소문을 노래로 만들어 부르고 다녔습니다.

모노산달로스가 내려와
이올코스의 왕이 된다네.

펠리온 산에서 내려와 이올코스에 들어서려면 아나우로스 강을 건너야 합니다. 이아손이 강가에 닿았을 때, 마침 한 할머니가 강변에 앉아서 강물을 바라보고 있었습니다. 강을 건너려는 것 같아 도와주려고 다가가자 할머니는 퉁명스럽게 말했습니다.

"나를 업어서 건네주려느냐? 아니면 내가 너의 긴 머리카락을 잡고 건너랴?"

할머니의 퉁명스런 말투에 은근히 화가 치밀었지만 이아손은 꾹 참고 공손하게 대답합니다.

"마땅히 업어서 건네 드려야지요."

할머니를 업고 강물에 들어서자, 얕은 줄 알았던 강물은 꽤나 깊고, 가깝게만 느껴졌던 저 쪽 강가는 가도 가도 멀어지기만 하는 거였습니다. 더구나 등에 업힌 할머니는 시간이 지날수록 무거워져 갔습니다. 강 한가운데서 자칫 미끄러진 이아손은 겨우 중심을 잡았지만 신발 한 짝이 그 와중에 벗겨져 떠내려가려고 합니다. 신발을 다시 신으려고 한쪽 발을 들려는 찰나, 할머니가 호통을 칩니다.

"이놈아, 사람이 중하지 가죽신이 중하냐? 까짓 가죽신 때문에 이 할미를 물에다 처박으려고 그래?"

할머니로 말미암아 본의 아니게 외짝 신발을 신은 사나이 - 모노산달로스 - 가 되어, 이아손은 이올코스에 들어갔던 것입니다. 할머니는 헤라여신이었지요. 그리고 왕위를 계승할 수 있는 능력을 증명하기 위해 황금 양털을 찾아 떠납니다. 바로 『아르고 원정대 이야기Argonautica』 중에서 모노산달로스, 즉 외짝 신을 신은 사나이 이야기입니다.(이윤기, 『그리스로마신화』인용 · 참조)

이 신화에서 신발은 왕이 될 사람을 가리키는 징표입니다. 왕의 자격을 상징하는 기호인 것이지요. 신데렐라의 유리구두나 콩쥐의 꽃신도 모두 그 자리에 합당한 자격을 보증하는 징표입니다. 이 자격증이 있어야만 이동할 수 있습니다. 그리스신화의 또 다른 영웅 테세우스가 아버지인 아테네의 왕 아이게우스를 찾아가는 것도 아버지가 감추어둔 신발과 칼을 찾고 나서야 비로소 가능한 것이지요.

지금은 시내버스를 탈 때 대개 교통카드를 이용하지만, 한 때 토큰token이란 게 사용되었습니다. 토큰은 징표란 뜻을 갖습니다. 버스도 신발과 같은 하나의 이동수단이라면 토큰은 곧 이동수단을 소유하거나 승선할 수 있는 권리를 증명하는 징표입니다. 그러므로 영화 <악마는 프라다를 입는다>에서 앤디가 하이힐을 싣는 행위는 이제 본격적으로 새로운 세계로 여행을 떠나는 버스에 승선할 수 있는 티켓을 끊은 것과 같은 것이지요. 전혀 다른 새로운 삶, 새로운 세계로 떠나는 여행. 산골아이에서 왕의 자리로, 부엌데기에서 왕자님의 옆자리로 옮겨갈 수 있는 자격의 징표가 바로 신발입니다.

2. 그 사람이 아니면 결코 전해지지 않는다

자리나 신분의 이동, 혹은 중요한 임무를 수행할 수 있는 자격을 나타내는 상징물로 신발이 매우 적절한 것이라면, 일체의 이동수단은 결국은 신발의 의미가 확장된 것으로 보아도 무방할 것입니다. 로드무비류의 영화에 흔히 등장하는 오토바이나 자동차는 물론 배나 비행기 등등의 모든 운송수단은 신발의 확장된 의미체로 볼 수 있는 것입니다. 영화『타이타닉』에서 타이타닉호는 그 배에 승선한 사람들의 꿈과 희망을 실어다 주는 도구이고, 영화『인디에어』에서 비행기는 그 자체가 목적이면서 삶이 영위되는 가장 중요한 공간을 제공해 줍니다.

이러한 일체의 탈 것을 '승乘'이라고 합니다. '대승大乘'은 '큰 탈 것', '소승小乘'은 '작은 탈 것'이지요. 옛날에는 이게 수레이고 배였지만, 현대는 버스이고 비행기입니다. 중국 사람들이 가장 좋아하고 존경하는 인물인 황제黃帝는 최초로 수레와 배를 만든 사람입니다. 그로써 중국인들에게 이동의 편리함을 제공해 주었고, 그 혜택에 힘입어 일찍부터 찬란한 고대문명을 만들어 낼 수 있었기에 황제에 대한 중국인의 사랑은 각별한 것입니다. 그렇다면 이런 신발의 이미지가 어떤 이유로 동서고금을 통하여 이처럼 광범위하게 이야기되는 것일까요?

엄마야 누나야 강변살자
뜰에는 반짝이는 금모래 빛
뒷문 밖에는 갈잎의 노래
엄마야 누나야 강변살자

김소월, 「엄마야 누나야」

인간은 누구나 욕망이 있습니다. 가난한 자는 부자를, 외로운 사람은 애인을 욕망하지요. 강변 모래밭 옆에 작은 오두막 짓고 엄마랑 누나랑 살고 싶다는 시인은 분명히 서울 콘크리트 벽 틈에서 홀로 긴 밤을 지새우고 있었을 것입니다. 욕망은 현실에서 주어지지 않는, 현실이 만족시켜주지 못하는 그 어떤 것, 혹은 어떤 세계를 희구하는 것이지요. 나를 이 불만족스런 현실에서 소망하는 이상적인 세계로 데려다 줄 수 있는 것, 그 이동수단을 찾고자 하는 인간의 욕망은 동양이나 서양이나, 옛날이나 지금이나 다르지 않습니다. 인간의 보편적인 욕망을 담는 기호이기에 신발로 대표되는 일체의 운송수단은 이야기 속에서 가장 중요한 요소로 작용하는 것입니다. 그렇다면 욕망이 지향하는 세계로 데려다 줄 배나 비행기는 누구라도 탈 수 있는 걸까요? 당연히 그 토큰은 아무에게나 주어지지 않습니다.

진시황제의 암살에 실패한 장량張良은 강소성 하비현江蘇省 下邳縣에 숨어 절치부심하고 있었습니다. 하루는 장량이 다리 위를 걸어가고 있었는데 한 노인이 장량에게 다리 밑에 떨어진 신발을 주워달라고 요구합니다. 장량은 신발을 주워다가 공손하게 노인에게 바쳤는데…… 노인은 또 신발을 다리 밑으로 떨어뜨리고 다시 주워 달라고 합니다. 그러기를 세 번.

은근히 치솟는 부아를 억누르며 장량은 더욱 공손한 자세로 신발을 갖다 바칩니다. 그리고 또 다른 세 번의 시험을 거치고 장량은 노인으로부터 비서秘書를 전수 받게 됩니다. 노인은 바로 황석공黃石公이고, 비전秘傳의 병서兵書는 『육도삼략六韜三略』의 『삼략』, 혹은 『황석공소서黃石公素書』라고 하는 책입니다. 이 비전의 책을 얻은 장량은 결국 한고조 유방을 도와 천하통일의 대업을 완수합니다.

이야기의 사실여부와는 상관없이, 이 이야기가 담고 있는 함의는 '비인비전非人非傳', 즉 '그 사람이 아니면 전수하지 않는다'는 원칙입니다. 멀리 이아손과 테세우스에서부터 시작해서 신데렐라와 콩쥐, 그리고 현대의 앤디에 이르기까지 신발은 새로운 세계를 여행할 수 있는 이동수단이지만, 그 탑승권은 아무나 가질 수 있는 게 아닙니다.

그래서 우리는 물어봐야 합니다. 누구에게 그 토큰이 주어지냐고요? 욕망하는 사람이라면 누구라도 가질 수 있는 거냐고요? 대승大乘의 이념이 모든 중생을 구제하는 것이니 누구라도 그 수레에 탈 수 있는 것 아니냐고요?

대선이 끝났습니다. 대선이야말로 모든 구성원들의 욕망이 부딪히는 곳입니다. 민주주의는 각자가 지향하는 세계를 위해 한 표를 던지고 그 결과에 승복하는 제도입니다. 그런데 만약 결과에 의해 누구는 환호하고 누구는 좌절한다면 어찌될까요? 이번 대선은 거의 51:49에 근접하는 결과가 나왔습니다. 민주주의의 가장 이상적인 모습이라는 수치인데…… 그렇다면 51%의 국민이 환호하는 거야 그렇다쳐도, 49%의 국민은 좌절해야 하

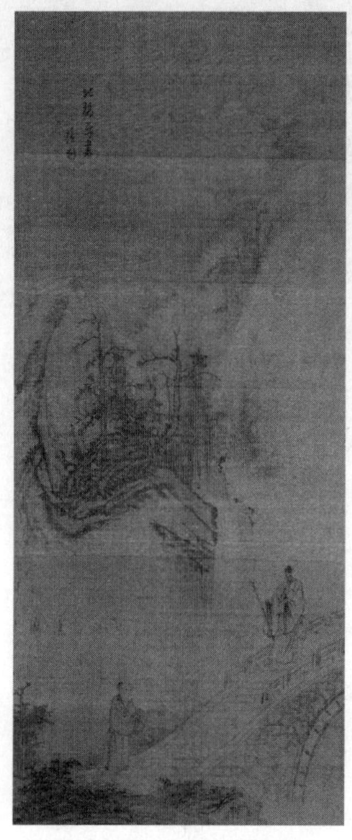

김홍도, <이교수서(坦橋受書)>
장량이 황석공으로부터 이교에서 비
서를 전해받는다는 고사를 그린 작품.

나요? 결코 아니겠습니다만, 애석하게도 너무나 많은 사람들이 결과에 절망하고 있습니다. 특히 2030으로 대표되는 젊은 세대가 느끼는 좌절의 정도는 절대로 작지 않습니다. 이들의 낭패감이 5060세대에 대한 분노로 이어지고 있음도 간과해서는 안 될 것입니다. 왜냐하면 5060세대와 2030세대는 아버지와 자식 세대를 이루고 있기 때문입니다. 부자간의 갈등과 분열이라면, 이는 비극이지요. '젊은 것들이 뭘 안다고……' 하는 말과, '도대체 우리들에게 해준 게 뭐 있다고……'라는 말이 부딪히기 시작하면 파국은 시작되는 것입니다. 그래서 진심으로 바랍니다. 보수적인 기성세대일수록 '젊은이라면 좀 반항적이고 파격적이어야지. 그래야 나라든 사회든 발전하는 거야. 젊은이들이 진보적인 건 당연해!' 라고 말할 수 있기를…… 진보적인 젊은 세대들은, '어찌되었든 우리가 이만큼이나마 살게 된 것도 아버지들의 고생덕분이지. 인정! 나이 들어 보수적으로 변해가는 것은 자연스런 거잖아.'라고 생각하기를…… 진심으로 바랍니다.

대통령이란 자리는 절대로 아무에게나 주어지지 않습니다. 그는 특별한 신발을 신은 사람이지요. 그런 사람이 자기편만 태우고 반대편을 외면한다면, 이는 소승조차 되지 못합니다. 나와 생각이 다르고 지향하는 바가 다르다고 할지라도 누구라도 태울 수 있어야 합니다. 왜냐하면 욕망하고 꿈꿀 수 있는 권리는 누구에게라도 있기 때문입니다. 꿈과 희망조차 사라진 좌절감이 사람들을 삶을 내던지는 절벽으로 몰아갑니다. 그러니 꿈 꿀 수 있는 권리마저 보장하지 않는다면 그는 이미 지도자가 아닙니다. 유난히도 추운 겨울밤에, 우리 모두가 다 함께 탈 수 있는 큰 배가 21세기 대한민국에서 만들어지길 진심으로 기원합니다.

색즉시공 공즉시색, 이 세계가 곧 진리

색이 곧 공이고 공이 곧 색이니라
『반야심경』

1. 위대한 침묵속으로

그리스 테살리아의 벌판에는 하늘의 기둥이라고 하는 바위기둥들이 솟아 있고, 그 꼭대기엔 수도원들이 자리 잡고 있습니다. 이 수도원을 메테오라Meteora라고 부릅니다. 메테오라는 그리스어로 '공중에 떠 있다'는 뜻이라고 합니다. 정말로 공중에 떠 있는 것처럼 깍아지른 바위기둥 꼭대기에 위태롭게 수도원이 있습니다. 수도사들이 암벽을 부여잡고 올라가 은둔생활을 시작한 게 11세기부터이고, 14세기 초에는 이런 수도사들을 위한 수도원이 처음으로 모습을 드러내어, 16세기에 이르게 되면 24곳이나 있었다고 합니다. 현재는 수녀원 1곳을 포함하여 6개의 수도원이 남아 있습니다. 오늘날에는 바위를 뚫어 계단을 만들었기에 오르내리기가 편해졌지만, 예전에는 밧줄과 도르래를 이용하지 않고는 사람이든 물건이든 오르내릴 수 없었다는데…… 불가능할 것만 같은 일을 도대체 왜? 무엇 때문에 했을까요?

그리스 메테오라 수도원 중의 하나인 루사노(Roussanou) 수도원(왼쪽)과 다큐멘타리 영화
<위대한 침묵>의 배경인 그랑드 샤르트뢰즈(Le Grande Chartreuse) 수도원. 이들은 모두
절대자를 향한 열망과 세속과의 철저한 단절을 드러낸다.

하느님을 향한 뜨거운 열망을 고려하지 않고는 이 광경을 이해하기 어렵습니다. 그 옛날 이 위태로운 암벽에 붙어서 죽음을 무릅쓰며 한 발 한 발 오르던 그 사람에게서 느낄 수 있는 첫째가 뜨거운 신앙심이지요. 하느님을 향한 깊은 신앙심이 고래로부터 높은 곳에 신전을 짓게 만든 것입니다. 그리고 또 하나의 중요한 이유가 있습니다. 속인들이 쉽게 접근하지 못하게 하기 위해서지요. 중세 수도원은 세속으로부터의 단절, 일체의 세속적 가치와의 격리를 그 무엇보다도 우선적으로 고려하여 지어집니다. 현대인들에게 깊은 울림을 준 다큐멘타리 영화 <위대한 침묵>은 시종일관 수도원의 이런 단절과 격리를 보여줍니다. 영화의 배경이 되고 있는 그랑드 샤르트뢰즈Le Grande Chartreuse 수도원 자체가 알프스산맥 1,300고지에 있어서 일반인들은 가까이 가기가 쉽지 않은 것은 물론, 그나마 수도원 둘레는 높은 담벼락으로 쳐져 있어 아예 속인의 접근을 불허합니다. 여기에 수도사들은 침묵을 서약하고 들어가지요. 고요한 침묵 속에 기도와

묵상으로 하루가 새고 지는 곳이 그랑드 샤르트뢰즈 수도원입니다.

2. 신의 세계, 인간의 세계

중세 수도원이 세속과의 철저한 단절을 목적으로 한 데에는 아우구스티누스의 신학이 결정적인 역할을 하였습니다. 아우구스티누스는 기독교가 유대민족의 민족종교에서 세계종교로 변신하는 과정에서 보편종교로써 갖춰야할 교리를 체계화하는 일에 전념합니다. 이 과정에서 그는 플라톤의 이원론적 형이상학을 도입하지요. 이를 도식화하면 다음과 같습니다.

플라톤		아우구스티누스
이데아계 = 영원 불변 참 이성	⇒	완전 선 창조주 = 신의 세계
현상계 = 순간 변화 거짓 감성	⇒	불완전 악 피조물 = 인간의 세계

아우구스티누스는 영원불변인 참된 이데아계를 완전한 선善인 신神의 세계에, 그리고 매 순간 변화하는 거짓된 현상계를 불완전하며 악惡에 물들어 있는 인간人間의 세계와 등치시킵니다. 그런 다음 인간의 세계로부터 신의 세계로의 구원만이 삶의 유일한 목적임을 밝힙니다. 이로써 죄악으로부터의 '구원'과 구원의 주체인 '신', 그리고 신의 '은총'이라는 서구 기독교의 주요 개념들이 틀을 갖춰가게 되는 것이지요.

하지만 이런 교리화는 필연적으로 우리 인간이 살고 있는 이 세계를 부정적인 시선으로 바라보게 만들었습니다. 살아가면서 지은 죄로도 부족해서 원죄까지 끌어들이며, 이 세계를 온갖 죄악에 물들어 있는 악의 구렁텅이로 만들어 버리고 만 것입니다. 이런 세계에서 인간의 삶이란 오직 이 악의 소굴로부터 절대선인 하느님의 품으로 구원받는 일만이 유일한 목적이 되고 맙니다.

> 이는, 우리가 당신을 향하여 살도록, 당신이 우리를 창조하신 까닭이오니, 우리 심령은 당신 안에서 쉼을 얻을 때까지 평안할 수 없나이다.
>
> 아우구스티누스, 『고백록』

　　피조물로써 인간은 살아 있는 동안 결코 평온을 얻을 수 없습니다. 삶은 오직 하느님의 구원을 갈구하는 과정일 뿐입니다. 죽어서 하느님의 품안에 다시 태어나야 비로소 편안해질 수 있는 것이지요. 그랑드 샤르트뢰즈 수도원의 노수사는 말합니다.

> 아니 죽음을 왜 두려워하지? 죽음은 모든 인간의 운명이거늘. 또 하느님께 더 가까이 다가갈수록 우리는 더 행복해지기 마련이거늘. 이것이야말로 바로 우리의 삶의 목적이지.

　　기독교인들에게 죽음은 영원한 안식처에 들어가는 문입니다. 더구나 그 죽음이 하느님을 위한 순교라면 이보다 더한 축복은 없습니다. 이런 생사관이 기독교로 하여금 어느 종교보다도 월등히 많은 순교자를 배출해내게 만든 이유가 되었던 것이지요. 물론 그토록 죽음을 열망하게 만든 배후에는 현세적 삶에 대한 대단히 부정적인 의식이 자리하고 있는 것입니다. 삶은 단지 죽음에 이르는 과정이고 이 세계는 저 세계에 가기 위한 중간 기착지에 불과합니다.

3. 색즉시공 공즉시색

동서고금의 종교들은 다만 정도차이일 뿐, 대개 세속적이고 현세적인 삶에 대해 부정적입니다. 그들은 세속의 삶이 영위되는 이 세계를 부정하면서, 긍정적이며 바람직한 다른 세계를 꿈꿉니다. 그 꿈이 단순한 상상의 소산이든, 치밀한 논리적 사색의 결과이든 '부정적인 이 세계로부터 긍정적인 저 세계로의 초월'이라는 구도에는 거의 예외가 없습니다. 불교 또한 마찬가지입니다.

이 연재 첫 번째 글에서 사성제四聖諦를 이야기했습니다. 근본불교는 사성제의 고성제苦聖諦로부터 출발합니다. 생로병사가 진행되는 이 현실은 고통이라는 인식에서 불교는 시작하는 것입니다. 고통스런 이 세계로부터 고통이 소멸한 바람직한 저 세계로의 초월, 즉 해탈解脫이 불교교설의 근간을 이룹니다. 이 교설이 대승불교에 이르게 되면 바라밀波羅蜜로 구체화됩니다. 바라밀, 혹은 바라밀다波羅蜜多는 산스크리트어 파라미타 pāramitā의 음역으로, '도피안到彼岸'으로 번역됩니다. 고통스레 생멸유전 生滅流轉하는 이 쪽 언덕[차안此岸]에서 모든 고통이 소멸한 저 쪽 언덕[피안彼岸]으로 건너간다는 의미이지요.

<table>
<tr><td>

이 세계
차안(此岸)
생멸(生滅)
고(苦)
세속의 세계[속계(俗界)]

</td><td>

→

</td><td>

저 세계
피안(彼岸)
무아(無我)
열반(涅槃)
진리의 세계[진여(眞如)]

</td></tr>
</table>

이런 구도에서 우리들이 살아가는 이 세계는 결코 바람직하지 못한 부정적인 세계로 이해될 수밖에 없습니다. 현세적 삶은 극복되어야할 어떤 것이고 거부해야하는 그 무엇입니다. 아빠의 사랑과 엄마의 보살핌도, 사랑하는 사람과 함께 가꾸어 가는 이 모든 삶도 부정되어야 하는 집착이고 어리석음일 뿐입니다. 이런 세계관에서 이 세계를 떠날 수 없는 대부분의 중생들은 그들의 일상마저 부정하며 살아가야 하는 불쌍한 처지, 레미제라블Les Miserables로 전락하고 마는 것입니다. 그렇게 이 세계는 비참한 인생들이 태어나 아등바등 살다 늙고 병들어 죽어가는 세계가 되었습니다. 그렇다면 이 세계는 정말로 그토록 비참하고 그토록 더러운 죄악으로 점철된 곳인가요? 우리 속담에 "개똥밭을 굴러도 이승이 좋다"고 하는데 ...... 때론 다투기도 하지만 서로 사랑하며 살아가는 이 세계가 그토록 나쁜 걸까요?

대부분의 세계종교와 보편철학은 근본적으로 부정적인 현세관을 갖고 있습니다. 그리고 이런 세계관 위에 인류문명이 건설되었습니다. 기독교와 그리스 이성주의 철학 위에 서구문명이 세워지고, 유교의 도덕적 이상주의 위에 중국문명이 피어났습니다. 불멸佛滅 이후의 불교 또한 본격적으로 불교문명을 발전시키며 이런 이원적 우주관을 띠게 됩니다. 초기 상좌부 불교가 대개 이런 논리를 개발하고 발전시켰던 것입니다.

이 세계가 더 비참하고 더 고통스러울수록, 저 세계는 더 황홀하고 더 행복해집니다. 또한 그럴수록 저 세계에 도달코자 하는 열망은 더 강렬해지고, 열망이 강렬할수록 저 세계를 독점하고 있는 사람들의 지배력은 더욱 강해지겠지요. 역사는 이런 진행을 분명히 보여주고 있습니다.

이 세계와 저 세계가 그렇게 확연히 구분된다면 저 세계에 도달할 수 있는 사람들은 소수의 특권을 가진 사람들뿐입니다. 재능이 탁월하거나, 고귀한 신분으로 태어나거나, 절대자의 선택을 받았거나 등등 …. 결국 다수의 대중들은 저 세계에 가 보지도 못한 채 험한 이 세계를 맴돌며 고통 속에 살다 가겠지요.

대승은 이 세계에서 괴로워하는 중생들 모두를 저 세계로 인도하고자 하는 철학입니다. 이를 위해 대승불자들은 새로운 방법을 찾고 새로운 논리를 개발해 냅니다. 생각해 보면 그 방법과 논리가 그리 어려운 것은 아니었습니다. 이 세계에 살고 있는 중생들 모두가 다 갈 수 있는 저 세계라면 이 세계로부터 멀리 떨어져 있으면 안 됩니다. 이 세계와 조금이라도 떨어져 있다면 반드시 단 한 생명이라도 가지 못하는 자가 나오게 되겠지요. 단 한 사람, 단 하나의 생명조차도 빠뜨리지 않고 저 세계에 갈 수 있는 길은 오직 이 세계가 그대로 저 세계가 되는 길 뿐입니다. 바로 "색즉시공 공즉시색色即示空空即示色"이지요. 색色은 생멸하는 이 현상세계이고 공空은 열반적정한 진리의 저 세계입니다. 그러므로 '색이 곧 공이다'라는 선언은 이 세계가 바로 저 세계라는 주장입니다. 이로써 이 세계에 사는 모든 중생들에게도 저 세계에 도달할 수 있는 길이 열린 것입니다.

이 길을 찾는 일을 돌이켜 생각해보면 정말로 어려운 일은 아니었습니다. 이 일은 난이도의 문제가 아니라 열정의 문제였던 것이지요. 고통스레 현실을 살아가는 중생들에 대한 연민과 그들을 구해내겠다는 열망이 얼마나 강했느냐의 문제였던 것입니다.

"색즉시공", 이 한 구절이야말로 소수에게 독점된 부처님의 큰 가르침을 대중들에게 돌려주려는 혁명선언이고, 모든 중생을 일체의 질곡으로부터 풀어주려는 해방선언이었던 것입니다. 고통 받는 중생을 향한 자비심과 그들 모두를 해탈로 이끌겠다는 열망이 이 세계 그대로를 큰 수레[大乘]로 만들 수 있었던 것입니다.

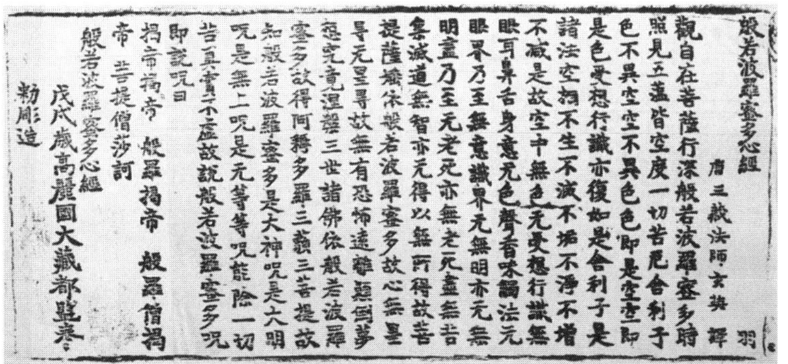

삼장법사(三藏法師) 현장(玄奘)이 번역한 『마하반야바라밀다심경(摩訶般若波羅蜜多心經)』. 이 경전에 나오는 "색즉시공공즉시색(色卽示空空卽示色)"이란 여덟 글자야말로 가장 짧으면서도 가장 강렬하게 인류 지성사의 흐름을 바꾼 선언은 아니었을까?

새로운 인간형. 보살

길을 가는 세 사람 중에는 반드시 나의 스승이 있다.

『논어』

1. 잃어버린 나를 찾아서

영화 <중앙역>의 주인공 도라(Dora, 페르난다 몬테네그로 분)는 전직 학교 선생님이었습니다. 이 괴팍한 노처녀는 중앙역 한구석에 작은 책상을 놓고 글을 모르는 사람들의 편지를 대신 써줍니다. 그 대가로 받는 돈이 그의 수입의 전부입니다. 가난하고 무식한 사람들의 일상. 돈 벌어오겠다면 집을 나간 남편을 그리워하는 아내, 지난밤을 함께 했던 여인이 또 보고 싶은 청년. 이들이

영화 <중앙역> 포스터

엮어내는 일상이 도라에겐 장난이고 짜증입니다. 이런 편지들은 부쳐지지 않은 채 도라의 집에 쌓여 있습니다. 그렇게 쌓여있는 편지 중에는 아나(Ana, 소이아 리라 분)의 편지도 있습니다. 오래전에 돈 벌러 집을 나간 남편이 너무도 그리운 아나. 하지만 아나는 교통사고로 죽고, 오갈데 없는 어

린 아들 조슈에(Josue, 비니시우스 드 올리베이라 분)는 중앙역을 떠돕니다. 이런 조슈에를 도라는 인신매매단에 팔아넘기고 그 대가로 리모콘 달린 TV를 사지만 TV를 보던 즐거움은 어느새 사라지고 그 자리엔 죄책감이 가득합니다. 날이 밝기를 기다려 도라는 조슈에를 구해 내고 함께 조슈에의 아버지를 찾아 길을 떠납니다.

서로를 믿지 못하고 짐으로 여기는 두 사람의 여행길이 편할 리 없지요. 티격태격, 옥신각신, 하지만 조금씩 서로에게 의지하며 마침내 목적지에 도달합니다.

대부분의 로드무비가 그렇듯 영화 <중앙역>도 잃어버린 자아를 찾아 가는 영화입니다. 조셉 캠벨이 도식화한 신화 속 영웅들의 서사구조를 그 대로 따라갑니다. '분리 → 입문 → 귀환'으로 이루어지는 이야기 구조. 도 라는 일상생활이 이루어지던 중앙역으로부터 분리되어 '세상 끝'까지 모 험을 떠나게 됩니다. 이 여행에서 무수히 많은 사람들을 만나고, 사건이 생기고…… 그런 와중에 사랑과 미움이 교차하고 갈등과 화해가 융해됩니 다. 그리고 마침내는 본래 있던 자기 자리로 돌아옵니다. 잃어버린 자아를 되찾아서 돌아오는 것입니다.

이 영화는 보는 관점에 따라서 여러 의미로 읽힙니다. 가족영화로도, 성 장영화로도 볼 수 있지만, 이 영화는 무엇보다도 매우 강한 종교적 메시지 를 함축하고 있습니다. 영화에 나오는 주인공들의 이름은 성서에 나오는 주인공들의 이름입니다. 물론 서양 사람들은 성서 속 인물이나 성인의 이 름으로 작명하곤 하지만…… 조슈에는 여호수아이고, 조슈에가 찾아 나선 아버지 제수스는 예수, 조슈에의 이복형인 모제스와 이사에쉬는 각각 모 세와 이사야입니다. 그렇다면 도라는 누구일까요?

편지를 쓰던 책상에서 도라가 마주한 것은 세속의 사람들이 살아가는 일상입니다. 세속 사람들은 간밤에 누군가를 사랑했고, 떠난 사람을 원망하고, 누군가가 돌아오기를 간절히 바라며 살아갑니다. 이게 세속의 모습이고 보통 사람들의 삶입니다. 그런 삶에 대해 도라는 무감각합니다. 오히려 조롱하고 멸시하지요. 어쩌면 일체의 세속적 가치와 단절된 채 오직 하느님의 세계만을 추구하며 높은 담장 안에 스스로를 가두었던 중세 수도사들의 속마음은 아닐런지요? 사람들이 성직자 앞에 무릎 끓고 고백하는 죄는 세속을 살아가는 일상이기도 합니다. 그런 속인들 앞에서 도도하고 거만한 성직자가 있다면 도라와 다를 게 없을 것입니다.

이런 도라가 본인의 의지와는 무관하게 자신의 일상으로부터 분리되어 모험에 나섭니다. 이 모험의 길은 조슈에를 위한 길이기보다는 도라 자신의 위한 길이 되지요. 세상 끝에서 도라가 만난 것은 바로 잃어버린 자신입니다. 마지막 날 거울 앞에 편지를 내려놓고 리오 행 새벽버스를 탄 도라는 회환의 눈물을 쏟아냅니다. 그리고 한 때 그토록 미워했던 아버지에 대한 그리움을 고백합니다.

나도 아버지가 보고 싶다. 그리운 게 너무 많아.

2. 길 위에 선 성자, 프란체스코

앞에서 얘기한 것처럼 아버지는 예수입니다. 예수를 만나려면 길 위에 나서야 합니다. 중앙역 책상 앞에 앉아서 찾아오는 사람들의 일상을 한 귀로 흘려보내 가지고는 결코 만날 수 없습니다. 지난 호에서 살펴 본 것처럼 중세시대 기독교의 성직자와 수도자들은 하늘에 계신 아버지를 만나기 위해 높다란 절벽위로 오르고, 깊은 산 속에 들어갔습니다. 그곳에 더 높이 담장을 두르고 세속과 단절된 채 침묵과 기도 속에서 그들만의 고결한 신앙생활을 영위했던 것이지요. 그리하여 엄숙과 경건이 중세 천년을 지배하였던 것입니다.

엘 그레코 작, 『성 프란체스코』

하지만 그건 예수가 살던 모습이 아닙니다. 예수는 세속과의 단절을 추구하지 않았습니다. 그가 잠시 세속을 떠나 광야에 들어간 것도 세속에서의 활동을 위한 통과의례일 뿐입니다. 예수는 가난한 사람, 병든 사람, 억압과 차별받는 사람들 옆에서, 그들을 위로해 주고, 병을 치료해주고, 온갖 억압에 저항했습니다. 이런 예수의 삶 자체가 하느님의 가르침입니다.

중세 말, 일군의 수도사들이 수도원의 높은 담장을 허물고 죄악에 물든 속세로 들어갔습니다. 그들은 헐벗고 굶주린 사람들을 위로해 주고 병든 자들을 치료해 주었습니다. 예수가 자신의 삶을 통해 보여준 가르침을 따랐던 것입니다. 그들은 프란체스코 수도회의 수도사들이었습니다.

이탈리아 중부에 있는 아시시의 부유한 상인 집안에서 태어난 프란체스코는 젊어서 한 때 향락에 빠지기도 합니다. 하지만 마음을 돌이켜 자신의 모든 재산을 버리고 평생을 청빈하게 살며 이웃을 위해 헌신합니다. 길 위에서 프란체스코가 만난 이웃은 무지몽매하고, 지난밤의 사랑을 갈구하고, 그에게 혹은 그녀에게 애걸복걸 매달리는 속인들입니다. 이들의 경멸스런 애정행각과 한심한 욕망을 온전히 사랑할 줄 알아야 진정한 이웃사랑이 될 것입니다. 이제 세상 끝에서 다시 본래의 일상으로 돌아가는 도라는 중앙역을 스쳐가는 속인들의 속된 믿음과 소망과 사랑을 온전히 느끼게 됩니다. 간절하게 아버지를 보고 싶어 하는 조슈에에게 도라는 반드시 그렇게 되리라고 진심으로 기원합니다. 조슈에의 소망에 믿음으로 답해주는 것, 이게 진정한 사랑임을 알게 됩니다.

3. 새로운 수행자, 보살이 걷는 길

대부분의 대승경전에는 보살(Bodhisattva, 菩薩)이 등장합니다. 우리가 흔히 『반야경』으로 알고 있는 『반야바라밀다심경』은 "관자재보살觀自在菩薩 ……"로 시작합니다. 대표적인 대승경전인 『화엄경』은 문수보살文殊菩薩과 보현보살普賢菩薩이 이야기를 이끌고 가지요.

불교의 역사에서 보살의 등장은 전혀 새로운 불교가 시작되었음을 알리는 것입니다. 보살이 등장하기 이전에는 아라한(Arhan, 阿羅漢)이 주축이었습니다. 아라한은 간단히 나한羅漢이라고도 하며, 응공應供 · 응진應眞 · 무학無學 등으로 번역되기도 합니다. 이는 마땅히 공양을 받을만하고[應供], 진리를 따르며[應眞], 더 닦을 것도 없다[無學]는 의미입니다. 또 불생不生 · 이악離惡이라고도 하는데, 이는 다시는 미망迷妄이 생기지 않으며[不生], 모든 잘못된 것에서 떠났다[離惡]는 뜻입니다. 한 마디로 궁극의 진리를 완전히 터득해서 일체의 미망과 어리석음을 여의었기에 사람들의 존경을 받을 자격이 충분하다는 의미이지요. 불교 성인이 도달할 수 있는 최고의 경계가 아라한입니다.

이런 아라한을 대승불교에선 비판합니다. 그들은 냉철하고 명석한 머리와 깊은 수행에 전념할 수 있는 의지를 갖고 있지만, 이웃을 사랑하는 따뜻한 마음과 중생을 구하고자 하는 뜨거운 열망은 없었던 것입니다. 대승불교가 본인의 깨달음과 해탈 이전에 먼저 이웃 사랑과 중생제도를 전면에 내세운다는 것은 단순히 실천수행의 우선순위가 바뀐다는 뜻이 아닙니다. 이는 불교 교리의 다른 해석과 재구성이 뒤따라옴을 내포합니다.

프란체스코가 굳게 닫힌 수도원 문을 열고 세속으로 발걸음을 옮긴다는 것은 예수와 하느님의 성격이 달라짐을 의미합니다. 프란체스코가 활동하면서 비로소 십자가에 못 박힌 채 고통 끝에 고개를 떨군 예수상이 그려집니다. 이전 언제나 당당할 뿐만 아니라 인간을 심판하는 위대한 심판자의 모습과는 현격한 차이가 있지요. 이런 변화는 예수도 인간이라는 인식이 확산되는 계기가 되고, 결국 서구기독교의 전통적인 삼위일체설이 부정되거나 적어도 상당히 수정되어야만 하는 결과를 낳게 됩니다. 이제 인간의 시선으로 예수를 그리고 신을 바라보게 됩니다. 르네상스의 시작이지요. 이런 변화에의 압력에 부응하지 못한다면 기독교는 그 권위를 상당부분 잃게 되겠지요.

따지고 보면 르네상스는 중세 자체를 부정하며 출발합니다. 중세를 암흑시대로 규정한 사람은 바로 르네상스 인문주의자 페트라르카였습니다. 인간이 주체인 고대 그리스 인문주의 시대와 근대 르네상스 인문주의 시대 사이에 긴 - 그래서 중세라는 말을 사용하였던 것입니다 - 어두운 암흑의 시대가 바로 중세입니다. 근대 유럽인에게서 중세는 지워버리고 싶은 기억으로 남아 있는 것이지요.

중생제도衆生濟度가 전면에 등장한다는 것은 불교가 개인의 문제를 중심으로 구성되던 체계에서 사회와 공동체의 문제를 중심으로 재구성되기 시작하였음을 뜻합니다. 이런 변화는 불교 곳곳에 새로운 바람을 일으킵니다. 그 변화의 바람을 일으킨 수행자들이 바로 보살입니다. 따라서 보살은 아라한과는 본질적으로 다릅니다. 아라한에서 보살로의 변화는 기독교에서 프란체스코 이전과 이후의 변화와도 흡사합니다. 다만 기독교는 프란체스코 이후의 변화 압력에 적절하게 대응하지 못하고, 오히려 전통적인 교리를 고수함으로써 독단dogma에서 벗어나지 못합니다. 반면 불교는 적절할 뿐만 아니라 선도적으로 변화해 가면서 인류문화사와 지성사에 유래를 찾아볼 수 없을 정도로 화려하고 웅장한 문화와 철학을 창조해 내지요. 이 대승불교운동이 예수 탄생 이전 기원전 1세기부터 일군의 보살에 의해 시작되었던 것입니다.

4. 봄날의 꿈처럼 흔적이 없다

교리의 재구성에서 가장 먼저 보이는 부분이 육바라밀六波羅蜜입니다. 주지하다시피 근본불교의 실천수행은 팔정도八正道입니다. 정견正見 · 정사유正思惟 · 정어正語 · 정업正業 · 정명正命 · 정념正念 · 정정진正精進 · 정정正定의 팔정도는 깨달음의 주체로서 개인의 문제의식이 아주 분명합니다. 여기에 뚜렷한 공동체적 사유는 아직 보이지 않지요. 하지만 보시布施 · 지계持戒 · 인욕忍辱 · 정진精進 · 선정禪定 · 반야般若라고 하는 육바라밀은 처음부터 공동체적 문제의식을 표출합니다. 보시는 흔히 무주상보시無住相布施라고 합니다. 이는 머무름이 없는 보시라는 뜻으로, 곧 주는 사람도, 받는 사람도, 주고받는 일도 없는, 이른바 삼륜체공三輪體空입니다. 세 가지 수레바퀴가 모두 공空한 것이지요. 소동파蘇東坡의 시 "일지춘몽처럼 아무런 흔적이 없는 것[事如春夢了無痕]"입니다.

다시 영화 <중앙역>을 볼까합니다. 이 로드무비에서 주인공은 도라입니다. 도라는 편지 쓰는 일상에서 벗어나 세상 끝까지 모험을 떠납니다. 그 도정에서 많은 사람들을 만나지요. 마치『화엄경』「입법계품」의 선재동자善財童子가 궁극의 깨달음에 이르기까지 53명의 선지식을 차례로 만나는 것과도 같습니다. 그렇다면 선재동자의 도정은 그저 우연의 연속일

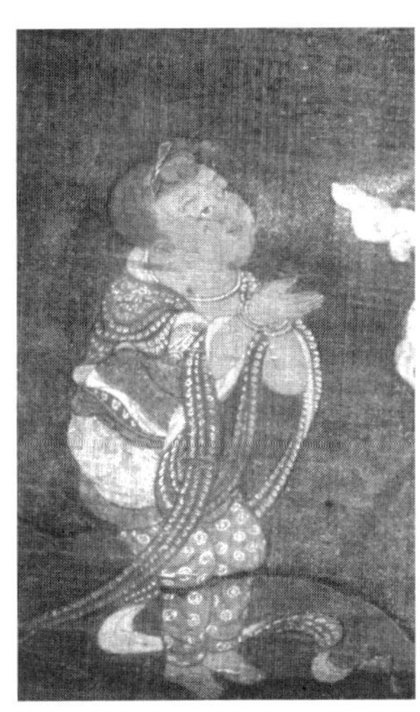

일본 대덕사에 있는 고려시대
『수월관음도』에 보이는 선재동자

까요? 선재동자가 만나는 선지식 하나하나에는 긴밀한 연결고리가 있습니다. 그리고 이 경전을 읽는 사람들은 이 연결고리의 배후에 문수보살과 보현보살이 존재하고 있음을 어렵지 않게 알 수 있습니다. 선재동자를 깨달음에 이르도록 인도하는 존재가 바로 문수와 보현이라면, 도라를 깨달음으로 이끄는 존재는 누구일까요? 그저 우연히 도라는 잃어버린 자아를 찾은 것일까요? 이 여행에 처음부터 끝까지 함께한 존재가 바로 조슈에입니다. 어떻게 보면 조

슈에는 자기 어머니를 바치면서까지 도라의 자아찾기에 헌신하는 것인지도 모릅니다. 하지만 영화를 보는 관객들은 그저 우연히 조슈에의 아버지 찾기에 도라가 얽혀 들었고, 그 우연한 사건들이 이어지다가 우연의 결과로 잃어버린 자아를 찾게 되는 것으로 이해하지요. 그러니 조슈에가 보살임을 누구도 눈치채지 못합니다. 조슈에는 특별한 존재입니다. 도라에게 찾아오는 모든 사람들이 자신의 편지가 원하는 사람에게 도착하리라고 믿을 때, 아니 어쩌면 이런 믿음과는 상관없이 그저 그들의 소망을 말할 때, 조슈에는 홀로 도라를 의심하지요. 도라로 하여금 자신의 잘못을 깨닫게 하는 존재, 그리하여 잃어버린 자아를 찾게끔 도와주지만, 오히려 자신이 도움을 받은 것처럼 보이게 하는 존재가 조슈에입니다.

보살은 결코 흔적을 남기지 않습니다. 오늘도 길에 나서면 만나는 많은 사람들, 호떡 굽는 아줌마, 가판 위에서 액세서리를 파는 젊은이, 환경미화원, 채소가게 아저씨가 모두 우리의 보살입니다. 투자에 실패한 어느 오만했던 사람에게 이들은 겸손을 가르쳐 주기도 합니다. 열심히 살아가는 이들의 모습은 왜 겸손해야 하는지를 일깨워주는 것이지요. 그런 깨달음을 통해 삶의 본질에 좀 더 가깝게 다가갈 수 있게 해줍니다. 길에 나서면 흔히 마주치는 아저씨 아줌마가 그래서 모두 보살입니다.

반야경 Ⅰ : 반야般若, 그 말할 수 없는 세계

> 틀림없이 죽음에 대한 인식과 삶의 고통과 비참함에 대한 고려야말로
> 세계에 대해 철학적으로 사색하게 하고 그것을 형이상학적으로
> 설명하게 하는 가장 강한 자극이다.
> 쇼펜하우어, 『의지와 표상으로서의 세계』

1. 언표될 수 없는 대답에 대해서는 물음도 언표될 수 없다

한 철학자가 있었습니다. 하루는 나룻배를 타고 강을 건너게 되었습니다. 강의 3분의 1쯤 왔을 때 철학자가 사공에게 물었습니다.

    철학자 : 그대는 신을 아는가?
    뱃사공 : 모릅니다.
    철학지 : 음! 그대는 인생의 절반을 헛살고 있군.

배가 강 한 가운데를 지날 때쯤 다시 철학자가 물었습니다.

    철학자 : 그대는 신을 아는가?
    뱃사공 : 모릅니다.

철학자 : 그래! 그대는 그나마 절반의 인생조차 반도 제
대로 못 살고 있군.

순간 갑자기 돌풍이 불며 배가 뒤집혔습니다. 사공은 헤엄쳐 강가로 나왔습니다. 하지만 철학자는 헤엄칠 줄 몰랐기 때문에 물속에서 허우적대고 있었지요. 뱃사공이 철학자를 향해 말했습니다.

나는 신도 모르고 철학도 모르오. 하지만 그대는 모든 걸
다 알면서도 그저 헤엄칠 줄 몰라 인생을 그만 종치려하
고 있구려!

이 우화가 수영 얘기는 아닐 겁니다. 철학이란 이름으로 행해지는 것들의 공허함을 비꼬고 싶은 거겠지요. 전통적으로 철학이 제기하는 주요한 과제가 있습니다. ‘만물의 근원자’, ‘궁극적 존재’, ‘제1원리’, ‘신’, ‘삶의 본질’ 등과 같은 개념들은 형이상학의 주요 과제이며, 철학이 존재해야하는 이유를 말해주는 것들이지요. 철학의 아버지라 불리는 탈레스부터 이 문제는 간단없이 제기되었고, 그 해답은 여전히 모색중입니다. 아직까지도 답이 안 나왔냐구요? 그렇습니다. 답이 나왔다면 더 이상 질문을 던지지 않을 것입니다. 정확히 이렇게 생각했던 철학자가 있습니다.

언표될 수 없는 대답에 대해서는 물음도 언표될 수 없다.
L. 비트겐슈타인,『논리 - 철학 논고』

말로 질문이 가능하다면 대답도 말로 할 수 있습니다. 따라서 말로 대답할 수 없다면 질문도 말로 할 수 없는 것이지요. “의심이란 오직 물음이 존

립하는 곳에서만 존립할 수 있고, 물음이란 대답이 존립할 수 있는 곳에서만 존립할 수 있으며, 또 대답이란 어떤 것이 말해질 수 있는 곳에서만 존립할 수 있기 때문"입니다.

따라서 신이니 삶의 본질이니 하는 형이상학적 과제들에 대한 질문이 존재한다는 얘기는 곧 대답도 존재한다는 말입니다. 그렇다면 수천 년간 여전히 같은 질문이 반복되는 이유는 무엇인가요? 혹시 이런 질문은 말로 행해지고 말로 대답할 수 있는 성격이 아니기 때문은 아닐까요? 그렇습니다. 그는 철학사에 등장하는 무수히 많은 형이상학적 개념들은 본래 대답할 수 없는 것들인데 질문으로 던졌다고 본 것입니다.

2. 당신이라면 이래도 살겠어요?

남편을 잃고 신애는 아들 준과 함께 남편의 고향 밀양으로 내려갑니다. 이에 많은 것을 잃은 그녀에게 이 작은 도시는 새 희망입니다. 작은 피아노 학원을 열고, 나름 안정을 찾아가던 즈음. 아들이 유괴되고 살해되는 사건이 일어납니다. 그녀의 마지막 의지처가 사라집니다.

당신이라면 살아 갈수 있나요? 신애는 망연할 뿐입니다. 그런 신애에게 교회는 또 다른 의지처가 되어줍니다. 신앙은 구원의 빛이었지요. 하나님 앞에서 평화를 찾아가지만, 궁극적인 평화는 오지 않습니다. 왜 안 그렇겠습니까? 또래 아이들을 보거나, 해가 서쪽으로 기울라 치면 문득 문득 떠오르는 아들 생각은 이 생이 다하여야만 멈출 수 있는 것일 겁니다. 신애가 그 고통에서 벗어나 진정한 평화를 찾는 길은 오직 살인자 박도섭을 용서하는 길 뿐입니다. 용기를 내어 박도섭을 용서하러 그가 수용되어 있는 교도소를 찾아갔는데……

영화 <밀양> 포스터. 영화는 곳곳에서 햇살을 보여준다.

신애의 절망은 박도섭을 용서하고 싶어도 용서할 수 없는 데서 극한으로 치달립니다. 왜냐하면 박도섭은 이미 하나님으로부터 용서를 받았기 때문입니다. 정작 신애가 나설 자리는 없었던 것이지요. 결국 신애가 고통에서 벗어날 수 있는 길은 죽음뿐입니다. 그래서 던져지는 질문입니다. "당신이라면 이래도 살겠어요?"

본래 이 영화의 원작인 이청준의 『벌레이야기』는 용서를 주제로 신과 인간의 관계를 다루는 것입니다. 용서가 인간이 존엄할 수 있는 권리일진대, 이를 신이 박탈한다면 인간이 과연 존엄할 수 있느냐고, 그런 인간은 벌레와 다를 게 무엇이냐고 묻는 것이지요. 원작에서 신애 – 원작에서는 신애라는 이름이 나오지 않고 남편의 회상하는 아내로 나온다 – 는 박도섭이 사형당한 이틀 후에 자살합니다. 아무런 말도 남기지 않은 채.

하지만 영화는 신애를 살립니다. 살아서 고통으로부터 벗어나게 해줍니다. 그러기까지 극한에 다다른 고통을 보여줍니다. 그 고통의 끝자리에서 신애는 스스로 팔목을 긋지요. 그리고 핏방울이 뚝뚝 떨어지는 팔을 들고 어두운 거리에 나선 신애는 말합니다. "살려주세요!"

3. 말할 수 없는 것에 관해서는 침묵해야 한다

신애가 살아가야할 이유를 물었다면 그 이유가 찾아져야 대답이 되겠지요. 만약 대답하지 못한다면 그건 곧 죽음을 의미합니다. 원작『벌레이야기』에서 아내가 자살한 이유이지요. 아내는 답을 찾지 못합니다. 극한의 절망 속에서 그냥 좌절할 수밖에 없었던 것입니다. 하지만 영화 <밀양>에서 신애는 살아납니다. 살아야할 이유를 찾은 거지요. 영화는 화해로 대답합니다. 정신병원에서 퇴원하며 들른 미장원에서 원수의 딸인 정아에게 머리커트를 맡기는 걸로 그 화해를 표현합니다. 그리고 남은 고통의 해소는 스스로 남은 머리를 자르는 것으로 드러냅니다. 잘려진 머리카락은 바람에 날려 하수구로 들어가고 하수구에는 햇살이 비춥니다. 마치 하느님은 가장 낮은 곳에 임한다는 걸 보여주려는 듯이…… 신애는 살아야 하는 이유도, 삶의 본질도, 그리고 화해도 용서도 말하지 않습니다. 다만 햇살만이 비출 뿐이지요.

> 이것이, 오랫동안의 회의 끝에 삶의 뜻을 분명하게 깨달
> 은 사람들이 그 뜻이 어디에 있는지 말할 수 없었던 이유
> 가 아닐까?
>
> L. 비트겐슈타인, 『논리 - 철학 논고』

그럴 겁니다. 진정으로 삶의 의미를 깨달은 사람들은 - 그들은 아마도 극한의 고통이나, 직면한 죽음을 겪은 사람들입니다. - 인생이 무엇인지 말하지 않습니다. 왜냐하면 그건 말로 드러낼 수 있는 게 아니기 때문이지요

실로 언표할 수 없는 것이 있다. 이것은 드러난다. 그것은

신비스러운 것이다.”

L. 비트겐슈타인, 『논리 – 철학 논고』

그건 그냥 드러나는 것입니다. 비트겐슈타인은 '말하여질 수 있는 것'과 '보여지는 것'을 나눕니다. '말하여질 수 있는 것'은 자연과학의 명제들뿐입니다. 형이상학이나 신학, 혹은 윤리학의 주요 명제들은 말하여질 수 없는 것들입니다. 그것들은 단지 보여질 뿐입니다. 그것들은 스스로 드러납니다. 그러기에 신비한 것이지요. 신비란 어떤 비의적인 것이란 의미가 아니라, 설명할 수 있는 논리가 없다는 뜻입니다.

삶의 문제의 해결은 이 문제의 소멸에서 발견된다.

L. 비트겐슈타인, 『논리 – 철학 논고』

레이 몽크 지음, 남기창 옮김 『비트겐슈타인 평전』 표지 「천재의 의무」라는 부제가 달려있다.

신애를 절망속으로 빠뜨렸던 문제는 어떤 해답이 있어서 해결되는 게 아닙니다. 신애는 신과 싸우며 해답을 추구합니다. 하지만 애초부터 신과의 싸움은 결코 문제에 대한 답이 될 수 없는 것이지요. 그건 신이 위대하고 절대적인 존재여서가 아니라, 신이란 존재 자체가 '말하여질 수 있는 것'이 아니기 때문입니다. 신은 다만 삶 속에서 '보여지는 것'입니다. 다만 한 줄기 햇살이 비추듯 그렇게 드러나는 것입니다. 그 순간에 삶의 문제는 자연스레 소멸되는 것이고요.

나의 명제들은 다음과 같은 점에 의해서 하나의 주해 작
업이다. 즉 나를 이해하는 사람은, 만일 그가 나의 명제들
을 통해   나의 명제들을 딛고서   나의 명제들을 넘어
올라간다면, 그는 결국 나의 명제들을 무의미한 것으로
인식한다. (그는 말하자면 사다리를 딛고 올라간 후에는
그 사다리를 던져 버려야 한다.) 그는 이 명제들을 극복
해야 한다. 그러면 그는 세계를 올바로 본다.
말할 수 없는 것에 관해서는 침묵해야 한다.

L. 비트겐슈타인, 『논리 - 철학 논고』

'반야般若'는 번역될 수 없어서 범어 프라즈나prajna를 그냥 소리 나는
대로 적은 것입니다. 흔히 무분별지無分別智라고 하는데, 이는 번역어가
아니라 설명어입니다. 이 말이 번역이 안 되는 이유는 물론 적당한 한자어
가 없어서이겠지만, 보다 더 근원적으로는 어떤 논리로 분석될 수 있는 게
아니기 때문입니다. 우리는 언어로 사고하고, 사고하여야만 분석하고 판
단할 수 있습니다. 이런 과정을 통해 얻어지는 지혜를 분별지分別智,
vijnana라고 하는 것이지요. 그에 비해 반야는 무분별지無分別智입니다. 그
런데 반야를 "법의 주체적인 체험을 통하여 …… 주객의 대립을 초월한 경
지에서 감득할 수 있는 주체적인 의식"이라고 설명해 놓으면 무슨 말인지
이해하기 어렵습니다. 반야는 더 이상 반야가 아닌게 됩니다.

반야는 신애가 죽음밖에는 달리 출구가 없던 그 극한의 절망 속에서 살
려달라고 호소할 때 문득 찾아오는 깨달음입니다. 마치 머리카락 커트하
듯 훌훌 던져버릴 때 홀연 느껴지는 어떤 것입니다. 반야는 스스로 드러낼
뿐입니다.

삶의 심연을 들여다 본 적도 없이, 오도송悟道頌을 읊는 사람들도 꽤 있

는 것 같습니다. 반야는 몇 년 참선했다고 "하늘에는 흰 구름 떠 있고 / 땅에는 붉은 꽃 피었네"하는 류類의 싯구나 흉내 내는 땡초들이 도달할 수 있는 경계가 결코 아닙니다. 아무 말 하지 않아도 스스로 드러나는 깨달음이 아니면 결코 반야라 할 수 없습니다.

반야경 II : 반야般若와 비트겐슈타인

1. 열정적이고, 심오하며, 지배적인 천재의 전형이다.

루드비히 비트겐슈타인(Ludwig Joseph Johann Wittgenstein, 1889~1951)
은 1889년 오스트리아 굴지의 재벌가에서 5남 3녀 중 막내아들로 태어납
니다. 아버지 칼 비트겐슈타인은 철강업으로 당대에 막대한 부를 이룬 성
공한 기업가이자 음악 애호가였습니다. 어머니 레오폴디네 또한 피아니스
트라는 말이 결코 어색하지 않을 만큼이나 뛰어난 음악적 소질을 지니고
있었지요. 이들 칼과 레오폴디네 부부는 그들의 부를 예술가들에게 아낌
없이 투자하였습니다. 비엔나 사람들이 궁전이라고 불렀던 비트겐슈타인
가家의 저택에는 브람스, 말러, 브루노 발터, 요하임 등이 모여 음악을 연
주하곤 하였습니다.

루드비히의 누나 마가레테의 초상화를 클림트가 그렸고, 루드비히 자
신도 유산 중 일부를 시인 릴케 등에게 기부하였을 정도로 이 집안은 예술

적 향취가 물씬 풍기는 곳이었습니다. 이런 환경에서 자란 8남매들은 한결같이 예술적 재능이 뛰어났습니다. 큰 누나 헤르미네는 뛰어난 화가로 인정받았고, 큰형 한스는 4살 때 이미 작곡을 할 정도였습니다. 둘째 쿠르트는 첼로, 넷째 파울은 피아노 연주에 재능을 보였지요. 파울은 1차 세계 대전에서 오른팔을 잃게 되는데, 라벨의 『왼손을 위한 협주곡』은 바로 그를 위해 작곡된 곡입니다. 막내인 루드비히도 교사가 되기 위해 30대에 배운 클라리넷 연주에 탁월한 재능을 나타내었으며, 웬만한 교향곡은 전곡을 휘파람으로 불 정도였다고 합니다.

뛰어난 재능을 갖고 태어난 천재들에게 부뷸는 축복일 듯도 한데, 비트겐슈타인가의 형제들에게는 아니었나 봅니다. 큰형 한스는 가업을 잇기 원하는 아버지와의 갈등 속에서 실종되었다가, 자살한 것으로 결론이 납니다. 그로부터 2년 후에는 연극을 하고자 했던 셋째 형 루돌프가 음독하고, 둘째 형 쿠르트 또한 1918년 1차 대전의 와중에 전선에서 스스로 생을 마칩니다. 큰형이 죽었을 때 루드비히의 나이는 13살이었으니, 어린 시절 불행했었다는 회고가 이해되기도 합니다.

어릴 적 형제들과 비교하여 특별할 게 없었던 루드비히는 평범한 소년처럼 자랐습니다. 하지만 아버지로부터 탁월한 통찰력과 어머니에게서 뛰어난 예술적 감수성을 받은 그는 평범하고 싶어도 그럴 수 없습니다.

> 열네 살이 될 때까지 비트겐슈타인은 천재적인 재능을 가졌다기보다 자신의 주위를 천재들이 둘러싸고 있음을 느끼는 것으로 만족했다. 훗날 그가 새벽 3시에 피아노 소리를 듣고 깨었을 때의 상황을 이야기한 적이 있다. 아래층으로 내려가 보니 그의 형 한스가 자신이 작곡한 작

품 중 하나를 연주하고 있었다. 한스의 집중력은 광적이었다. 그는 땀을 흘리며 완전히 열중해 있어서 비트겐슈타인이 온 걸 전혀 모르고 있었다. 이는 비트겐슈타인에게 천재적인 재능에 사로잡혀 있다는 것이 무엇인지에 관한 전형적인 이미지로 남았다.

레이 몽크,『비트겐슈타인 평전』

비트겐슈타인 가의 아들들은 하나같이 통찰력과 예술적 감수성에 극도의 집중력을 갖고 태어났습니다. 러셀의 표현에 의하면 천재의 전형입니다. 루드비히 비트겐슈타인이 본격적으로 철학에 발을 딛고 써낸 책이 바로『논리철학논고』- 이하『논고』로 약칭 - 입니다. 생각이 나지 않을 때는 거의 미쳐 죽어버릴 것과도 같은 광풍에 휩싸이며 사고에 사고를 거듭하면서, 마침내 1차 세계대전의 외중에 군대에서 완성합니다. 포로 생활 1년을 마치고 돌아와서 이 책을 출판하고 비트겐슈타인은 철학계를 떠납니다. 왜냐하면 이 책 한권으로 모든 철학적 과제가 해결되었다고 생각하였기 때문입니다. 이후 그는 수도원 정원사, 초등학교 교사 등의 일을 하며 살았습니다. 이런 삶이 철학적 삶에 부합하는 것이라고 여겼던 것입니다. 그는 완전한 노동자로 살고자 하였습니다. 부모로부터 물려받은 유산은 예술가들과 남은 형제자매들에게 고루 나누어 준 채 자신은 지극히 가난한 삶을 영위하였지요. 침대, 세면대, 작은 테이블과 나무 의자 하나가 전부인 하얗게 칠해진 작은 방에서, 버터 바른 빵과 코코아가 전부인 저녁식사를 곁들이면서 말이지요.

그러다가 그의 추종자들 사이에서 야기되는 문제를 해결코자 다시 철학계로 귀환합니다. 귀환 이후에 머리가 거의 터져버릴 정도로 무자비하게 밀고 나가며 몰입한 결과물이『철학적 탐구』- 이하『탐구』로 약칭 -

입니다.

비트겐슈타인 연구자들은 흔히 『논고』를 전기, 『탐구』를 후기를 대표하는 저작으로 봅니다. 그리고 양자 사이에는 상당한 간극과 모순이 존재한다고 말합니다. 그렇겠지요. 아무려면 세월이 많이 흘렀는데, 젊은 시절의 생각과 중년 이후 그것이 같을 수는 없을 것입니다. 하지만 아무리 그렇다고 하더라도 근본까지 바뀐 것은 아닙니다.

2. 세계는 사실들의 총체이지, 사물들의 총체가 아니다

세계는 일어나는 모든 것이다.
세계는 사실들의 총체이지, 사물들의 총체가 아니다.

이렇게 시작하는 『논고』는 "말할 수 없는 것에 관해서는 침묵해야 한다."로 끝을 맺습니다. 그리고 정말로 비트겐슈타인은 깊은 침묵에 들어갔던 것이지요. 그러다가 세월을 훌쩍 건너 뛰어 철학계로 귀환했는데, 케인즈는 그의 귀환을 "신이 돌아왔다."고 하였습니다.

> 휘닉스 공원에서 산보하던 어느 날 드루리는 헤겔에 대해 말했다. '헤겔은 항상 다르게 보이는 것들이 실제로는 같다고 말하고 싶어하는 것처럼 보인다.' 비트겐슈타인은 그에게 이렇게 말했다. '반면에 나의 관심사는 똑같이 보이는 것이 실제로는 다르다는 것을 보여주는 것이다.' 그는 『리어왕』에 나오는 켄트 백작의 말인 '나는 너에게 차이를 가르쳐 주겠다'를 책의 모토로 사용할 생각을 하

고 있었다. 그의 관심은 삶의 환원불가능한 다양성을 강
조하는 것이었다.

레이 몽크, 『비트겐슈타인 평전』

플라톤 이래 아우구스티누스, 데카르트, 칸트, 헤겔에 이르기까지 철학
은 보편타당한 그 무엇을 추구하였습니다. 때론 이데아로, 혹은 신으로,
또는 이성으로…… 어떻게 불리든 절대적이며 보편적인 그 어떤 존재만이
철학의 주제였지요. 주제가 인간일 경우에도 인간의 보편성, 즉 모든 인간
의 공통점이 문제였지, 철수는 무슨 생각을 하고 영희는 무엇을 좋아하는
지…… 관심이 없었습니다. 개개인은 이 세계 속에 그저 하나의 점으로 사
물화되어 존재할 뿐이었던 것이지요. 개인은 전체의 보편성으로 환원된
채, 개별적 차이는 고려되지 않았습니다.

비트겐슈타인은 이런 세계를 뒤집어버립니다. 세계는 철수와 영희가
서로 좋아하고, 그러다가 헤어지고, 그렇게 엎치락뒤치락하며 만들어 가
는 사실들로 구성되는 것입니다. 세계는 사물의 총체가 아니라, 사실의 총
체입니다. 철수와 영희가 서로 사랑하고 헤어지는 모든 사실들은 결코 그
무엇으로도 환원할 수 없는 것들입니다. 그저 생생한 삶으로 드러
날 뿐, 어떤 보편자의 이름으로 언표되는 게 아닙니다.

사운드 엔지니어인 상우(유지태 분)와 지방 방송국 라디오 PD인 은수
(이영애 분)는 우연히 라디오 프로를 함께 하게 됩니다. 둘이 같이 있는 시
간이 많아질수록 둘은 점점 가까워지고…… 결국 사랑하게 됩니다. 폭풍우
가 몰아치듯 결렬한 사랑의 계절이 지나고, 세상을 바라보는 시선이 서로
엇갈리고 있음을 알아챌 즈음. 은수는 헤어질 것을 요구합니다. 이별을 통

제2장 대승불교　131

보받은 상우가 묻습니다.

"어떻게 사랑이 변하니?"

사랑은 변치 않는 영원한 것이라고 믿는 상우는 보편주의자입니다. 상우는 사물의 특수한 순간을 채집하여 영원 속에 넣어 두는 일을 합니다. 순간 생겼다 사라지는 소리를 테이프에 담는 게 그의 일이지요. 반면 은수에게 사랑은 순간적인 격정입니다. 허공으로 전파를 날리면 그녀가 할 일은 끝나는 것처럼, 오늘밤 사랑하고 내일은 기약하지 않습니다.

영화 『봄날은 간다』 포스터, 두 남녀의 시선은 언제나 엇갈린다.

상우에게서 사랑은 개별적인 사람들을 초월하여 존재하는 영원히 변치 않는 어떤 것입니다. 사랑하는 사람은 그 사랑에 충실하여야만 하는 의무가 있습니다. 개개인이 갖는 호오好惡의 감정과는 무관하게 사랑은 그 자체로 숭고한 것이기 때문입니다. 이런 사랑만이 진정한 사랑이지요. 반면에 은수에게서 사랑은 한 사람과 한 사람 사이에 생겼다 사라지는 하나의 사건일 뿐입니다. 사랑하는 구체적인 개인을 떠나 존재하는 사랑은 없습니다. 은수가 "사랑해."라고 말할 때는 지금 이 순간이 너무 좋다는 말이지요. 하지만 상우는 그 말을 "내일도 모레도 영원히 너만을 사랑할 거야."로 이해합니다. 상우가 세계를 변치 않는 본질을 가진 사물의 집합으로 본다면, 은수는 개별자들 사이에서 벌어지는 사건의 연쇄로 이해합니다. 상우의 태도가 플라톤 이래 서양철학 전통 속

에 있는 것이라면 은수의 입장이 사실의 총체로 세계를 이해하는 비트겐
슈타인 철학에 닿아 있는 것입니다.

우리는 언어를 통해 세계를 이해합니다. 언어는 그 언어가 가리키는 대
상과 대응합니다. 예컨대 '개dog'라는 이름은 네 발 달린 어떤 동물과 대응
하지요. 그러므로 "한 여자가 개와 함께 공원을 달리고 있다."라는 명제가
그려내는 사태를 우리는 충분히 이해할 수 있습니다. 이런 명제와 사태간
의 대응이론이 이른바 진리함수이론이며, 이 함수를 이용하여 인간은 세
계를 그려냅니다. 비트겐슈타인의 그림이론입니다.

이 이론에 의한다면 우리는 하나의 명제와 그 명제에 대응하는 사태의
대응여부를 경험을 통해 확인할 수 있습니다. 그런데 신이나 영혼, 혹은
제1원리 등과 같은 형이상학적 · 신학적 명제들은 그 명제와 대응하는 대
상을 확인할 수 없습니다. 이처럼 그 진위여부를 확인할 수 없는 명제들을
비트겐슈타인은 무의미한 명제, 즉 헛소리Nonsense라고 합니다.

비트겐슈타인은 말할 수 있는 것과 말할 수 없는 것을 분명히 하고자 하
였습니다. 말할 수 있는 것은 명료하게 언표하고, 말할 수 없는 것에 관해
서는 침묵해야 합니다. 말할 수 없는 것에 대한 언표는 모두가 독단입니다.
처음부터 검증이 불가능한 주장인 것입니다. '신은 존재한다.'라는 명제가
대표적인 독단이지요.

여기까지가 주로 『논고』를 통해 드러난 비트겐슈타인 전기철학의 개요
입니다. 하지만 후기에까지 이어지며 평생을 두고 비트겐슈타인이 철학적
사색을 멈추지 않았던 것은 결국 세계를 어떻게 이해하고, 어떻게 살아야
하는가의 문제였던 것입니다. 그는 논리학의 길을 걸어 윤리학의 세계로
나아간 것입니다.

3. 그들에게 전해 주시오. 나는 멋진 삶을 살았다고

세계는 사물의 총체가 아니므로 공空한 것입니다. 세계는 사실들의 총체입니다. 사실들은 나와 너, 나와 그가 서로 관계를 맺으며 존재하는 것, 즉 색色입니다. 사실의 총체라는 말은 연기緣起하는 색의 총체라는 말과 같은 차원에서 이해할 수 있습니다. 이 색즉시공色卽是空의 세계에 대한 똑바른 깨달음이 곧 실상반야實相般若입니다. 문자반야文字般若는 실상반야에 이르기 위한 사다리입니다. 세계에 대한 그림과도 같은 것이 문자반야입니다. 우리는 지도를 들고 길을 찾아가듯이 문자라는 지도를 통해 세계의 실상에 도달합니다.

인생길 걷다 이르는 곳 무엇 같은지 아는가   人生到處知何似
눈 녹은 진흙길을 기러기 밟은 것 같지   應似飛鴻踏雪泥
진흙 위에 우연히 발자국 남기고   泥上偶然留指爪
기러기 날아가면 어디로 간지 어찌 알겠나   鴻飛那復計東西

소동파蘇東坡의 <자유의 '민지회구'에 화답함[和子由澠池懷舊]>이라는 시의 전반부입니다. 이 시에서 소동파는 먼저 인생은 어디를 향해 가느냐고 묻습니다. 그리고는 다만 눈 녹은 진흙길 위에 찍힌 기러기 발자국을 보여주지요. 기러기가 날아와 걷다가 우연히 찍힌 발자국. 이 발자국은 다만 기러기가 이곳에 있었다는 사실을 드러낼 뿐 어디서 와서 어디로 갔는지는 말해주지 않습니다. 이제껏 살아온 인생의 자취는 그렇게 우연한 만남과 우연한 인연으로 맺어진 사실들과 대응하지요. 그런 것처럼 어디로 갈지 아무도 모릅니다. 그래서 말로 표현할 수 없습니다. 마치 유마힐거사의 침묵처럼 묵묵히 오늘을 살아가는 것이지요. 그저 말없이 오늘을 살아가는 것, 그게 경계반야境界般若는 아닐는지요.

1949년 10월 비트겐슈타인은 전립선암 진단을 받습니다. 그리고 그는 1951년 4월 27일까지 글을 썼습니다. 그 다음날 28일 의식을 잃고, 다시 그 다음날 29일 62세를 일기로 이 세계를 떠납니다. 의식을 잃기 전, 그를 만나기 위해 오기로 한 친구들에게 그가 전해달라고 한 마지막 말은 다음과 같습니다.

그들에게 전해 주시오. 나는 멋진 삶을 살았다고.

아제아제 바라아제

진실하여 결코 허망하지 않다.
그러므로 반야바라밀다 주문을 설한다.
아제아제 바라아제 바라승아제 모지사바하.
『마하반야바라밀다심경』

1. 반야般若의 다양한 모습

반야般若는 2종반야 · 3종반야 · 5종반야로 분류됩니다. 2종반야는 공반야共般若와 불공반야不共般若를 말합니다. 이는 판교判教를 위한 구분입니다. 천태종에 의한다면 공반야는 성문聲聞 · 연각緣覺, 보살菩薩의 삼승三乘이 다함께[共] 깨달을 수 있도록 설한 가르침으로,『반야경』은 여기에 속합니다. 불공반야는 오직 일승一乘의 보살만을 위하여 설해진 것입니다. 이른바 원융무애圓融无涯한 경지는 성문이나 연각은 제대로 알 수 없고 오직 보살만이 온전히 이해할 수 있기 때문에, 함께 할 수 없는 불공不共입니다.『화엄경』이 여기에 해당합니다. 3종반야는 문자반야文字般若 · 관조반야觀照般若 · 실상반야實相般若를 말합니다. 여기에 경계반야境界般若와 권속반야眷屬般若를 더하면, 이게 5종반야입니다. 학자에 따라 구분과 용어가 조금씩 다르기는 하지만, 대체적으로 이렇게 구분됩니다.

부처님이 깨달으신 것은 우주 삼라만상의 참모습, 즉 실상實相입니다. 참모습은 있는 그대로의 모습입니다. 이 참모습에 대한 깨달음이 실상반야입니다. 사람들이 실상반야를 얻지 못하는 것은 이미 여러 가지 사고의 틀에 얽매어 있기 때문입니다. 관습에 얽매이고, 환경의 지배를 받고, 언어문자에 의존합니다. 삼매三昧는 먼저 이런 기존의 관념, 사고의 틀을 버리는 것입니다. 이른바 무념무상에 들어가는 것이지요. 이 경계에서 얻게 되는 지혜가 관조반야입니다. 관조반야란 언어문자로 분석해서는 결코 도달하지 못하는 경계임을 나타냅니다.

부처님은 처음 실상반야를 얻으시고 너무도 황홀하여 그대로 열반에 들고자 하였습니다. 그 깨달음의 경계가 언어문자로 형용할 수 없는 것이니, 얼마나 황홀할까요? 그저 상상만으로도 환희에 젖는데…… 하지만 부처님은 고통에서 헤어나지 못하는 중생들을 생각하셔서 열반에 드는 일은 뒤로 미루시고 깨달은 바를 전해주시고자 하십니다. 이로써 문자반야가 성립합니다. 중생을 위해 깨달음으로 인도하는 유효한 수단이 언어문자이기 때문입니다. 그러므로 실상이니, 참모습이니, 관조니 경계니 하는 말들은 다만 하나의 방편으로 이름하는 것입니다. 그래서 문자반야를 방편반야라고도 합니다.

문자반야가 설해짐으로써 자연스럽게 경계반야가 드러납니다. 천태종의 오시팔교五時八敎에 의하면 부처님께서 깨달음을 얻은 직후 최초로 설한 시기를 화엄시華嚴時라고 합니다. 처음 득도하고 21일간 화엄경을 설하셨다고 하지요. 따라서 『화엄경』은 부처님 깨달음의 경계가 가장 원형대로 문자화된 것이라고 할 있습니다. 부처의 경계에서 관조되는 실상의

모습, 이게 화엄 세계입니다. 인류의 문화유산 중에 이보다 더 황홀하고
위대한 세계는 없습니다.

『반야경』은 열반에 들기 전 22년간에 걸쳐 설해집니다. 가장 긴 시간,
가장 많은 말씀이 전해진 것이지요. 이는 단 한 명의 중생이라도 남김없이
깨달음에 인도하고자 하셨기 때문입니다. 그러므로 반야부경전은 부처님
의 대승세계가 가장 잘 드러나 있다고 말할 수 있습니다. 부처님의 이런
큰 자비심이 있었기 때문에 저희 같은 중생들이 잠깐 들은 말씀만으로도
삶의 경계가 달라지게 되는 것입니다. 이렇게 『반야경』에서는, 성문은 성
문의 경계, 연각은 연각의 경계, 그리고 보살은 보살의 경계가 마치 거대
한 교향곡처럼 다함께 펼쳐집니다. 황홀하고 위대한 반야의 세계입니다.

2. 말이 씨가 된다

실상과 언어의 관계는 플라톤이 『국가』에서 말한 이데아와 그림자의
관계와 흡사합니다. 동굴 속에 죄수들이 묶여 있습니다. 이들은 동굴의 한
면만을 볼 수가 있지요. 이 동굴 면에 동굴 밖의 그림자가 비춥니다. 동굴
속 죄수들은 벽에 비친 그림자를 통해 동굴 밖의 실제 세계를 상상할 뿐이
지요. 이런 구도는 지난 호에 살펴본 비트겐슈타인의 세계와 그림의 관계
와도 흡사합니다.

그림자는 절대로 이데아가 아닙니다. 그렇듯이 언어문자는 결코 깨달
음이 되지 못합니다. 그래서 선종에서는 "불입문자不立文字"를 말하는 것

이지요. 문자는 단지 달, 즉 실상을 가리키는 손가락에 불과합니다. 선가에서 말하는 지월指月은 보라는 달은 보지 않고 손가락만 보고 있다는, 문자에 대한 상당한 경멸이 섞여 있는 것이지요. 그런데 언어문자가 그저 하나의 방편에 불과하다면, 왜 반야라는 호칭을 붙여서 문자반야를 따로 구분할까요? 그리고 언어문자는 정말로 하나의 전달수단에 불과한 것일까요?

빈집

기형도

기형도 시인의 유고시집. 이 시집에서 마치 주문처럼 되뇌어진 시어들은 시인의 죽음을 예언하는 게 되었다.

사랑을 잃고 나는 쓰네

잘 있거라, 짧았던 밤들아
창밖을 떠돌던 겨울 안개들아
아무것도 모르던 촛불들아, 잘 있거라
공포를 기다리던 흰 종이들아
망설임을 대신하던 눈물들아
잘 있거라, 더 이상 내 것이 아닌 열망들아

장님처럼 나 이제 더듬거리며 문을 잠그네
가엾은 내 사랑 빈집에 갇혔네

1989년 3월 7일 새벽, 종로 3가 파고다 극장의 한 좌석에서 기형도 시인은 시신으로 발견됩니다. 전날 저녁, 그는 신문사 ─ 당시 중앙일보 편집부에서 근무 중 ─ 에서 나와 인사동에 들러 저녁을 먹으며 맥주 한 잔을 마십니다. 그리고 홀로 인사동 길을 걷다가…… 극장에 들르고…… 그리고 차가운 주검으로 화化했습니다.

생전에 출간을 위해 정리하던 시집은 유고집이 되어버렸고, 「빈집」은 자신의 죽음을 예고한 시가 되었습니다. '잘 있거라', '잘 있거라', '잘 있거라'. 그렇게 시인은 작별을 고하며 빈집에 스스로를 가두었습니다. 그리곤 마치 관棺에 못질을 하듯 문을 잠가 버렸습니다.

> 일단 언어화한다는 것은, 언어가 지시하는 대상을 지금 여기로 불러내는 동시에 그 대상이 실제로 그렇게 되도록 하는 '숨겨진 힘'을 부여하는 일이다. "태초에 말씀이 있었다"라는 우주 창조를 위한 말씀이나 "말이 씨가 된다"는 속담은, 말이 상상이나 신념과 같은 인간 내면의 정신적인 현상을 실제 현상으로 현존케 하는 불가사의한 영향력을 가지고 있다는 믿음에 그 뿌리를 두고 있다. 자신의 노랫말처럼 자신의 삶이 되더라는 대중가수들의 심심찮은 고백 또한 마찬가지다. 이같은 언어의 힘을 우리는 '언어가 가진 주술성'이라 할 수 있겠다.
>
> 정끝별, 『천 개의 혀를 가진 시의 언어』

정끝별 시인의 평론처럼, 언어의 주술성으로 기형도 시인의 죽음을 이해한다면, 그는 「빈집」을 비롯해 자신의 유고집에서 구사한 시어詩語의 주술적인 힘에 이끌려 삶을 마감한 것이 됩니다. 스스로 자신의 죽음을 예고하고 마침내 죽음으로 그 예언을 실현하는 셈입니다.

정신의학에서는 자살하는 많은 분들이 자신의 죽음을 미리 예고한다고 합니다. 평소의 말속에 죽음에의 욕망을 드러내는 것이지요. 프로이드는 죽음의 본능을 삶의 본능인 에로스Eros에 대비하여 타나토스Thanatos라고 하였습니다. 말에 에로스나 타나토스를 담게 되면, 그 말은 그 방향으로 가고자 하는 관성을 띠게 됩니다. 말이 일정한 방향성을 띠게 되면, 가속도가 붙게 되고, 결국은 그 말을 실행에 옮기게 되지요.

이런 식으로 언어는 힘을 갖게 됩니다. 언어의 힘은 그러므로, 일정한 방향으로 반복될 때 우선적으로 나타납니다. 성공한 사람들의 애기를 들어 보면 부모, 특히 어머니가 평소 되풀이해서 해 주던 말이 크게 영향을 미치고 있음을 알 수 있습니다. 어머니가 너는 커서 뭐가 될거야라고 하면 정말로 그렇게 되는 것은 그 말이 반복을 통해 일정한 방향성을 갖게 되기 때문입니다. 그래서 말이 씨가 됩니다.

3. 그것은 마법 같은 것

'언어의 주술성'이란 용어는 언어의 불가사의한 힘을 설명하기 위한 것입니다. 특정한 언어가 일정한 방향으로 반복되면 그 언어는 예언처럼 현실화되지요. 마치 주문이 외어지면 일어나는 현상과도 같은 주술성을 갖게 됩니다. 하지만 언어의 주술성이 부정되는 사례는 우리 주변에 너무도 흔합니다. 오히려 언어의 주술적인 힘이 발휘된 사례가 예외적이지요. 주술이라는 말 자체는 결코 과학적이지 못하다는 말과 같습니다.

르네 데카르트, 그를 근대철학의 아버지라고 부르는 까닭은 그의 철학적 방법이 근대인의 사유방식을 결정하는 중요한 시발점이 되었기 때문입니다. 그는 무엇보다 진리는 분명하고 확실한 근거 위에 성립하여야 한다고 생각했습니다. 이른바 진리의 명증성이 보장되지 않으면 진리 아닌 것으로 간주하여야 한다는 것이지요. 이런 사고가 근대의 과학과 합리주의를 꽃 피웠던 것입니다. 이러한 합리화의 과정을 막스베버라는 독일의 사회학자는 탈주술화, 혹은 탈신비화라고 하였습니다. 문제는 여기에서 발생합니다.

근대 합리화의 과정은 결과적으로 진리로 믿어 온 많은 것들을 이 세계로부터 추방해 버리는 과정과 다름없습니다. 형이상학이나 신학적 명제들은 모두 비과학, 혹은 비합리라는 판결과 함께 진리 아닌 것, 혹은 무의미한 게 되어 버렸지요. 기독교나 불교 같은 세계종교는 나름의 조직과 힘이 있어서, 과학과 대비되는 종교라는 독자적인 영역을 구축할 수 있었지만, 그런 힘이 미약했던 전통 종교들은 모두 미신으로 전락합니다. 이렇게 근대적 사유에 의해, 많은 세계 이해가 걸러져서, 전근대, 혹은 원시라는 주홍글씨를 달고 비과학의 세계로 귀양 가게 된 거지요. 그러다가 포스트모던, 즉 근대 이후에 겨우 유배지에서 풀려납니다. 탈신비화가 근대화였다면, 탈근대화는 근대가 추방해 버린 신비를 되살리는 것입니다. 근대적 사유에서 벗어난 현대인들은 뭔가 신비롭고 마법적인 세계도 분명히 있음을 깨닫게 됩니다. 이때쯤 <해리포터> 시리즈나 <반지의 제왕>이 큰 인기몰이를 하였던 것입니다.

그것은 거의 마법 같은 것이지요.

영화 <시애틀의 잠 못 이루는 밤>이란 영화에서 주인공 샘이 아내가 될 여자에게 처음 손길이 닿았을 때 느꼈던 확신을 이렇게 말합니다. '그래! 이 사람이야.'라는 느낌. 이 느낌처럼 분명한 게 또 있을까요? 이는 진실하고 결코 허망하지 않습니다. 과학이나 이성으로는 설명하지 못할 뿐입니다. 그러니 마법 같은 것이지요.

4. 아제아제 바라아제 바라승아제 모지사바하

현대인은 똑같은 줄거리, 뻔한 내용의 드라마나 영화를 보고 또 봅니다. 로맨틱 코메디, 서부영화, 슈퍼영웅 이야기…… 이른바 장르영화가 가능한 것은 많은 관객들이 보고자 하는 방향으로 줄거리가 전개되기 때문입니다. 로맨틱 코메디를 보러 간 관객은 극중 주인공의 해피엔딩을 보고 싶은 거지, 비참하고 불행한 현실을 확인하고 싶어서가 아닙니다. 그래서 결말을 뻔히 알면서도 또 보는 것입니다.

뻔한 내용을 알면서도 영화관을 찾는 것처럼 사람들은 어떤 일이 벌어지는지를 잘 알면서 교회를 가고 절을 찾습니다. 종교는 영화나 드라마보다 훨씬 더 큰 구속력을 갖습니다. 대부분의 종교의식에서 행해지는, 예컨대 '아멘'이나, '수리수리 마하수리 수수리 사바하' 같이 지속적으로 반복되는 주문이나, 제의祭儀는 매우 강력한 방향성을 갖게 됩니다. 때로는 지나쳐서 오히려 맹목적인 독단을 드러낼 정도로 그 힘은 강합니다.

> 그러므로 분명히 알라. 이는 크게 신비로운 주문이며, 크게 밝은 주문이며, 위가 없는 최상의 주문이며, 같이 비교할 게 없는 주문이니라. 능히 일체의 고통을 제거하나니 진실하여 결코 허망하지 않다. 그러므로 부처님께서 반야바라밀다 주문을 설하시며, 말씀하셨다.
> 아제아제 바라아제 바라승아제 모지사바하

"아제아제 바라아제 바라승아제 모지사바하"는 주문입니다. 뜻은 대략 "가자, 가자. 저 언덕으로 가자. 저 언덕으로 온전히 가자. 깨달음이여! 참으로 좋구나!"입니다. 저는 어렸을 적에 『중용』을 외우면 귀신이 범접하지 못한다고 아버님으로부터 들었습니다. 그때는 그냥 하시는 말씀이려니 했는데, 이제 생각해 보면 조금도 허망하지 않는 진실한 말씀이셨습니다. 왜 아니겠습니까? 『중용』에 써진 문자들은 인간 본성의 지극한 덕성을 표현한 것들인데, 어찌 감히 귀신 따위가 범접할 수 있겠습니까. 『반야경』에 써진 문자들 또한 반야로써 조금도 부족함이 없습니다. 그 지고한 경계는 결코 허망하지 않는, 진실한 것입니다.

영화 『올드보이』는 생각 없이 툭 던진 말 한마디가 한 여자를 죽음으로 몰고, 마침내는 등장인물 모두에게 씻을 수 없는 고통을 주는 이야기입니다. 말 한마디로 고통을 받고, 말 한 마디로 천 냥 빚을 갚습니다. 하물며 일정한 방향성을 갖고 지속적으로 반복되는 언어는 그 자체가 매우 강력한 힘을 갖게 됩니다. 요즘 특정 언론이나 인터넷 매체에서 결코 진실되지도 못한 허망한 말들을 지속적이고 반복적으로 쏟아내고 있습니다. 그럼으로써 사

영화 <올드보이>에는 무심히 던진 말 한마디가 일으킨 비극적 종말이 그려진다.

회갈등은 증폭되고…… 일본의 극우인사들이 똑같은 내용의 말을 되풀이하며 주변국 사람들의 속을 뒤집어 놓는 것과 다를 게 하나도 없습니다.

언어의 힘이 그렇게 쓰이면 비극입니다. 말에 증오와 억지를 담으면 세상은 증오와 억지가 넘치고, 말에 사랑과 이해를 실으면 세상이 곧 사랑과 이해로 충만합니다. 그래서 부처님은 바른말[正語]을 강조하셨고, 대승에 와서는 언어문자가 반야의 지위를 갖게 되는 것입니다.

중관학(Ⅰ): 파사破邪의 전사들

중생의 병은 무명無明에서 오고,
보살의 병은 대비大悲에서 온다.
『유마경』

1. 진실은 어떻게 아는가?

진실은 어떻게 알 수 있을까요? 여기 한 장의 사진을 볼까요.

1937년 11월 30일자 일본 신문에 실린 사진. "백 명의 머리베기 시합"을 한 두 장교, 무카이 도시아키 소위와 노다 쓰요시 소위

일본군은 1937년 난징에 진격하여 이듬해 12월까지 머물며 중국인을 비롯한 약 30만 명의 민간인을 학살합니다. 강간, 약탈, 살육. 민간인을 상대로 총검술을 연마하고 심지어 임산부의 배를 갈랐습니다. 이 두 명의 일본군 장교는 난징대학살에서 100명의 머리를 누가 먼저 베는지 시합을 했습니다. 그리고 각자 106명과 105명을 참수합니다. 이들의 표정엔 승자의 거만함과 자랑스러움이 듬뿍 묻어나옵니다. 무고한 민간인을 학살하였다는 죄책감은 그 어디에도 없습니다. 그렇다면 이들은 천인공노할 사악한 무리인가요?

이들이 나쁜 놈이라는 사실은 본질이 아닙니다. 어쩌면 이들도 희생자에 불과할 수도 있습니다. 이들 두 명의 장교는 용장이라는 칭호와 함께 강한 사무라이 정신의 소유자로 영웅시되었습니다. 이들의 상관은 이 목 베기 시합을 격려하고 부추겼습니다. 그렇다면 난징침공을 지휘한 총사령관은 어땠나요? 일본 최고 권력자는요?

이들은 모두 전후에 사형 당했습니다. 이들이 죽는 그 순간에 자신의 잘못을 깨달았는지는 모르겠습니다. 어쩜 그때까지도 자랑스러운 일본 사무라이로 남아 있었는지도 모르고요. 하지만 만약 이들의 자부심이 조작된 것이라면 어떻게 되나요? 권력자들이 그들의 사악한 목적을 위해 이들의 머릿속에 잘못된 자부심과 왜곡된 애국심을 심어 넣었다면 말이지요.

이런 일이 어찌 일본에서만 일어나겠습니까? 동서고금에 그리 드문 일도 아닌데요. 독일의 홀로코스트나 십자군전쟁에서의 대량 살육도, 민족적 우월감과 돈독한 신앙심 속에서 발생합니다. 죄의식이 스며들 이유가 없습니다.

2. 진실은 은폐되고 진리는 왜곡된다

진실이 알기 어려운 건 그 내용이 어려워서가 아닙니다. 누군가에 의해 조작되고 은폐되기 때문입니다. 그래서 진리란 무엇이냐고 묻지 않고, 다만 어떻게 아느냐고 묻는 것입니다. 진실은 어떻게 아나요? 잠시 이 시리즈 제2회 <근본불교 그 두 번째 이야기, 무아론>을 다시 펴 볼까 합니다. 이 글에서 오디세우스가 세이렌의 유혹을 극복하는 과정을 이야기하며 문명의 탄생을 말했습니다.

> 오디세우스의 모험은 인간이 자연을 극복하고 문명을 건설해 가는 과정 …… 그것은 지배자와 피지배자의 분열, 노동하는 자와 노동하지 않는 자의 분업이었으며 사유와 경험의 분리였습니다. 인간은 자신의 내적 자연(욕망)을 억압함으로써 외부 자연에 대한 지배를 가능하게 하였고, 사회라는 '제2의 자연'에 예속시킴으로써 문명을 건설할 수 있었던 것입니다.

문명은 절대 권력의 등장과 궤를 같이 합니다. 원시사회에서 신의 소리를 들을 수 있는 자는 오직 제사장뿐이었습니다. 그러므로 제사장은 곧 지배자였습니다. 이른바 제정일치사회의 모습입니다. 후에 제사와 정치가 분리되더라도, 제사장과 지배자의 관계, 그들의 권력관계마저 분리되는 건 아닙니다. 이들이 권력을 독점하려하거나 상대보다 우위에 있기 위해 대립하고 투쟁한 적은 있어도, 기본적으로 지배 권력층이었다는 사실은 변함이 없습니다. 이들 지배 권력만이 신의 소리를 들을 수 있습니다. 마치 오디세우스만이 세이렌의 소리를 들을 수 있었던 것처럼 말이지요.

병사들은 세이렌의 소리를 듣지 못합니다. 왜냐하면 이들은 밀랍으로 귀를 막고 눈을 감은 채 오로지 노만 열심히 저어야 했기 때문입니다. 이들 피지배계층은 신의 소리를, 자연의 신비를 듣지도 보지도 못합니다. 이들은 다만 그 소리를 듣고 그 신비를 본 사람의 말을 통해 자연과 신의 세계를 상상해 볼 뿐입니다. 이들은 제사장이나 지배자들에게 복종합니다. 왜냐하면 그들이 신을 만나고 우주와 소통할 수 있는 통로이기 때문입니다. 그런데 만약, 그들 권력자들이 사실을 은폐하거나 왜곡한다면 어떻게 되나요?

3. 매트릭스, 그 기계화된 산업사회의 실상

컴퓨터 프로그래머로 안정된 직장이 있는 토마스 앤더슨(키우누 리브스). 그는 밤에는 네오라는 이름으로 활동하는 해커이기도 합니다. 운명의 지침처럼 알 수 없는 신호를 따라 트리니티(캐리 앤 모스)의 도움을 받으며 전설적인 해커 모피어스(로렌스 피시번)를 만납니다. 그로부터 토마스는 1999년으로 알고 있는 현재는 실상 2199년이며, 인간은 인공지능(Artificial Intelligence) 컴퓨터에 의해 통제되고 양육되고 있다는 사실을 깨닫게 됩니다. 인간은 그의 생체에너지가 인공지능 시스템의 동력원으로 사용되는 건전지에 불과함에도 불구하고 매트릭스라는 프로그램에 의해 진실은 은폐되고 있었던 것입니다. 이렇게 노예로 사육되는 인류를 구하기 위해 토머스는 매트릭스로부터 벗어나 사이버 전사로 다시 태어납니다.

영화 <매트릭스>에서 인공지능 시스템은 기계화된 현대산업사회를 상징합니다. 기계화된 산업사회는 필연적으로 대량생산체제를 갖추게 되고, 이 체제를 유지하기 위해서는 대량소비가 가능해야 합니다. 결국 대량생산 대량소비 체제를 유지하기 위해 산업자본주의는 경쟁적으로 식민지를 건설하고, 전쟁을 불사합니다. 전쟁은 모든 걸 파괴하기 때문에 전쟁처럼 대량소비를 일으키는 계기도 없습니다. 생

영화 <매트릭스>는 기계화된 산업 사회와 노예화된 현대인의 은유이다.

존을 위한 전쟁은 고대로부터 있어 왔습니다만, 소비와 그로부터 파생되는 이익을 위한 전쟁은 산업사회가 만들어진 이후에 발생합니다. 인류 역사상 가장 추악한 전쟁이지요.

식민지 건설도 전쟁도 여의치 않게 되면 산업자본주의는 인간의 욕망을 통제합니다. 한편으론 공장에서 찍어내는 온갖 물건들을 소유하고 싶은 욕망을 불러일으키고, 다른 한편으로 이런 상품들을 소유하지 못하는 자들을 루저(패배자)로 낙인찍습니다. "부모님이 해 주신 게 뭐가 있냐"는 자식들의 핀잔은 조선시대에는 상상조차 할 수 없던 말입니다. 자본주의가 이 땅에 뿌리를 내리며 그저 자식들을 위해 열심히 산 죄밖에 없는 평범한 아버지 어머니들이 자식들 앞에서 루저가 되어 버린 것입니다. 오죽하면 『부자 아빠, 가난한 아빠』란 제목을 가진 책이 상당기간 베스트셀러 목록을 장식할까요? 도대체 누가 가난한 아빠인가요? 부자 아빠가 누구인지는 알겠지만, 가난한 아빠들은 대개 열심히 일한 사람들 아닌가요? 누가

그들을 가난한 아빠, 즉 이 사회의 루저로 만드는 건가요?

산업자본주의는 엄청난 양의 물건들을 만들어내고 소비해야만 지탱되는 체제입니다. 그 많은 걸 소비하려면 돈이 필요하고, 돈을 벌기 위해 새벽부터 열심히 일하라고 부추깁니다. 열정을 다하면 당신은 고급 아파트에 멋진 스포츠카를 모는 부자 아빠가 될 수 있다고 선전합니다. 하지만 이 열정을 다하라는 말은 결국 열심히 일해서 돈 벌어 소비하라는 것입니다.

> 네오 : 진실이 뭔데?
> 모피어스 : 그건 네가 노예라는 거야, 네오. 다른 모든 사
> 람처럼 너도 느낄 수도, 맛볼 수도, 만져볼 수
> 도 없이 묶인 죄수로 태어나지. 네 의식의 죄수.

진실은 은폐되고 왜곡됩니다. 이 기만술에 환상이 사용됩니다. 자본주의체제는 인간으로 하여금 스스로가 생산의 역군이고 소비의 주인인 것처럼 착각하게 만듭니다. 많은 걸 소유하고, 화려한 걸 소비하는 인생이 멋진 인생인 것처럼 환상을 심어 놓고, 이를 위해 열정을 바치라고 요구합니다. 한쪽에선 온갖 성공신화를 써 가며, 다른 한쪽에선 입고 나갈 옷이 없도록 만듭니다. 옷장에는 수십 벌의 옷이 빼곡한데도 시간이 지나면 입을 옷이 없다고 느끼게 만듭니다. 도대체 '소비가 미덕'이라는 슬로건이 말이 되나요? 이 말이 왜? 어떻게? 나오게 되었는지를 곰곰이 생각해 보면 자본주의가 우리들의 의식 속에 무엇을 심어 놓았는지를 알 수 있습니다.

장 보드리야르가 『소비의 사회』에서 지적하고 있는 것처럼 이렇게 과잉생산되는 사회에서는 거울은 사라지고 그 자리를 쇼윈도우가 대체합니다. 인간은 자신을 비춰보는 게 아니라, 대량으로 기호화된 물건들을 응시

할 따름입니다. 현대인이 자동차를 소유하는 이유는 유용한 운송수단으로써가 아니라, 자동차가 자신의 사회적 신분과 지위를 나타내는 기호이기 때문입니다. 그가 소유한 자동차에 매겨진 의미에 따라 그 사람의 사회적 위치가 결정됩니다. 그래서 현대인은 고급 승용차를 욕망합니다. 최고급 스포츠카는 현대인의 로망이며, 환상입니다. 이렇게 기호화된 사물의 질서 속으로 인간은 흡수되어 버립니다. 인간은 그가 어떤 아파트에서 살고 어떤 차를 모느냐에 따라 이 질서체제 속 어디에 자리해야 하는지가 결정되는 것입니다. 그래서 사람들은 보다 높은 자리, 보다 좋은 위치에 놓이고자 오늘도 새벽부터 밤늦게까지 일합니다. 노동합니다. 과잉생산체제를 유지하기 위해 과잉노동합니다. 이들은 모두 기계화된 산업사회를 위해 봉사하는 노예들인 것입니다.

영화 <매트릭스>에서 모피어스가 네오를 인도한 진실의 세계는 네오의 의식 속입니다. 인간의 의식 속에 무엇이 심겨져 있고, 어떻게 조작되는지를 보게 합니다. 화려한 쇼윈도우가 아니라 진정한 거울에 자신을 비춰보게 하는 것입니다. 이제 은폐되고 왜곡된 관념을 떨치고 진실을 본 사람들은, 이 체제에 저항합니다. 저항군들은 멀건 수프 한 접시로 한 끼를 때우고, 초라한 옷으로 몸을 가립니다. 그들은 자유로운 영혼을 회복한 사람들입니다.

4. 나가르주나와 중관학자들

바라문 가문에서 천재적 재능을 갖고 태어난 나가르주나[Nāgārjuna, 용수龍樹]. 그는 은신술을 익혀 밤에는 친구와 함께 왕궁을 넘나들며 향락을 즐겼습니다. 어느 날 나가르주나는 마하나가[Mahānāgā, 대룡大龍]에게 인도되어 용궁으로 들어가 대승경전을 보게 됩니다. 그리하여 그는, 그가 알고 있는 현실은 환영이며 진실은 은폐되고 왜곡되어 있다는 사실을 깨닫게 됩니다. 외도外道든 불교든 모든 종교인과 사상가들은 교육시스템과 여러 매체를 이용하여 중생들의 사고를 통제하고 훈육하면서 자신의 권력을 유지하고 있었던 것입니다. 이런 노예적 삶으로부터 중생들을 구원하기 위해 나가르주나는 분연히 일어나 모든 통제시스템과 싸울 전사로 다시 태어납니다.

앞에 나왔던 영화 <매트릭스>의 줄거리를 명사만 바꾸어 다시 써본 것입니다. 똑같습니다. 다만 등장인물과 배경이 다를 뿐 기본 줄거리는 같습니다. 네오나 나가르주나는 모두 보아서는 안 되는 것을 보고, 해서도 안 되는 일을 한 사람들입니다. 방어벽이 쳐 진 프로그램을 뚫고 들어가는 게 해커입니다. 나가르주나는 은신술을 익혀 왕궁의 담을 넘습니다. 모두 금기taboo를 어기는 기술자들인 것이지요. 이들은 금기를 넘어 진실을 봅니다.

한 때의 쾌락을 뒤로 하고 진리에 눈을 뜬 나가르주나의 삶은 진리를 왜곡하고 진실을 은폐하는 자들과의 치열한 투쟁으로 점철됩니다. 그는 기존의 체제와 제도에 격렬히 저항합니다. 바라문교와 같은 이교는 말할 것도 없고 기존의 불교전통조차 정면에서 거부합니다.

> 격정적이며 인간관계에 좌절이 있고 파란만장한 생애를
> 살았던 점은 많은 공空의 철학자에 공통적이다. 나가르
> 주나의 제자인 아리야데바도 인도교의 신전에 들어가 신
> 상神像의 눈을 뽑고 신과 대결하였으며, 그의 거리낌 없
> 는 비판이 재난을 불러와 격한 투쟁의 생애의 마지막에
> 는 이교도에 의해 살해된 것으로 전해진다. 쿠마라지바
> 도 장안에 오기까지는 서역의 여러 나라에서 긴 유랑의
> 생활을 감내하지 않으면 안 되었다. …… 후대의 중관학
> 자 샨타라크쉬타도 불교도 간의 내분으로 죽음을 맞았으
> 며, 그의 제자인 카말라쉴라도 종교적 · 정치적 투쟁의
> 와중에서 살해되었다.
>
> 가지야마 유이치 외,『공의 논리』

이들이 이처럼 죽음을 불사하며 격렬히 저항하는 건 그 질서체제가 인간의 비판의식조차 마비시킬 정도로 교묘하고 완고하기 때문입니다. 어떠한 비판이나 얼마간의 의심조차 일어날 수 없도록 완벽하게 짜여진 논리체계. 기존의 종교는 교묘한 교리체계를 세우고, 때론 강압적으로 때론 은밀하게 중생들의 의식을 통제합니다. 이 체계는 너무도 강고하기에 그 저항은 격렬할 수밖에 없는 것입니다.

> 전설의 진위와는 관계없이, 여기 쿠마라지바가 한역한
> 『용수보살전龍樹菩薩傳』 등의 전기에 묘사되어 있는 중
> 관사상가들의 생애는 그 철학과 명상이 지시하는 절대의
> 적정寂靜과도 흡사하며 파란만장한 것이다. 그들의 변증
> 은 그 변증이 전하는 공의 세계의 청명함에도 불구하고
> 불과 같은 치열한 논리였다. 이 세계를 꿈 · 환영으로 본

그들이 현실에서 발견한 것은 숲에서의 폐쇄된 생활이
아니라 추한 인간세의 악몽이었다.

가지야마 유이치 외,『공의 논리』

　꿈과 환상에서 깨어나 현실을 직시하라고 나가르주나는 말합니다. 이를 위해 환상을 심어 놓는 일체의 교리에 저항하였던 것입니다. 이들이 그토록 구제하고자 했던 중생들로부터 외면당하는 이유도 따지고 보면 고통스런 악몽임을 깨닫기 보다는 행복한 환상 속에 머물고 싶은 중생들의 욕망 때문은 아닐런지요. 그 욕망은『매트릭스』에서 사이퍼가 진실을 알고서도 스테이크 맛을 잊지 못해 동료들을 배신하게 만드는 것이기도 합니다. 그래서 전향자들이 더 극우나 극좌가 되는 건 아닌지……

　나가르주나를 비롯하여 이들 중관학자들은 진정으로 파사破邪를 위해 헌신했던 사상가이자 행동하는 지성이었습니다. 이들은 잘못된 일체를 깨뜨리지 않고는 현정顯正에 도달할 수 없다고 확신했습니다. 진리를 왜곡하고 진실을 은폐하는 일체의 세력에 맞서 이들은 자신을 기꺼이 던졌습니다. 진정 파사의 전사들이었던 것입니다. 진실은 먼저 깨뜨려야 드러나는 것임을 이들은 몸으로 보여주었던 것입니다.

중관학(II) : 용수龍樹의 중도사상中道思想

인연으로 생겨난 모든 것을 나는 공空이라고 설한다.
이 또한 잠시 빌린 이름[假名]으로 또한 중도中道이다.

『중론』

1. 돈이 행복의 조건

봄에 사촌들과 삼겹살을 구워 먹었습니다. 이야기를 나누다가 행복의 조건이 화제가 되었습니다. 아내는 행복해지려면 얼마간의 돈이 필요하다는 주장을 폈고, 아내의 주장에 사촌동생이 동조했습니다. 제가 행복해지기 위해서 돈이 꼭 필요한 것은 아니라고 말했다가 곧장 반론에 부딪힌 것이지요. 제가 물었습니다.

나 : 지금 너는 행복해질 만큼 돈이 있냐?
사촌 : 그만큼 없지.
나 : 그러면 너는 불행하니?
사촌 : ……

사촌동생은 분명 행복의 조건을 충족시킬 만큼의 돈이 없습니다. 그렇다고 해서 불행하다고 느끼는 것도 아닙니다. 하지만 한 가지 분명한 것은 사촌은 현재 결코 행복하다고 느끼지는 못합니다.

만약 돈이 행복의 필수조건이라면 대한민국에서 가장 행복한 사람은 이건희 삼성회장일 것입니다. 하지만 회장님의 표정에서 행복하다는 느낌을 저는 한 번도 받은 적이 없습니다. 그분은 입만 열면 근심·걱정을 말합니다. "이대로 가다가는 다 망한다." "일본과 중국 사이에 끼어 일본에 뒤처지고 중국에 쫓기는 신세이다." 등등 …… 말씀대로라면, 이 분은 단 하루도 편히 잠자는 날이 없을 것 같습니다. 왜 아니겠습니까? 돈이란 일정 수준을 넘으면 그때부턴 사람을 지배합니다. 돈이 일정 수준을 넘으면 그 돈 가진 사람은 그의 돈을 관리하고 유지하기 위해 노심초사하지 않을 수가 없습니다. 돈의 노예로 전락하는 순간이지요. 투자든 혁신이든, 돈을 유지·관리한다는 게 보통 어려운 일이 아니라는 건 이건희 회장님 말씀을 듣다보면 저절로 알게 됩니다. 삼성같은 세계적인 기업일지라도 언제든 망할 수 있다는 불안이 잠시라도 떠나서는 안 되는 것입니다.

돈은 살인의 동기가 되기도 합니다. 지독한 가난은 자살을 부르고요. 엄청난 부자들이 불안 속에서 살아가는 동안 가난한 사람은 절망 속에서 한탄합니다. 재산을 노린 존속살인, 어느 독거노인의 자살, 가난에 시달리던 가족의 동반 자살……

영화 <캐스트어웨이>의 주인공 척(톰 행크스 분)은 페덱스라는 택배회사의 직원입니다. 그에게 시간은 생명이고 신입니다. 크리스마스 이브, 애인과의 데이트도 끝내지 못하고 비행기에 올랐는데…… 사고가 나고 척은 무인도에 홀로 남겨집니다. 무인도에서의 생활 3년째. 도저히 그 생활에 적응하지 못한 척은 결국 자살을 결심합니다. 목을 매달 줄을 만들고, 자신만한 통나무를 구해 자살실험을 합니다. 실험 중에 줄을 매단 나무가 부러지고…… 그 순간 척은 살아야겠다는 생각을 하게 됩니다. 그런데 척이 자살을 결심한 이유는 외로워서 일까요? 무인도라는 절대의 고독이 정말로 견디기 힘들어서 차라리 죽는 게 낫겠다는 생각을 했던 것일까요?

아닙니다. 섬길 대상이 사라졌기 때문입니다. 척은 시간의 노예임을 자랑스럽게 떠들며 다녔습니다. 시간을 섬기라고, 시간은 나의 주님이라고 외치고 가르쳤습니다. 초단위로 쪼개며 시간을 아끼고, 사랑하는 여인과 함께하는 시간조차 미뤄야 했습니다. 그런 척에게 무인도에서의 삶은 시간이 남아도는 것이었습니다. 너무도 많은 시간, 너무도 한가로운 여유! 데이트할 시간이 너무도 없던 척에게 갑자기 주어진 풍성한 시간은 시간의 노예상태로부터의 해방임에 틀림없습니다. 무인도에서의 시간은 관리할 필요가 전혀 없는 것입니다. 초단위로 쪼개야할 이유도, 주님 모시듯 섬겨야할 가치도 없는 것이었습니다. 일순간에 내가 모시고 섬기던 주님이 사라진 것입니다. 그 상실감은 엄청난 부자가, 재산관리인을 따로 고용해야 할 정도의 부자가 어느 날 갑자기 빈털터리가 된 것과 똑같습니다.

스피드시대에 시간은 곧 돈이고, 돈은 곧 권력입니다. 시간과 돈은 자본주의사회에서 가장 중요한 권력입니다. 따라서 정밀히 관리하고 세밀히 보살펴야 하는 대상입니다. 재테크니 시테크니 하는 말은 모두 그 관리의 중요성을 나타내는 말입니다. 시간도 돈도 현대자본주의사회에서는 가장 높은 자리에 계신 주님입니다. 섬기고 봉사해야 하는 주인이지요. 돈은 많을수록, 시간은 적을수록 그 지배력은 배가됩니다. 이런 주인이 무인도에선 전혀 없었던 것입니다. 숭배의 대상을 잃어버린 척에게 애인의 사진도

배구공 윌슨도 결코 도움이 되지 못합니다.

2. 연기를 연기 그대로 보라

> 인연으로 생겨난 모든 것을 나는 공空이라고 설한다. 이
> 또한 잠시 빌린 이름[假名]으로 또한 중도中道이다.
>
> 衆因緣生法, 我說卽是空, 亦爲是假名, 亦是中道義
> 나가르주나, 『중론中論』

연기緣起이므로 공空입니다. 이른바 연기성공緣起性空은 이 시리즈 5회에서 이미 살펴보았듯이, 이 세상의 모든 존재는 인연에 의해 생하므로 독립불변의 실체, 즉 자성自性은 없다는 의미입니다. 공이란 이름 또한 잠시 빌린 이름일 뿐 공의 실체도 자성도 없으며, 이게 중도中道의 의미라는 것입니다. 연기성공이후에 바로 가명과 중도의를 말하는 이유는 오직 한 가지뿐입니다. 연기를 연기 자체로 보라는 것이지요.

가령 어떤 사람이 벼락에 맞아 죽었다고 하자. 벼락의 원인인 기상현상을 지성이 파악하지 못할 때 우리는 상상력을 동원해 이렇게 미신적 원인을 고안한다. '그는 나쁜 사람이었고, 신이 그에게 벌을 내린 것이다.' 자연법칙이 상상력을 통해, 징벌을 내리며 복종을 강요하는 공포스러운 신의 도덕법으로 변질되는 순간이다. 어떤 타인이 이 신의 명령에 위배될 때 그는 '증오'의 대상이 되며, 내가 신의 명령을 위배할 경우 나는 '죄의식'의 대상이 된다. 예속적 법의 탄생과 더불어, 삶에 대한 긍정이 있어야

벼락이 치는 기상조건 - 연緣 - 에 의해 사망사건이 발생 - 기起 - 하였습
니다. 이렇게만 보는 것이 연기를 연기 자체로 보는 것입니다. 연기 이외
에 아무 것도 개입하지 않습니다. 그러므로 공입니다. 그런데 만약 여기에
다른 어떤 것, 예컨대 전능한 신神을 끌어 들여 그 인과관계를 이해한다면,
이게 바로 증익견增益見이고 상견常見입니다.

만약 인연 따라 생멸하는 이 세계의 배후에 기독교의 여호와 같은 전지
전능한 신을 상정한다면 이 세계를 살아가는 우리들의 삶은 그 신을 향한
과정에 불과할 것입니다. 현세는 부정되어야할 어떤 것이고, 신의 도성만이
진실한 것이 될 겁니다. 마찬가지로 일정한 정도의 돈이 행복의 조건이라
믿고 산다면 그 돈이 모아지는 그때가지의 삶은 행복에 이르는 과정에 불
과할 뿐입니다. 이는 내일의 행복을 위해 오늘을 불행하게 사는 것입니다.

반대로 에피쿠로스처럼 현세에는 어떤 원리나 원칙도 없이 그저 우연
히 왔다가 우연히 만나 편안히 살다 가면 그만이라고 한다면 어떨까요? 이
는 감손견減損見이고 단견斷見입니다. 이 철학에서 현세적 삶은 매우 긍정
되지만 한편의 허무 또한 피하지 못합니다. 무인도에서 느끼는, 숭배할 대
상도 없고 사랑할 사람도 없는 짙은 허무는 그 삶을 더 이상 견디지 못하
게 만듭니다.

이게 공에 가명을 덧붙인 이유입니다. 공, 혹은 무無는 잠시 빌린 이름
이니 허무에 빠지지 말라는 가르침이지요. 그래서 중도입니다. 중도는 지
금 이 순간의 삶 그 자체를 그대로 보라는 말입니다.

3. 지금 이 순간을 즐겨라

지난 겨울은 참 추웠습니다. 겨울 초입에 밤새 눈이 많이 내린다고 해서 출근과 등교가 염려된 저희 세 식구는 시골집을 나와 대전 시내에서 하루를 보냈습니다. 다음날 집으로 돌아와 보니, 물이 얼어 있었습니다. 전날 수도꼭지를 틀어 놓고 나갔어야만 했는데, 미처 그 생각을 못한 거지요. 뜨거운 물로도 헤어드라이어로도 풀리지 않는 물! 지난겨울 몇 십 년만의 추위는 물을 더욱 꽁꽁 얼렸고…… 결국 하룻밤의 도피는 한 겨울 내내 저희 세 식구를 표류자로 만들었습니다. 빨리 새봄이 와 언 물이 풀리기만 기다리는 부평초인생이 되어버렸습니다.

정작 진짜 고생은 개가 했습니다. 산이와 맥이. 두 마리 풍산개는 그냥 시골집에 있고. 제가 이틀에 한 번씩 가서 물과 먹이를 주었습니다. 하지만 어떤 때는 3일 만에 심한 경우 4일째에 간 적도 있었습니다. 앞집에 부탁은 해 놨지만 개들의 고생은 이만저만한 게 아니었지요. 그런데도 이놈들은 제 차만 보면 꼬리를 흔들며 그렇게 좋아할 수가 없었습니다.

만약 인간이 지난겨울의 개와 같은 처지가 되어, 이틀에 한 번 와야 할 주인이 3일이 지나서 온다면 어떻게 할까요? 분명 크게 화를 내겠지요. 인간은 기다릴 줄을 압니다. 그래서 주인이 와서 먹을 걸 줄 때까지 기다립니다. 그 기다림은 고동스럽기에 약속시간을 이기면 화를 내는 것입니다. 인간만이 내일의 행복을 위해 오늘을 고통 속에서 참으며 기다릴 줄 압니다.

하지만 동물들은 기다림이 무엇인지 모릅니다. 먹이를 주기 전에 기다리는 것은 훈련의 결과일 뿐, 기다림을 알아서 하는 행위는 아닙니다. 따라서 동물들은 미래의 무엇을 기다리며 오늘의 고통을 견디려하지 않습니다.

힘들면 힘든 대로 좋으면 좋은 대로 그냥 받아들입니다. 동물들은 또한 죽음이 무엇인지 모르기에 죽어가는 그 순간을 다만 받아들일 뿐입니다.

자신에게 물어봅니다. 산이와 맥이처럼 남을 원망하지 않고 그 순간을 기뻐할 수 있냐고. 개 같은 인생을 원하는 것도, 개로 다시 태어나고 싶은 것도 아닙니다. 다만 인간에게 묻는 것입니다. 당신이 행복하지 못한 이유가 무엇이냐고. 왜 우리는 불확실한 내일을 기다리며 오늘을 고통 속에서 부정하며 살까요? 그건 지금 이 순간을 있는 그대로 보지 못하기 때문입니다.

동주 이민구 선생은 조선 중기의 문인입니다. 전주 이씨 왕족으로 세 번의 장원급제와 최연소 관찰사를 역임할 만큼 총명했습니다. 그렇게 잘 나가던 그가 병자호란 때 인조를 강화도로 호종할 책무를 다하지 못했다는 죄로 영변에 유배됩니다. 영변 유배지에서 그는 종일 서울만 바라봅니다. 하루 이틀 …… 한 해 두 해……

젊어 승승장구하던 시절, 동주선생은 늘 도연명을 읊조렸습니다. 도연명이 귀거래사를 지으며 귀향한 것처럼, 자신도 전원 속에서 자연과 벗하며 살겠다는 욕망을 숨기지 않습니다. 그러다가 49살에 영변으로 유배 가게 됩니다. 비록 타의에 의해서지만, 그토록 바라던 전원생활이 시작된 것이지요. 하지만 그는 늘 서울만 바라보며 통곡합니다. 벼슬살이 중에는 전원만 바라보고, 전원에서는 궁궐만 바라봅니다.

우리는 내게 없는 것을 욕망합니다. 현재 없는 것이 미래에는 갖춰질 거라 믿으며 오늘을 고통스럽게 살아갑니다. 이런 생각을 한 번 뒤집어 내게 있는 것에 기뻐하고 오늘을 감사해 할 줄 안다면, 고통으로부터 벗어날 수 있지 않을까요. 현재의 이 삶이 그대로 긍정되는 것, 이게 중관학에서 말하는 중도中道이며 해탈입니다. 중관학의 연기성공은 세속의 삶 그대로에서 곧바로 진리의 세계가 열리는 길을 펼쳐주는 것입니다.

사천에서 놀다(遊斜川)

도연명(陶淵明)

새해에 들어서서 어느새 닷새가 지났으니
내 인생도 머지않아 끝장이 날 것이라.
이 일 생각하니 가슴 속 울렁거려
때에 맞춰 이 놀이를 하는거라.
공기는 온화하고 하늘 또한 맑은데
긴 물줄기 따라 줄지어서 앉았다.
느린 여울목엔 아롱진 방어 치닫고
조용한 골짜기에는 우는 갈매기 뒤집으며 난다.
먼 물 쪽으로 눈을 돌려서
아득히 산언덕 바라본다.
아홉 층의 빼어남 없기는 하나
둘러보아도 그에 맞갈 만한 것이 없다.
술병을 들고 같이 온 친구들 상대하여
잔에 가득 술을 따라 번갈아 주고 받는다.
알 수 없거니와 지금 이후에야
또 이같이 놀게 되겠나.
잔 비우는 도중 초탈한 마음 멋대로 풀어놓고
저 천년의 근심 잊어버린다.
잠시나마 오늘 아침의 즐거움을 맘껏 누리는 거라
내일이야 알 바 아니지.

중관학(Ⅲ) : 팔불설八不說, 그 부정의 논리

계몽은 예로부터 인간에게서 공포를 몰아내고
인간을 주인으로 세운다는 목표를 추구해 왔다.
그러나 완전히 계몽된 지구에는 재앙만이 승리를 구가하고 있다.
M. 호르크하이머, T. 아도르노, 『계몽의 변증법』

1. 모든 인간은 자유롭고 평등하게 태어났다

중세의 숨 막힐 듯한 질곡으로부터 인간을 해방시킨 건 이성이었습니다. 이성은 과학적이며 합리적으로 사고하는 힘입니다. 진리는 과학의 검증을 거쳤고, 제도는 합리적으로 재편되었습니다. 중세적 몽매로부터 깨어난 근대의 선각자들은 사람들에게 이성을 믿고 스스로 삶의 주인이 되라고 외쳤습니다. 그게 계몽입니다. 근대 계몽주의는 진정 우주의 주인은 신이 아닌 인간이며, 인간계의 주체는 왕이 아닌 '나'임을 천명하는 것이었습니다. 마침내 프랑스 대혁명에 이르러 계몽주의는 위대한 결실을 맺게 됩니다. "모든 인간은 평등하고 자유롭게 태어났다"는 인권선언이야말로 인간이성의 개가요 인류역사상 가장 위대한 선언이 아닐 수 없습니다.

그런대 그 찬란한 계몽의 시대 끝자락에 검은 먹구름이 뭉게뭉게 피어

오르기 시작했습니다. 나치 치하의 독일에서는 600만의 유대인이 그냥 살해당했습니다. 그들의 시신은 가발로 비누로 재생되었습니다. 스탈린 독재하의 소련에선 약 2,000여만 명의 정치범이 발생했고, 이들은 추위와 굶주림 속에서 강제노역에 시달리다가 죽어갔습니다. 제도는 결코 합리적이지 못했고, 과학은 대량살상무기가 되어 인간에게 되돌아 왔습니다. 이 새로운 야만의 시대를 개개인은 무기력하게 바라만 볼 뿐이었습니다.

생각해 보면 참 어이없습니다. 20세기 초 독일 바이마르공화국의 탄생은 계몽주의의 완성과도 같은 것이었습니다. 바이마르헌법은 ①국민주권주의, ②보통·평등·직접·비밀·비례대표의 원리에 의거한 선거, ③의원내각제, ④약간의 직접민주제를 명문화한 헌법으로, 여기에 최초로 소유권의 사회성과 재산권행사의 공공성을 규정하고, 인간다운 생존을 보장한 헌법이었습니다. 권력은 국민으로부터 나오며, 국가는 국민의 인간다운 삶을 보장하여야한다는 현대 민주 복지국가의 틀이 갖추어진 선진적인 것이었습니다.

하지만 이 훌륭한 체제는 단명으로 끝나고 맙니다. 1919년 탄생한 바이마르 체제는 1933년 히틀러가 독일 수상으로 취임하면서 사라집니다. 15년에 걸쳐 진행된 바이마르 공화국은 실패로 귀결되고, 이 체제가 구현코자했던 자유·민주·복지주의 이념은 정반대쪽 전체주의로 대체되었던 것입니다.

당시의 독일인들은 바이마르체제를 매우 혐오했습니다. 이해합니다. 너무도 살기 어려웠기 때문이지요. 히틀러가 등장하기 직전까지 독일의 인플레는 상상을 초월하는 것이었습니다. 1919년 말에 빵 1kg의 가격은 80페니히였으나 1922년 말에는 이미 163마르크에 달하고, 1923년 10월

에는 17억 5천만 마르크, 연말에는 무려 3990억 마르크에 달했습니다. 독
일의 마르크화는 휴지 조각만도 못하였습니다. 화폐는 불을 지피기 위한
불쏘시개로 사용되었습니다. 물론 원인은 제1차 세계대전의 패배와 그에
따른 천문학적인 전후배상비가 첫째 이유입니다만 바이마르 공화국을 이
끌고 가던 정치지도자들의 분열과 무능을 탓하지 않을 수 없을 것입니다.
이런 증오가 히틀러에게 총통이라는 전권을 부여한 이유일까요?

2. 자만과 증오의 정치학

히틀러의 전략에는 두 가지 극단이 공존합니다. 증오와 애정은 나치가
집권하고 권력을 공고히 하기 위한 중요한 전략입니다.

> 오늘날 이 지상에서 찬탄의 대상이 되고 있는 과학·예
> 술·기술·발명 등은 다만 소수의 민족, 아마도 원래는
> 한 인종의 독창적 산물일 뿐이다.
>
> 히틀러, 『나의 투쟁』

히틀러는 『나의 투쟁』에서 이처럼 주장하면서 게르만 족의 우수성을
강조합니다. 그리고 다른 한편으로 유대인에 대한 증오를 증폭시킵니다.

> 유대인은 다른 민족의 체내에 사는 기생충일 뿐이다.
>
> 히틀러, 『나의 투쟁』

유대인을 기생충에 거짓말쟁이로 몰아가는 저들의 전략은 군국주의 하에서의 일본이 중국인을 가리켜 버러지라고 했던 것과 다를 게 없습니다. 타민족에 대한 증오심은 자민족을 향한 지고한 애정과 병행할 때 증폭됩니다. 600만 유대인을 학살한 나치의 홀로코스트와 불과 한 달 보름 만에 30여만 명을 잔인하게 죽인 난징대학살은 단순한 증오심에서만 나오는 게 아닙니다. 인종차별주의는 반드시 자민족우월주의를 배경으로 합니다.

> 아리안족은 지적 능력보다는 오히려 자기 능력의 일부를
> 사회를 위해 기꺼이 바치는 점에 있어서 세계에서 가장
> 우수한 민족이다.
>
> 히틀러,『나의 투쟁』

히틀러가 말하는 아리안족은 인도유럽문명을 창조한 민족을 가리킵니다. 유럽문명에 대한 강한 우월의식 속에 그 문명의 창조자로 아리안족을 말하고, 아리안족에서도 게르만족이 가장 우수하다는 주장이지요. 히틀러는 이렇게 자민족의 우수성을 말해놓고 그 우수성의 특징으로 사회와 국가에 대한 헌신과 희생을 강조하는 것입니다. 민족우월주의는 애국주의로 이어집니다. 애국주의는 편협한 민족주의를 먹고 자라납니다. 안으로 자민족에 대한 사랑이 지극할수록, 밖으로 타민족에 대한 증오도 비례하여 증폭됩니다. 그리하여 "독가스로 그 타락한 히브리 민족(유대인)을 1만 2천명 내지 1만 5천 명 정도만 죽일 수 있다면, 전선에서 수백만 명이 희생된다고 해도 헛된 일은 아니다."라는 말도 안 되는 말이 애국애족이라는 탈을 쓰고 횡행하게 되는 것입니다.

나치 독일의 증오는 집시를 향하고 공산주의자들을 겨냥하였습니다.

집시는 본래 유랑족이다 보니까 그들의 권리를 대변해 줄 국가도 단체도 없었습니다. 나치 치하에서 그들은 그냥 씨가 말라갔습니다. 이념적으로는 공산주의자들이 타깃이었습니다. 국가소멸론을 주장하며 평등사회를 추구한 공산주의를 국가에 대한 헌신과 절대적 복종을 기치로 내건 나치가 용납할 수는 없겠지요. 또한 동성애자와 같은 사회적 소수자들도 전체주의의 완성을 위해서는 희생되지 않으면 안 되었습니다.

3. 대중선동의 심리학

국가와 민족에 대한 맹목적인 애정과, 타민족이나 다른 이념, 혹은 사회적 소수자에 대한 무차별적 증오를 한데 버무려 위대한(?) 지도자 히틀러가 탄생합니다. 여기에 선전·선동은 매우 중요한 전략이며, 이 프로파간다를 진두지휘한 사람이 괴벨스Paul Joseph Goebbels입니다.

> 승리한 자는 진실을 말했느냐 따위를 추궁당하지 않는다.

나치의 선전장관이었던 괴벨스의 말입니다. 거짓은 승리를 얻기 위한 중요한 수단입니다.

> 선동의 제1의 가치는 거짓말이며, 거짓말도 백번 반복하면 진실이 된다.

나치의 만행을 증명하는 사진(좌)과 나치의 선전상이었던 괴벨스

참 아이러니한 것입니다. 히틀러는 유대인을 절멸시켜야할 이유 중의 하나로 거짓말을 들었습니다. 유대인의 거짓말은 타고난 본성이라고요. 그런대 그 누구보다 히틀러를 존경했기에 그를 신의 경지로까지 끌어올린 일등공신의 입에서 거짓말은 전혀 문제가 되지 않는다고 하니까요. 나치의 거짓말은 지고한 목적을 달성하기 위한 수단이고, 유대인의 거짓말은 생존을 위한 수단인 게 차이인가요? 아닙니다. 진짜 차이는 나치의 거짓말은 정말로 거짓말이고, 유대인의 거짓말은 나치에 의해 덧씌여진 거짓말입니다.

괴벨스는 선전·선동의 탁월한 기획가이며 그 자신이 뛰어난 연설가이자 행동가였습니다. 그는 자신의 계획을 이루기 위한 수단으로 라디오에 주목합니다. 당시로써는 첨단의 미디어였지요. 그는 자신의 입이 되어주기 위해 라디오를 매우 싼 값에 대량으로 보급했습니다. 그리고 그 화려한 연설이 연일 독일인의 귀에 울리도록 하였지요. 물론 연설이라고 하면 히틀러 또한 둘째가라면 서러워할 사람이지요. 라디오를 독일 각 가정마다 보급하면서, 한편으론 비판적인 언론에 대한 탄압과 회유가 진행되었습니다. 괴벨스는 이렇게 말합니다.

"언론은 정부의 손 안에 있는 피아노가 되어야 한다."

4. 2013년 대한민국의 언론

신문, TV, 영화, 광고 등등의 미디어는 우리들의 눈과 귀를 끊임없이 자극합니다. TV에 나오고 신문이 기사화하면 거짓말도 진실이 되는 시대입니다. 비트겐슈타인은 언어는 사실에 대응한다고 하였지만 따져보면 세계는 우리가 보는 대로 보이고, 사고하는 대로 드러납니다. 언어가 사실을 반영하는 게 아니라 언어에 의해 사실이 구성됩니다.

이러한 메카니즘을 그 누구보다도 정확히 꿰뚫고 있던 사람이 바로 히틀러이고 괴벨스였습니다. 그들은 세상은 사람들이 믿는 대로 보인다는 것을 잘 알고 있었고, 나아가 사람들의 생각을 어떻게 지배하고 통제할 수 있는지도 너무 잘 인지히고 있었습니다. 나치의 선전·선동술에 독일 사람들은 취했고, 그 집단적 광기가 홀로코스트를 낳았던 것입니다.

그리고 2013년, 대한민국의 눈과 귀는 어떻게 열려 있나요? KBS, MBC, SBS 등의 지상파방송은 물론, TV조선, 채널A, JTBC, MBN 등의 종편채널에 YTN, 뉴스Y 등의 뉴스전문방송까지 전부 보수언론이 장악하고 있습니다. 신문은 어떤가요? 이른바 조·중·동으로 대표되는 보수언론이 대부분을 차지하고 있습니다. 언론사를 통틀어 한겨레신문과 경향신문만이 진보좌파로 분류될 뿐이며, 그나마 이들의 보급력은 매우 미미한 형편입니다. 결국 21세기 대한민국의 눈과 귀는 사실상 보수주의자들에 의해 통제되고 있다고 하여도 과언이 아닙니다. 그리고 이제 보수주의자들은 마지막 비상구인 인터넷 포털도 자신의 통제력 아래에 두려고 할 겁니다.

보여주어야 할 것을 안 보여주기, 안 보여줘도 될 것을 계속해서 보여주기, 국민들의 관심을 다른 데로 돌리기, 정치에 관심을 갖지 않게 하기, 치고 빠지기, 물타기 등등의 언론행태는 일찍이 괴벨스가 그 효과를 입증한 탁월한 전략이었습니다. 그로부터 한 세기가 바뀌어 성공한 민주주의 국가라는 21세기 대한민국에서 이러한 언론 전략이 횡행하고 있습니다.

무엇이 다른가요? 아직도 김대중, 노무현 두 대통령을 빨갱이라고 하는 사람들이 주위에는 너무도 많습니다. 그렇다면 우리가 빨갱이를 지도자로 모셨다는 말인가요? 의견이 다르다고 좌빨로 모는 행태, 결국 5.18 광주민주화운동까지도 북한특수부대의 침투에 의한 것이라는 뻔한 거짓말이 버젓이 종편채널에서 방영되는 이 순간이 도대체 나치 독일과 다를 게 무엇인가요? 그래서 두려운 것입니다. 나치집권시기에 독일에서 무슨 일이 일어났고, 그 종국에 어떤 일이 벌어졌는지를 우리는 익히 알고 있기 때문에 현재의 대한민국이 두려운 것입니다.

히틀러 같은 독재자가 나오지는 않을 겁니다. 그러나 보수정당에 의한 장기집권은 가능할 것입니다. 일본처럼 말이지요. 그리고 이것이 그들 보수우파의 전략은 아닐는지요? 일본은 아사히신문 계열의 미디어사를 제외하면 거의 대부분이 보수신문, 보수방송국들입니다. 요미우리를 비롯한 대부분의 신문이 그렇습니다. 일본은 그나마 아사히신문의 영향력이 작지 않고, 최대 공영방송인 NHK가 독립성을 유지하고 있는 편입니다만, 그럼에도 불구하고 자민당의 장기집권이 가능한 이유 중에는 현저히 우경화된 언론이 있음은 부인할 수 없을 것입니다. 서유럽이나 미국의 언론매체가 비교적 보수와 진보가 균형을 이루고 있는 것과는 매우 큰 차이이지요. 그런데 21세기 대한민국의 언론기상도는 일본보다도 훨씬 더 오른쪽으로 치우쳐 있습니다. 그리고 우리는 그 폐해를 이제 느끼기 시작했고요. 어떻게 해야 할까요?

5. 용수龍樹의 팔불설八不說

팔불설은 『중론中論』에서 설해진 여덟 가지 부정론否定論입니다. 이른바 "생하지도 않고 멸하지도 않으며, 항상하는 것도 아니고 사라지는 것도 아니며, 한결같은 것도 아니고 다른 것도 아니며, 가는 것도 아니고 오는 것도 아니다.[不生不滅 不常不斷 不一不異 不去不來]"입니다.

나가르주나의 『중론』은 시종일관 "아니다, 아니다, 아니다."로 점철되다시피 합니다. 그리고 이런 부정론은 이미 살펴본 것처럼 세계를 있는 그대로 보기 위한 것입니다. 우리가 세계를 실상 그대로 보지 못하는 이유는, 실상이 어려워서가 아니라 은폐되고 왜곡되어 있기 때문입니다. 이 은폐와 왜곡을 깨부수기 위해 나가르주나는 치열하게 부정하는 것이지요. 팔불설의 구체적인 내용이 어떤 건지는 전문 불교학자에게 맡겨도 좋습니다. 우리는 다만 나가르주나가 그토록 치열하게, 죽음을 불사하면서까지 팔불설을 제창하여야만 했던 까닭을 이 시점에서 환기해야만 합니다. 왜냐하면 우리들의 아들딸들이 앞으로 살아갈 대한민국이 적어도 전체주의 시대의 독일이나, 자민당 장기집권하의 일본처럼 되지 않기를 바라기 때문입니다. 독일은 가장 민주적인 제도를 만들어 놓고 전체주의로 후퇴했습니다. 그리고 21세기 대한민국은 민주주의가 어디로 후퇴하는지조차 헤아리지 못하고 있습니다.

그래서 우리는 아니라고 말하여야 합니다. 침묵은 동조와 다를 게 없습니다. 유대인 학살에 가담했던 독일인들이나, 난징대학살에 참가했던 일본인들은 그들이 죄악을 범하고 있다고 생각하지 않았습니다. 오히려 그들은 민족적 우월감과 자부심에 기생충을 절멸시키고, 버러지를 제거한다고 생각했습니다. 누가 이들의 머릿속에 그런 생각을 심어 놓았는지를 잘 생각하여야만 합니다.

> 맨 처음 그들은 공산주의자들을 잡으러 왔다.
> 나는 아무 말도 하지 않았다. 왜냐하면 나는 공산주의자
> 가 아니므로
> 다음에 그들은 유대인을 잡으러 왔다.
> 나는 아무 말도 하지 않았다. 왜냐하면 나는 유대인이 아
> 니므로
> 다음에 그들은 노조원을 잡으러 왔다.
> 나는 아무 말도 하지 않았다. 왜냐하면 나는 노조원이 아
> 니므로
> ……
> 다음에 그들은 나를 잡으러 왔다.
> 그리고 그 때엔 나를 위해 말해줄 아무도 남아 있지 않았다.

나치의 종교정책에 저항하다가 집단수용소에 수감되었던 마르틴 니묄

러Martin Niemöller 목사의 <그들이 처음 왔을 때>란 시입니다. 나와 나의 아들딸들이 그들에게 잡혀가지 않도록 하기 위해서라도 "아니다!"라고 말할 수 있어야만 합니다. 지금 이 순간이야말로 용수보살의 치열한 구도의 정신이 절실한 때입니다.

유식학(Ⅰ) : 유식무경唯識無境, 주체를 찾아서

> 사막은 아름다워.
> 사막이 아름다운 건 어디엔가 우물이 숨어있기 때문이야.
> 그런데 눈으로는 찾을 수 없어. 오직 마음으로 찾아야해.
> 생텍쥐페리,『어린왕자』

1. 차라리 수미산 같은 아견我見을 일으킬지언정 겨자씨 만큼도 공견空見에 빠지지 말라

오래전 군대 제대하고 지리산에 올랐다가 마침 영광 건설현장에 파견 나가 있던 형님을 찾아가던 길이었습니다. 한적한 시골버스에 우연히 비구와 비구니 두 스님이 앉은 자리 뒤에 앉아 가게 되었습니다. 해서, 본의 아니게 두 스님이 나누는 이야기를 얻어 듣게 되었지요. 스님들은 여러 이야기를 나누었고, 그 중 한 구절이 아직도 제 귀에 생생합니다.

무아無我라! 나를 없애라 나를 없애라 해서 나를 없앴는데…… 이젠 뭘 해야 할지 모르겠소.

비구니 스님이 비구 스님에게 한 말입니다. 비구스님의 대답은 기억에 남아 있는 게 별로 없고…… 비구니 스님의 이 말이 지금도 귓가에 울리는 것은 이 문제가 여전히 풀기 어려운 숙제이기 때문이겠지요. 철학을 전공으로 삼은이래 이 문제는 불쑥불쑥 제 생각을 지배하곤 하였으니 어쩜 제 평생의 화두가 된 셈이네요. 인연치고는 참 묘한 인연입니다.

비구니 스님은 악취공惡取空이란 함정에 빠져있었던 것입니다. 주지하는 바와 같이 중관학은 파사破邪를 통한 현정顯正을 구현하려고 하였습니다. 잘못된 인식, 그릇된 관념 일체를 타파함으로써 바른 진리를 드러내고자 하였습니다. 이 파사의 논리에서 공空개념이 종횡무진 활약하기에 이들 중관학파를 공종空宗이라고도 하는 것입니다. 특별히 공종은 중국의 삼론종三論宗을 가리키는 말입니다만…… 삼론종이 나가르주나[龍樹]의 『중론中論』과 『십이문론十二門論』, 그리고 나가르주나의 제자인 아리야데바[提婆]의 『백론百論』이란 중관학의 주요 논서를 소의논서로 삼고 있기 때문에 붙여진 이름이고, 그런 만큼 공종이란 말을 중관학파와 일치시켜 이해해도 무방할 것 같습니다.

이 세계는 인연에 의해 생멸하니 항구불변하는 실체가 없습니다. 그렇기 때문에 공空이라 하는 것입니다. 우리가 일상에서 사물이나 사건을 가리키는 말들은 다만 잠시 빌린 가명假名에 불과하며 공空 또한 가명입니다. 그러므로 중도의 뜻[중노의中道義]이란 언어문자가 내포하는 실체성을 공空이란 이름으로 부정하고, 다시 이 공이란 이름마저도 부정한다는 의미가 됩니다. 이런 부정의 부정은 결국 이 세계를 있는 그대로를 여실히 드러내기 위함인 것은 앞에서 이미 살펴본 그대로입니다. 중관학의 중도사상은 부정의 부정을 통한 절대긍정에 도달하는 논리인 것입니다. 그런데 어떤 사람들은 부정만을 되풀이할 뿐 그 절대긍정의 경계로 돌아올 줄을 몰랐습니다. 끊임없이 되풀이되는 부정의 수레바퀴에서 헤어나지 못하는 중관학자들을 악취공자라고 불렀던 것입니다. 그래서 부처님은 말씀하셨습니다.

> 차라리 수미산 같은 아견我見을 일으킬지언정 겨자씨만
> 큼도 공견空見에 빠지지 말라.

『가섭소문경』은 유식학자들에 의해 만들어진 위경僞經으로 여겨집니다. 그렇다고 해서 진리성이 없는 것은 아닙니다. 예전에는 자신들의 사상의 정통성과 논리의 정당성을 드러내기 위해 경經의 형식을 빌려 책을 만들었는데, 이런 경전을 위경이라고 합니다. 위경은 이름 그대로 가짜 경전이지만, 옛 사상가들의 표현방식이었으며, 거기에는 나름의 철학과 역사성이 풍부하게 있는 것입니다.

2. 자성도 없고 존재도 없다. 그 아공법공我空法空의 세계

삼계가 허망하니 만법은 오직 마음이 만든다.

『금강삼매경론金剛三昧經論』

삼계가 왜 허망한가요? 봄에는 꽃이 피고, 가을에는 어김없이 영그는데, 어디에 허망함이 있다는 말인가요? 이렇게 눈에 들어오고 손으로 만져지는 이 생생함이 다 거짓이란 말인가요?

여기에 대답하기 위해서는 먼저 우리는 세계를 어떻게 알게 되는지를 살펴보아야 합니다. 우리는 흔히 나무에는 나무의 속성이 있고, 바위에는 바위의 실체가 있어서 경험을 통해 이를 인식하게 된다고 생각합니다. 그리하여 사물의 속성과 나의 인식이 일치하면 참된 인식이라고 여기지요. 과연 그럴까요?

여기에 낙락장송 한 그루가 있습니다. 소나무는 우리의 눈을 통해 수용되고 의식 속에서 소나무로 인지됩니다. 그 결과 우리는 '저것은 소나무이다.'라는 판단을 내리게 됩니다. 그렇다면 이 판단이 과연 저 소나무와 일치하는지 증명을 해 봐야겠습니다. 다시 저 소나무를 보니까 '저것은 소나무이다.'라는 판단이 내려집니다. 앞의 판단과 뒤의 판단이 일치하므로 우리는 이 판단은 옳은 것이라고 생각하겠지요. 하지만 가만히 따져보면 이는 판단과 판단의 일치에 불과합니다. 문제는 소나무라는 대상과 우리의 판단이 일치하여야 하는데, 그 일치여부를 가릴 방법이 없다는 것입니다. 왜 그럴까요?

애초부터 우리가 판단하는 소나무는 우리의 밖에 있는 저 소나무가 아니라 우리의 망막에 맺힌 소나무의 영상입니다. 우리가 무엇을 안다고 할 때는 먼저 인식하는 대상과 인식하는 주체가 나누어져야[分] 가능합니다. 이렇게 나누어진 다음에 우리가 인식하는 대상은 외부 사물이 아니라 눈, 코, 귀와 같은 감각기관을 통해 우리 안에 들어온 영상이나 혹은 울림같은 것이지요. 이를 유식학唯識學에서는 상분相分이라고 합니다. 그 다음에 이 상분에 대해 판단하는 주체가 있습니다. 이를 견분見分이라고 하는데, 유식학에서 인식대상과 인식주체를 각각 상분과 견분이라고 이름하며 나눌 분分자를 쓴 이유를 이해할 수 있을 것입니다.

왕양명王陽明선생이 남진南鎭이란 곳을 갔을 때입니다. 깊은 산 깎아지
른 절벽 위에 한 송이 산유화가 곱게 피어 있었습니다. 한 사람이 바위 위
에 핀 꽃을 가리키며 물었습니다.

"(선생께서는) 천하에 마음 밖에는 사물이 없다고 하십니
다. 그러나 저 꽃은 깊은 산중에서 스스로 피고 스스로 지
니 내 마음과 무슨 관계가 있단 말입니까?"

왕양명선생이 대답하였습니다.

그대가 저 꽃을 보지 않았을 때에 저 꽃과 그대의 마음은
모두 고요함 속에 있었을 따름이다. 그대가 저 꽃을 보고
나서야 비로소 저 꽃의 빛깔이 일시에 명백해지는 것이
니 저 꽃이 마음 밖에는 있지 않다는 것을 바로 알 수 있
을 것이다.

질문을 한 사람에게서 꽃은 자신이 바라보든 바라보지 않든 언제나 그
곳에 꽃으로 존재 합니다. 하지만 이런 존재는 왕양명에게 있어서는 알 수
없는 것, 즉 그것이 정말로 존재하는지, 아니면 우리가 어떤 환상을 보고
있는지 도대체 알 수 없는 어떤 것입니다. 아니 있는지 없는지조차 알지
못합니다. 우리는 우리들의 눈을 통해 들어온 어떤 이미지를 의식하고서
야 비로소 '아! 꽃이 있구나!'라고 판단하는 것입니다. 꽃이 눈에 들어오지
않거나, 설혹 들어 왔다해도 의식하지 못하는 한, 꽃이 있다고 인식하지
못합니다.

내가 그의 이름을 불러 주기 전에는
그는 다만
하나의 몸짓에 지나지 않았다.

내가 그의 이름을 불러 주었을 때,
그는 나에게로 와서
꽃이 되었다.

김춘수,「꽃」

감각기관을 통해 수용된 어떤 이미지를 인식주체가 꽃이라고 불러주어야 비로소 꽃이 되는 것입니다. 그럼에도 불구하고 사람들은 부득불 외부 세계에 사물들이 존재한다고 생각합니다. 이는 독단獨斷, dogma입니다. 없는 걸 있다고 하거나, 알 수 없는데도 안다고 하는 것이 바로 독단이지요.

독단에서 벗어나면 비로소 눈앞에 펼쳐지는 이 세계가 환상이고 허망임을 깨닫게 됩니다. 너무 허무한 걸까요? 외부 세계는 알 수 없고, 우리가 인식하는 대상세계는 결국 우리들의 의식 속에 맺힌 이미지에 불과하니 어디에 항구불변하는 실체가 있겠습니까. 그러므로 자성도 없고, 존재도 없다는 아공법공我空法空이 성립하는 것입니다.

3. 오직 식일뿐 대상이 없다. 그 유식무경唯識無境의 경지

중관학中觀學은 일체의 독단에 저항하고 싸웠습니다. 그런 만큼이나 삼계의 허망성을 중관학보다 더 잘 밝힌 사상도 없습니다. 하지만 여기에 머물면 허무주의에 빠지기 쉽습니다. 악취공은 인식대상의 허망성에 집착하여 벗어나지 못하는 것입니다.

유식학唯識學은 여기에서 한 걸음 더 나아갑니다. 중관학이 인식대상과 인식주체의 공성空性, 즉 아공법공을 위해 싸울 때 유식학자들은 조용히 자신들의 의식속으로 침잠해 들어갔습니다. 그곳에서 그들은 어떻게 이것은 꽃이 되고, 저것은 바위가 되는지, 그리고 어떻게 인간은 이것을 꽃이라 부르고 저것을 바위라고 부르는지를 탐구했던 것입니다.

근본불교에서는 인간에게 안眼·이耳·비鼻·설舌·신身·의意라는 육근六根이 있다고 합니다. 이 육근에 수용되어 하나의 이미지로 형성되는 대상이 육경六境이고, 육경을 판단함으로써 형성되는 인식이 육식六識입니다. 유식학에서는 안眼·이耳·비鼻·설舌·신身 다섯 감각기관에 의해 형성되는 안식眼識·이식耳識·비식鼻識·설식舌識·신식身識을 전5식前五識이라 하고, 여섯 번째의 의식意識을 제6식이라고 합니다. 그리고 제7식이 말나식末那識이고 제8식이 아뢰야식阿賴耶識입니다.

아뢰야식은 일종의 무의식입니다. 이 식에 인간은 수많은 기억과 경험들을 저장합니다. 그래서 아뢰야식을 장식藏識이라고도 하며, 여기에 저장되어 있는 기억이나 경험들을 종자種子라고 합니다. 이 종자는 어느 순간이 되면 의식의 표층으로 떠오르며 우리들의 생각과 판단에 영향을 끼칩니다. 이를 '종자생현행種子生現行'이라고 합니다. 그리고 이렇게 이루어진 생각과 판단은 다시 기억과 경험의 종자가 되어 아뢰야식에 저장됩니다. 이를 '현행훈종자現行熏種子'라고 하지요. 한편 이렇게 훈습된 종자는 아뢰야식 안에서 생장하면서 끊임없이 새로운 종자를 만들어 내는데, 이를 '종자생종자種子生種子'라고 합니다. 이렇게 종자와 현행이 상호작용하는 과정에서 우리들의 판단과 사유가 작동하는데, 이 사유를 담당하는 식이 바로 제7 말나식입니다.

> 바다 한 가운데에서 의식을 잃고 표류하던 한 남자(Jason Bourne: 맷 데이먼 분)가 구조됩니다. 그는 의식은 돌아왔지만 자신이 누구인지, 무엇을 하던 사람인지 전혀 모릅니다. 살 속에 숨겨져 있던 스위스 은행의 계좌번호를 단서로 자신의 정체성을 찾아 떠납니다.

영화 <본 아이덴티티>의 줄거리입니다. 기억상실증은 인식능력을 상실한 것과도 같습니다. 주인공은 자신이 누구인지, 무엇하던 사람인지, 전혀 모릅니다. 여러 개의 가명은 자신의 정체성에 혼란만 가져다 줄 뿐이지요. 정체성을 찾아가는 와중에 그가 얻는 정보들도 그 진실성을 확정할 수 있는 건 아무 것도 없습니다. 마치 삼계가 허망한 것처럼 주인공의 주변은 온통 혼란뿐입니다. 그 어느 것도 명쾌하게 분류되지 않은

영화 <본 아이덴티티> 포스터

채 어지럽게 섞여 있습니다. 이 속에서는 살 수 없습니다. 그가 살아남기 위해서는 오직 자신의 정체성을 깨닫고 자신을 둘러싼 세계를 분명히 인식할 수 있어야 합니다. 정체성을 찾아가며 그는 자신도 모르는 능력이 본인에게 잠재되어 있음을 깨닫게 됩니다. 뛰어난 무술실력과 민첩한 동작, 여기에 명석한 두뇌와 빠른 판단력이 순간순간 작용합니다.

이런 능력이 종자種子입니다. 기억상실증에 걸렸기 때문에 비록 의식하지는 못하지만 무의식적으로 불쑥불쑥 현행하는 종자인 것입니다. 무의식

에 저장되어 있던 종자들을 조금씩 의식의 표층으로 불러내면서 주인공은 진실에 좀 더 가까이 갈 수 있는 것입니다. 그 과정은 매우 고통스럽고 때론 외면하고 싶은 것이기도 합니다. 결국 자신을 둘러싼 세계는 자신이 저지른 업보에 의해 만들어진 세계임을 인지하게 됩니다. 한 때의 불타는 애국심이 자신을 무자비한 살인병기로 만들고 단란했던 한 가정을 파괴하였음을 알게 됩니다. 알고 보면 참으로 허망하고 꿈같은 지난날입니다. 결국 한 순간 잘못 먹은 마음이 과거부터 현재까지의 자신을 둘러싼 세계를 이루었고, 진실을 여실히 알게 된 이 순간에 드는 마음이 자신의 미래를 결정하게 되는 것입니다. 오직 느끼고 생각하는 내 주체가 이 모든 세계내 존재를 결정하는 것입니다. 이게 유식무경을 통해 유식학자들이 말하고자 했던 진실입니다.

4. 중관학에서 유식학으로, 그 주체를 찾아가는 여정

진실을 안다는 것은 사실 고통스런 것입니다. 영화 <매트릭스>에서 진실을 알게 해주는 빨간약을 먹은 네오가 기계에 지배되는 세계의 참모습을 바로 본 순간은 곧 추락하는 순간이기도 합니다. 진실을 안다는 것은 때로 저 밑바닥으로 처박히는 것과도 같습니다. 어쩌면 악취공에 빠진 중관학자들의 느낌이 그런 건지도 모르겠습니다.

하지만 진실이 드러나는 순간은 바로 나 자신이 누구이며 어디에 있는지를 깨닫는 순간이기도 합니다. 그래야만 나는 무엇이 되어 어디로 가야

하는지를 바르게 알 수 있는 것입니다. 중관학자들이 대승大乘이라는 크나큰 수레가 나아가기 위해 먼저 일체의 독단으로 쌓아올린 옹벽을 온몸을 던져 깨부수었다면, 유식학자들은 그 수레가 가야할 길을 제시해 준 것입니다. 그 이정표를 훗날 생텍쥐페리는 이렇게 말합니다.

> 사막은 아름다워. 사막이 아름다운 건 어디엔가 우물이
> 숨어있기 때문이야. 그런데 눈으로는 찾을 수 없어. 오직
> 마음으로 찾아야해.
>
> 생텍쥐페리,『어린왕자』

유식학(II) : 이제二諦와 삼성三性

1. 속제俗諦, 그 진리와 망념의 경계

모든 부처님은 이제二諦에 의존하여 법을 설하시니, 첫
째는 세속제世俗諦요, 둘째는 제일의제第一義諦이다.

『중론』

이제二諦는 속제俗諦와 진제眞諦로 중관학의 중심개념입니다. 속제는
세속제, 혹은 세제世諦, 진제는 제일의제, 또는 승의제勝義諦라고도 합니
다. 나가르주나는『중론中論』에서 "만약 이 두 가지 진리를 분별하지 못하
면 부처님의 심오한 진리를 알지 못할 것이다"라고 단언하였습니다. 그리
고는 곧장 "속제에 의지하지 않는다면 제일의제를 얻을 수 없고, 제일의제
를 얻지 못하면 열반에 들 수 없다"라고 합니다. 나가르주나의 단언과도
같이 이제를 분별하여 정확히 아는 것은 대승불교를 이해하는 가장 중요
한 관건중의 하나입니다. 그리고 그 출발은 속제를 분명히 아는 것입니다.

당唐나라 때 단하丹霞 천연 선사天然禪師가 혜림사惠林寺에서 하룻밤을 묵게 되었습니다. 때는 겨울밤, 추위를 참지 못한 스님 눈에 마침 목불이 띄었습니다. 그래서 도끼로 목불을 뽀개 불을 피웠지요. 이를 안 주지스님이 노발대발합니다. 그러자 천연스님은 아주 천연스럽게, "부처님을 태워 사리를 얻으려고 합니다"라고 대답합니다. 주지스님이 다시, "목불에서 무슨 사리가 나온다는 거요?"라고 하자, 천연스님, "그렇다면 저 두 목불도 태웁시다"라고 하였다고 합니다. 『전등록傳燈錄』에 나오는 이야기입니다. 대승불교의 공空을 직접 가르쳐주는 유명한 화두이지요. 주지의 어리석음과 천연스님의 초탈적 경지가 대비되며 통쾌함을 전해줍니다.

그런데 한 번 생각해볼까 합니다. 만약 단하 천연의 행위가 맞고, 주지의 생각이 잘못된 것이라면, 불자들은 불상 앞에 경배할 필요가 없습니다. 아니, 해서도 안 되지요. 왜냐하면 불상은 모두 허망한 것이기 때문입니다. 그러니 목불은 뽀개 장작으로 쓰고, 금동불은 녹여 놋그릇을 만드는 게 옳습니다. 과연 그럴까요? 지금 전국의 사찰에는 수능수험생을 둔 어머니들의 백일기도가 이어지고 있습니다. 이 어머니들의 기도가 한갓 허망한 어리석음일까요?

속제와 진제 모두 부처님이 설하신 진리입니다. 당연히 속제는 비록 그 말에 세속성이 있다고 해도, 결코 허망이나 망념이 아닙니다. 부처님은 다만 대상에 따라 다른 방법으로 법을 베푸신 것입니다. 속제는 세속인을, 진제는 보살이나 수행자들을 향한 말씀입니다. 대상에 따라 설법이 달라진 것일 뿐, 전혀 다른 두 개의 진리가 따로 있는 것이 아닙니다. 결국 진리는 하나입니다. 바로 진속불이眞俗不二, 중도의中道義이지요.

하지만 엄연한 차이가 있습니다. 나가르주나는 그 차이를 분별할 줄 알아야한다고 주장하는 것입니다. 그 차이는 무엇일까요? 과학적 지식, 혹은 과학적 진리를 예로 들어보겠습니다. 과학적 진리란 과학적 탐구과정을 거쳐 검증된 진리를 말합니다. 과학적 탐구란 관찰과 실험을 말합니다. 대나무와 소나무를 관찰하고, 그 성분을 실험실로 가져와 분석하여, 각각의 실체를 드러내는 것이지요. 실체는 불교로 말하면 자성自性입니다. 그러므로 과학은 대나무의 자성, 소나무의 자성을 찾아내는 것입니다. 그런데 부처님 가르침에 의하면 제법무아諸法無我, 즉 일체 존재는 자성이 없습니다. 무아론은 대승불교에서 연기성공緣起性空으로 전개되지요. 보살은 연기성공을 밝게 깨달은 사람입니다. 따라서 보살의 눈으로 보면 과학적 진리는 모두 허망이고 망령입니다.

하지만 세속의 관점에서 보면 다릅니다. 중세의 미신적 폭압과 몽매로부터 유럽인을 구한 것은 과학이었습니다. 근대과학은 신의 이름으로 자행되는 억압으로부터 인류를 구해주었습니다. 또한 과학이 발달하면서 인류는 질병과 가난으로부터 벗어날 수 있었던 것입니다. 이제 과학은 시비선악을 구분하는 가장 중요한 기준이 되었습니다. 과학을 기능주의적 측면에서 보려는 게 아니라, 과학의 진리성이 결코 작지 않음을 말하려는 것입니다.

과학이 인류를 무지몽매와 미신적 독단으로부터 해방시키기도 했지만, 반대로 그 자신이 무지몽매한 독단을 휘두르던 사례도 많습니다. 예컨대 다윈의 진화론은 천지창조설이라는 기독교의 독단으로부터 인류를 해방시켜주는데 결정적인 역할을 하였지만, 다른 한편으론 인종차별주의를 정당화하는데 악용되기도 하였습니다. 특히 19세기 후반에 등장해서 유럽

인종차별정책의 이론적 기반이 되었던 우생학優生學, eugenics은 진화론의 직접적인 영향아래에서 나온 것입니다. 우생학은 인류를 유전학적으로 개량할 것을 목적으로 창시되어, 실제로는 열악한 유전자를 가진 인구의 멸절을 정당화하는 방향으로 전개되었습니다. 반유대주의를 기치로 내걸었던 히틀러에게 우생학은 날개를 달아준 꼴이었습니다. 아니 우생학적 사고와 관념이 널리 퍼져있는 분위기에서 히틀러같은 괴물이 탄생하였다고 해야겠지요. 바로 진보와 미개, 문명과 야만이란 차별이 횡행하고, 이러한 차별주의를 정당화하는데 진화론이 악용되었던 것입니다. 사실 이런 차별주의는 현재진행형이기도 합니다. 세계 곳곳에선 여전히 정신적, 신체적 장애자들에 대한 강제불임수술이 진행되고 있고, 눈에 보이지 않는 인종차별적 장벽도 여전합니다. 그렇다면 과학은 어디까지가 진리이고 어디부터는 독단인가요? 불교로 말하면 어디까지가 속제이고, 어디부터는 허망인가요?

토마스 쿤에 의하면 과학은 발전하는 게 아닙니다. 패러다임의 변화에 맞춰 진리여부도 변합니다. 중세의 패러다임에서는 천동설이 과학이고 진리이었지만, 근대적 패러다임에서는 지동설이 그 자리를 차지합니다. 패러다임이란 사물이나 세계를 바라보는 틀, 또는 인식체계입니다. 파란 안경을 끼면 파랗게 보이고, 검은 안경을 쓰면 검게 보이는 것처럼, 어떤 패러다임을 갖고 있느냐에 따라 세계는 달리 보이는 것입니다. 우주를 천동설로 바라보면 하늘이 돌고, 지동설로 보면 땅이 돕니다. 과학의 진리성은 객관적인 사실에서가 아니라, 사실을 바라보는 과학자의 주관적인 시선에서 결정되는 것입니다. 따라서 세계가 무엇인지 묻기 전에, 먼저, 세계를 바라보는 당신의 의식이 어떤 것인지를 물어야합니다. 인도에선 일찍이 유식학자唯識學者들에 의해 이 과업이 수행되었던 것입니다.

2. 왜 이제二諦가 아니고 삼성三性인가

삼성三性은 변계소집성遍計所執性, 의타기성依他起性, 원성실성圓成實性
을 말합니다. 이 용어는 삼장법사三藏法師 현장玄奘이 번역한 것입니다.
인도의 승려인 진제眞諦, Paramārtha는 분별성分別性, 의타성依他性, 진실
성眞實性으로 번역하였습니다. 저는 진제의 번역이 더 좋지만, 대개 현장
의 번역어를 사용하므로 이를 따릅니다.

의타기성은 남에게 의지하여 생한다는 의미로, 바로 연기법을 설명하
는 것입니다. 원성실성은 원만 · 성취 · 진실이라는 뜻으로, 진여를 가리킵
니다. 진여는 여실如實, 즉 있는 그대로란 의미입니다. 진여는 연기를 연기
자체로만 보는 것입니다. 연기로만 보고 어떤 것도 더하거나 덜하지 않기
때문에 공空입니다. 연기성공緣起性空이지요.

연기법은 현실세계입니다. 눈에 보이고 손으로 만져지는 이 세계는 모
든 존재가 다 인연에 따라 생멸하며, 독립불변의 자성이 없습니다. 그러므
로 의타기성은 현실세계를, 원성실성은 현실에 대한 깨달음의 세계를 나
타내며, 각각 속제와 진제를 가리킵니다. 이를 정리하면 다음과 같습니다.

의타기성과 원성실성은 각각 속제와 진제에 연결되며 제성諦性, 즉 진
리성이 있습니다. 하지만 변계소집성은 허망한 망념으로 제성이 없습니
다. 진리가 아닌 것이지요. 따라서 유식학이 비록 삼성을 동치시키지만,

변계소집성은 의타기성과 원성실성과는 전혀 성격이 다른 것입니다. 그래서 묻게 됩니다. "유식학자들은 왜 변계소집성을 애써 구분해 내었는가?"라고 말이지요.

중관학			유식학	
			변계소집성 (분별성)	허망성 (망념)
속 제	세속제, 세제	현상계, 생멸, 연기	의타기성 (의타성)	진리성 (제성)
진 제	제일의제, 승의제	진리계, 불생불멸, 공	원성실성 (진실성)	진리성 (제성)

변계소집이란 주변을 계산하고 구분하여 집착하는 것입니다. 돌과 금을 계산하여 금에 집착하고, 미인과 추녀를 나누어 차별하는 것입니다. 따라서 공空과 유有를 나누어 공에 집착한다면, 이 또한 변계소집입니다. 이런 변계소집성은 세속의 속인들에게 거의 필연과도 같은 것입니다. 왜냐하면 돌과 금을 구분할 줄 모르고서는 이 세상을 살아갈 수 없기 때문입니다. 동화 속엔 가끔 이런 바보들의 행복한 삶이 그려지기도 하지만, 말 그대로 소설일 뿐입니다. 어쩌면 변계소집에 빠져야만 하는 게 속인의 운명인지도 모릅니다. 이런 세속적 삶을 긍정해야하는 대승불교 입장에서는 세속의 진리성과 허망성을 엄격히 구분해야할 필요가 있었을 것입니다. 더구나 중관학이 허무주의에 빠지거나, 끝없는 부정론에서 헤어 나오지 못하는 모습을 보면서 이런 분별은 더 절실해졌을 것입니다. 이것이 유식학자들이 진리[諦]라 말하지 않고, 성질[性]이라고 말하는 이유가 아닐까

요. 속제는 의타기성을 가지는 동안만 진리입니다. 변계소집이 끼어드는 순간 망념과 집착이 되어버립니다. 따라서 세속에서 살아야하는 보살들에게는 그 행위가 의타기성인지, 아니면 변계소집성인지를 분별할 줄 아는 게 수행의 첫걸음이었던 것입니다.

3. 꿈꾸는 동안은 꿈이 꿈인 줄 모른다

의사로부터 남편 루디에게 남은 인생이 얼마 없다는 말을 들은 아내 트루디는, 이런 사실을 숨기고 루디를 졸라 자식들이 있는 베를린으로 갑니다. 하지만 이미 성가한 자식들에게 늙은 부모의 갑작스런 방문은 오히려 성가신 일입니다. 노부부는 다시 바닷가로 가고, 발틱해가 보이는 한 호텔에서 트루디가 먼저 죽습니다. 아내가 죽은 후, 아내가 있던 자리가 너무 커져버린 루디는 아내의 꿈을 좇아 동경에까지 갑니다. 정해진 시간에 기차를 타고 정해진 시간에 퇴근하는 일상을 벗어나 본적이 없던 루디에게 이 여행은 엄청난 변화입니다. 발틱해에서 트루디가 "만약 우리한테 시간이 얼마 남지 않았다면 무얼 제일 하고 싶어?"라고 물을 때도, "새삼스럽게 뭘 하겠어. 늘 하던 대로 아침엔 출근하고 저녁엔 당신에게 돌아가야지"라고 대답했던 루디입니다.

루디는 아내의 옷을 입고 동경 곳곳을 보여주다가 부토[舞蹈] 춤을 추는 '유'라는 한 일본 소녀를 알게 됩니다. 유의 도움으로 아내가 그토록 보

영화 <사랑 후에 남겨진 것들>의 한 장면

고 싶어 했던 후지산에 갔지만, 산은 연무에 갇혀 형태조차 알 수가 없습니다. 여관에서 하루하루 산이 보이기만을 기다리던 중 루디는 결국 쓰러집니다. 생사의 갈림길에서 잠시 찾아온 평화. 그 밤에 후지산은 황홀한 모습을 드러냅니다. 루디는 부토댄서처럼 얼굴을 하얗게 칠한 다음, 아내가 즐겨 입던 옷을 입고 후지산이 비치는 호숫가에서 춤을 추다가 쓰러집니다.

생의 마지막 순간, 이승과의 영원한 이별을 앞두고 그 찰나의 시간이 되어서야 후지산은 자신을 드러냅니다. 영화 <사랑 후에 남겨진 것들>에서 후지산은 삶의 본질을 은유합니다. 흔히 인생은 일장춘몽이라고 합니다. 삶이 허망한 꿈인줄 어떻게 알까요? 꿈을 꾸고 있는 동안은 꿈인줄 모릅니다. 만약 인생이 꿈이라면 긴 꿈에서 깨어나는 건 죽어서야 가능한 것 아닐까요? 장자莊子는 죽음이야말로 큰 깨달음[大覺]이라고 역설합니다.

살아 있는 동안은 삶이 무엇인지 모릅니다. 삶을 모르는데 죽음인들 알 수가 없지요. 마치 후지산이 연무에 가려 있듯이 그렇게 삶의 진실한 모습은 가려져 있습니다. 사랑하는 사람이 죽고, 나 자신도 죽음이 임박해서야 비로소 삶은 그 실상을 드러냅니다.

영화에는 부토라는 일본 춤이 중요한 모티브로 작용합니다. 이 춤은 '죽음의 춤'으로 알려져 있습니다. 히쓰카다 다쓰미라는 일본인 무용수가 죽은 시체의 얼굴에서 영감을 얻어 창시했다고 하는데, 제2차 세계대전 후의 허무주의를 표현하고 있습니다.

부토는 춤을 통해 삶의 본질을 묻습니다. 무용수들이 얼굴을 하얗게 칠하는 것은 개성個性을 없애는 것입니다, 불교로 말하면 자성自性을 지우는 것이지요. 무용은 느리게 진행되다가 갑작스럽

영화 <사랑 후에 남겨진 것들>의 한 장면

게 변하는데, 평범한 일상이 예기치 못한 죽음에 직면하는 우리들의 삶을 표현하는 것으로 이해됩니다. 또한 혐오스럽고 괴기스런 춤사위는 미와 추의 경계를 허물고자 하는 의도입니다. 부토는 마치 하루살이가 영원히 살 것처럼 시비선악을 가르고, 미추호오를 구분하는 세속적 삶의 허무를 나타냅니다.

삶의 실상은 죽음을 받아들일 때에 비로소 드러납니다. 하이데거는, 죽음의 가능성에 먼저 다가갈 때, 실존의 전체성이 드러난다고 합니다. 이 말은 트루디처럼 오늘밤 잠자다가 죽을 수도 있다는 가능성을 미리 받아들일 때, 비로소 인생의 참 모습이 드러난다는 의미입니다.

영화의 원제인 'Kirschbluten'는 벚꽃, 혹은 벚꽃이 한창인 때란 뜻입니다. 일본어 Hanami花見, 영어의 'Cherry Blossoms', 모두 벚꽃이 활짝 피었다는 의미를 내포하고 있습니다. 벚꽃처럼 허망하게 지는 꽃도 없습니다. 활짝 피었다가는 단 며칠 만에 꽃바람이 날리듯 그렇게 집니다. 우리들의 생인들 크게 다를 것도 없습니다. 가족을 위해, 하고 싶은 모든 걸 은퇴이후로 미루면서 열심히 살다보면 어느새 죽음이 다가와 있습니다. 어어 하며 살다가 보니 북망산이 코앞이지요.

일상에는 의타기성과 변계소집성이 혼재되어 있습니다. 그리고 속인들

이 겪는 불행과 고통은 변계소집에서 나옵니다. 따라서 일상에서 변계소집성을 제거하면 온전히 의타기성에 의지하게 됩니다. 그럴 때 삶은 그대로 원성실성이 되는 것입니다. 이게 진속불이, 중도의입니다. 진제의 용어로 말하면 분별성이 사라지는 순간 진실성이 드러나는 것입니다.

후지산이 연무에 가려 있는 동안 사람들은 후지산을 상상하며 이 산은 어떻게 생겼고, 알프스와는 무엇이 다른지를 분별합니다. 모두가 허망이고 환상이지요. 그러다가 후지산이 드러나는 순간, 모든 분별이 사라집니다. 가슴으로 느끼고 손끝으로 전해집니다. 온몸으로 하나가 됩니다. 이게 비분별입니다. 세계의 실상은 의식으로 분별해 아는 게 아닙니다. 산과 호수에, 그리고 너에게 나를 온전히 맡길 때, 나와 너, 몸과 마음의 구분이 사라지며 하나가 되는 것입니다. 옛날 유식학자들은 요가수행을 통해서 이런 경험을 했던 것입니다. 말이 필요 없는, 하지만 너무도 분명하고 여실히 세계가 드러나는 체험을 했던 것입니다.

현대인이 천 년 전 요가수행자들이 했던 방법을 그대로 답습할 수는 없습니다. 그러나 일상이 깨달음이 되게 살 수는 있습니다. 나를 지배하던 관념을 버리기만 하여도, 마치 후지산의 연무가 걷히듯 모든 게 환해집니다. 어느 집안의 남자가 가부장적인 생각을 버리자, 아내의 감정이 느껴지고, 자식들의 말이 들리더라는 이야기는 좋은 예가 될 것입니다. 루디는 유로부터 부토를 배웁니다. 하루는 청소하다가 문득 춤동작을 취하지요. 청소가 춤이 되고, 일상이 예술이 되는 순간입니다. 하기 싫은 노동이, 하고 싶은 예술이 되는 것입니다. 똑같은 일상이지만 그 경계는 천지차이입니다.

과학이 진리와 독단을 오고가듯이, 우리들의 세속적 삶도 의타기와 변계집을 넘나듭니다. 과학이 진리로 남으려면 독단을 경계해야 하듯이, 일상이 속제가 되려면 변계집을 버려야 합니다. 유식학자들은 진리와 독단의 경계에서 무엇을 버리고 무엇을 따를 것인가를 드러내고자 했던 것입니다.

유식학(Ⅲ) : 전식성지傳識成智,
어떻게, 그리고 누구라도?

마음은 화가. 모든 세상을 그린다
『화엄경』

1. <양들의 침묵>, 양들은 비명을 멈추었는가?

다섯 번째 희생자. 여자를 납치 살해하고 살갗만 벗긴 채 버리는 연쇄살인범의 등장에 미국은 경악합니다. 이 살인범은 여자들을 성폭행하지도 않습니다. '버팔로 빌'이란 별명 그대로 범인은 다만 뚱뚱한 여자들만 골라 납치한 후 살갗을 벗겨낼 뿐입니다. 범행 동기나 범죄 유형도 전대미문입니다. 해결의 단서라도 잡을 요량으로 FBI의 행동과학부장 잭 크로포드(스콧 글렌 분)는 수습요원 클라리스 스탈링(조디 포스터 분)을 한니발 렉터(앤서니 홉킨스 분)에게 보냅니다. 한니발은 한때 정신과 의사로 명성을 날렸으나 자신의 환자 9명을 죽이고 인육을 먹은 연쇄살인범으로 체포되어 특별히 설계된 정신병원에 수감되어 있습니다.

스탈링은 어려서부터 홀로된 아빠와 둘이 살았습니다. 그녀의 나이 열 살 때, 보안관이던 아빠는 도둑이 쏜 총에 맞고…… 죽습니다. 아빠는 한 달이나 사경을 헤맸지요. 이 한 달이 어린 스탈링에겐 치유하기 힘든 트라우마로 자리 잡고 있습니다. 아빠가 죽고 스탈링은 몬타나에 있는 엄마의 사촌 집으로 보내졌습니다. 몬타나의 목장에는 말과 양이 사육됩니다. 두 달 쯤 지나 어두운 새벽녘

영화 <양들의 침묵>
포스터

에 양들의 비명소리를 듣고 잠에서 깬 그녀는 도살되는 양들을 목격합니다. 스탈링은 어린 양 한 마리를 품에 안고 도망칩니다. 열 살짜리 계집아이에게 양은 너무 무겁고 밤공기는 너무 차가웠습니다. 얼마 못가 그녀는 보안관에 끌려 집에 돌아왔고, 고아원으로 보내집니다. 이후 그녀는 밤이면 양들의 비명소리를 듣다가 깨곤 합니다.

스탈링의 이야기는 범인에 대한 단서를 얻는 댓가로 렉터 박사에게 들려준 것입니다. 렉터 박사는 천재적인 두뇌와 해박한 지식을 바탕으로 사건을 분석하고 범인의 심리를 읽어 냅니다. 다음의 범행은 어떤 것이 될 것인지를 정확히 예측할 수 있을 정도로 그의 분석은 탁월합니다. 그런 능력으로 스탈링의 마음속을 들여다봅니다. 상호간의 예의를 바탕으로 스탈링과 렉터 박사는 교감을 이어가고…… 렉터 박사의 말을 곰곰이 분석하며 스탈링은 마침내 범인을 찾아냅니다. 결국 범인을 죽이고 납치되었던 상원의원의 딸을 구해냅니다. 이제 정식 수사관이 된 스탈링! 축하연에 한 통의 전화가 걸려옵니다. 수송 중에 탈출한 한니발 렉터 박사의 목소리가 전화기를 통해 전해집니다.

이제 양들은 비명을 멈추었는가?

2. 아뢰야식 연기, 그 내가 만드는 세계

스탈링에게 아버지의 죽음은 지독한 트라우마입니다. 아버지를 생각할 때마다 먼저 떠오르는 기억은 죽음입니다. 그래서 스탈링은 아버지의 기억을 지우고 싶어 하지요. 한니발 렉터 박사를 처음 만나고 나온 주차장에서 그녀는 울음을 터뜨립니다. 주차되어 있는 자동차를 보다가 차를 몰고 집으로 돌아오던 아빠가 생각났던 것입니다. 울음은 아빠에 대한 기억을 의식 속으로 현행시켰다는 의미이며, 동시에 그동안에는 기억하지 않으려고 억누르고 있었다는 증거입니다. 그녀의 꿈에 나타나는 양들의 비명은 기실 억압된 아빠의 죽음이 투사된 것입니다. 스탈링은 아빠의 죽음을 회피하는 대신 양들의 비명 소리를 듣는 것입니다. 밤마다 악몽에 시달려야 하는 고통. 어떻게 하여야 이 고통에서 벗어날 수 있을까요?

아빠의 죽음을 받아들이기 힘든 스탈링은 아빠에 대한 기분 좋은 기억까지도 생각해내려 하지 않습니다. 아빠에 대한 기억은 그것이 좋은 것이든 나쁜 것이든 곧장 아빠의 죽음으로 이어지기 때문입니다. 하지만 고통을 회피하려는 심리가 기억을 의도적으로 억압하고, 이렇게 억압된 기억은 그녀의 무의식 속에 저장되어 있습니다. 이 무의식 속의 기억이 엄마의 사촌네 목장에서 겪었던 경험을 계기로 양들이 비명을 지르는 꿈으로 나타나는 것입니다. 영화 <양들의 침묵>에서 시종일관 전개되는 어둡고 음산한 분위기는 이런 스탈링의 내적 심리상태를 표현합니다.

스탈링은 한니발 렉터 박사의 말을 아리아드네의 실—아리아드네의 실: 그리스신화에서 테세우스가 미노스의 괴물 미노타우로스를 퇴치하러 미궁에 들어갈 때, 무사히 빠져나올 수 있도록 크레타의 공주 아리아드네가 준 실— 삼아 한 걸음 한 걸음 사건의 실체에 다가가고, 결국 이 사건을 해결합니다. 이제 비로소 양들의 비명이 들리지 않습니다. 자신을 짓누르던 고통에서 해방된 것입니다.

이를 유식학의 논리로 정리해 보겠습니다. 어린 시절 스탈링의 기억은 아뢰야식에 종자로 저장됩니다. 이 종자는 그녀의 의식에 영향을 주지요. 그녀의 악몽, 수습 수사관의 길, 그리고 불안하고 공포스런 그녀의 주변 모두가 결국 이 종자에 근원합니다. 이를 아뢰야식 연기阿賴耶識緣起라고 합니다. 즉 이 세계에서 일어나는 모든 현상은 아뢰야식에 저장된 종자의 발현이라고 보는 것이지요. 종자는 먼저 제7식인 말나식에 영향을 주고, 이는 다시 제6식인 의식, 그리고 전5식으로 발현됩니다. 이를 전변轉變이라고 합니다. 그렇게 세계는 우리들의 의식이 투영되고, 현행하고, 선과 악, 미와 추가 분별됩니다. 세계는 아뢰야식에 의지한 전변의 결과입니다.

우리들의 경험은 기억이 되고 아뢰야식에 종자로 저장됩니다. 기분 좋은 경험은 좋은 기억으로, 나쁜 경험은 나쁜 기억으로 저장될 겁니다. 그게 좋은 것이든 나쁜 것이든 종자로 아뢰야식을 물들인다는 점에서는 모두 염오식染汚識의 원인이 됩니다. 사실 종자와 연관되어 좋다거나 나쁘다는 표현은 결코 좋은 표현이 아닙니다. 왜냐하면 종자는 다만 하나의 잠재력으로서 현상의 원인이 되는 것인데, 좋다 나쁘다 하는 표현은 이미 어떤 결과를 나타내는 말이기 때문입니다. 비록 기분 좋고 선한 결과를 가져온 기억이라 할지라도, 그것이 종자로 저장되어 전변을 일으킨다면 기본적으로 염오식으로 발현된다는 점을 염두에 두어야 합니다.

　나한테는 좋은 기억이 다른 사람에게는 나쁜 결과를 가져오거나, 그 반대의 경우는 너무도 흔합니다. 요즘 우리나라는 이미 구시대의 유물이 되어 있는 이념논쟁에 사로잡혀 있는데, 이 논쟁에 이름을 올리는 사람들을 보면 대개 과거의 경험이 음으로든 양으로든 현재 그들의 사고에 결정적인 영향을 끼치고 있음을 알 수 있습니다. 그 지나간 기억이 그들에게는 얼마나 좋았는지는 몰라도 국민들에게는 혐오감을 가져다주는 행태를 하고 있는데도, 그들은 알지 못합니다. 아집我執 때문일까요? 아니면 일부러 외면하는 것인지도 모르겠습니다.

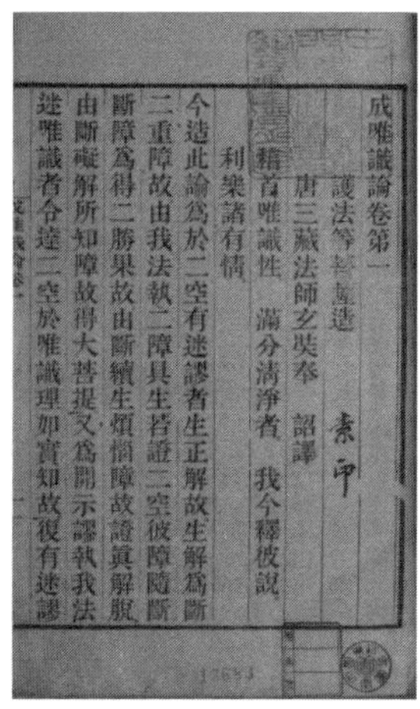

『성유식론(成唯識論)』, 유식논서로 호법(護法) 등이 짓고 현장(玄裝)이 번역하였다.

　청정식淸淨識은 아뢰야식阿賴耶識의 깨끗한 부분을 가리킵니다. 염오를 걷어내어 깨끗해진 상태로 아마라식 - 산스크리트어 'amala - vijñāna'를 음역한 것으로 청정식淸淨識 · 무구식無垢識 · 백정식白淨識 등으로 번역된다. 이 식을 진제眞諦 계통의 섭론종攝論宗에서는 8식과는 별도로 제9식으로 보지만, 현장玄裝 계통의 법상종法相宗에서는 제8아뢰야식이 깨끗해진 모습으로 이해한다. - 이라고 부르기도 합니다. 그러므로 청정식이란 다만 변계소집을 제거한 상태입니다. 그러면 의타기가 그대로 드러나지요. 과거의 기억이 소멸되는 게 아니라 기억을 그대로 바라보게 되는 것입니다.

스탈링의 고통은 과거의 기억을 애써 회피하려는 태도에서 나온 것입니다. 너무도 고통스럽기 때문에 기억에서 지워버리고 싶은 것입니다. 이게 번뇌장입니다, 아집我執으로 말미암는 거지요. 스탈링이 양들의 꿈을 자주 꾸는 이유는 고통으로부터 나를 지키고자 하는 강렬한 욕망이 있기 때문입니다. 소지장은 법집法執인데, 이는 세계가 실재한다고 믿고 집착하는 것입니다. 아我와 법法이 모두 실유實有한다는 생각에 집착함으로써 세계는 왜곡되고 진실은 가려집니다.

이 두 개의 장애를 제거하여야만 진실에 다가갈 수 있습니다. 증득證得이란 말은 산스크리트어 '아디가마adhigama'의 번역어로 '얻다'라는 의미 외에 '도달하다, 가까이가다'는 의미도 내포합니다. 그러므로 '지혜를 얻다'란 뜻의 '아디가마 보리adhigama bodhi'는 '진실에 도달하다', 혹은 '지혜에 가까이 접근하다'라는 의미로도 읽히는 것입니다. 고통에서 벗어나려면 바른 지혜를 얻어야만 하고, 바른 지혜를 얻는다는 것은 곧 진실에 다가간다는 말입니다. 스탈링이 밤마다 양들의 비명을 듣는 고통에서 벗어나려면 고통의 진실에 다가가야만 합니다. 범인을 잡기 위해서는 범인에게 가까이 다가가야 하는 것처럼 말입니다. 그리하여 범인과 마주하여야만 그를 잡을 수 있듯이 아버지의 죽음에 직면하여야만 그 죽음의 고통에서 벗어날 수 있는 것입니다.

이 일은 그 어느 누구도 대신해주지 못합니다. 오직 스탈링 본인만 할 수 있고 해야만 하는 것이지요. 한니발 렉터 박사는 스탈링에게 한편으론 범인에게 가까이 다가갈 수 있는 지혜를 주면서, 동시에 그녀의 고통의 실상을 바로 볼 수 있도록 이끌어준 멘토이기도 합니다. 그의 치밀한 계산속에 스탈링은 한 발짝 한 발짝 어둠 속에 묻어 놓았던 기억을 끄집어냅니다.

기억의 해방은 곧 고통의 해탈로 이어지는 것입니다. 마침내 온전히 기억을 다 드러내 놓고, 그 실상 앞에 섰을 때 스탈링은 비로소 자유로워집니다.

참된 진리를 얻는다는 건 곧 실상을 바로 본다는 것이고, 실상을 바로 본다는 건 실상을 가리고 있던 모든 염오染汚를 걷어내는 것입니다. 거울에 티끌이 묻으면 사물이 왜곡되거나 은폐됩니다. 거울에 묻은 더러운 자국을 하나씩 하나씩 지우듯, 스탈링은 어두운 무의식속에 묻어 둔 아픈 기억을 차례차례 밝은 햇빛 속으로 끄집어냅니다. 비록 렉터 박사의 반 강요에 의한 길이지만 회피하지 않고 그 일을 해냅니다. 그리하여 마침내 아버지의 죽음과 대면합니다.

3. 전식성지傳識成智, 멀고도 험한 길

만약 한니발 렉터 박사의 도움(?)이 없었다면 스탈링은 양들을 침묵시키지 못할까요?

지혜知慧는 진여眞如를 보는 것입니다. 이를 위해서 진여를 은폐하고 왜곡하는 일체의 염오식을 지워야 한다면, 이는 스탈링의 의식에서 아빠에 대한 모든 기억을 지우는 일을 의미하는 것일까요? 결코 아닙니다. 아빠에 대한 기억을 기억 그대로, 아빠와의 추억, 아빠의 죽음, 그 모든 기억을 기억 그대로 회상할 수 있어야 하는 것입니다. 그리하여 행복은 행복 그대로, 고통은 고통 그대로 대면할 수 있어야 합니다. 그러기 위해서는 스탈링의 마음에 변화가 일어나야 합니다. 의식이 전환되어야 하는 것이지요. 의식을 지혜로 바꾸는 일, 바로 전식성지傳識成智입니다.

유식학자들을 유가행파瑜伽行派라고 부르듯, 이들은 요가수행을 통해 전식성지가 가능하다고합니다. 유가행瑜伽行을 통해 아집을 여의고, 법집을 제거해 감으로써 궁극적으로 아법이공我法二空의 진여를 증득할 수 있다는 것이지요. 그리고 그 단계를 십지十地로 설명합니다.

또 다른 방법은 정문훈습正聞薰習입니다. 바른 진리의 말씀을 듣고 그 말씀이 아뢰야식에 저장되는 것입니다. 이렇게 저장된 종자를 정문훈습종자라고 합니다. 불교는 본래 부처님의 깨달음에 근거하여 성립된 종교입니다. 부처님이 깨달은 내용이 바로 진리이며 불교교설을 이룹니다. 따라서 불자가 진리를 증득하려면 먼저 부처님의 교설을 듣고 따라야 합니다.

그렇다면 부처님의 말씀을 전혀 듣지 못하는 사람들은 해탈할 수 없는 걸까요? 즉 정문훈습이 이루어지지 못한다면 진여에 도달할 수 없다는 말인가요? 다시 스탈링이 한니발 렉터 박사의 도움이 없었다면 양들의 비명을 잠재울 수 없을까요? 물론 불가능한 건 아닙니다. 앞에 말한 것처럼 요가수행을 통해 가능합니다. 그렇다면 요가수행은 혼자서도 가능할까요? 이 또한 불가능하지는 않을 겁니다. 다만 너무 어렵고 힘든 길이 되겠지요.

지난 시리즈19회에서 중관학이 대승을 위해 대승을 가로막고 있는 일체의 독단을 깨부수었다면, 유식학은 그 큰 수레가 나아가야할 방향을 제시하는 것이라고 하였습니다. 그리고 20회에선 유식학이 제시한 방향은 바로 주체의 의식, 즉 우리들의 마음이었음을 말했습니다. 이는 정확하고 옳은 길입니다. 스탈링이 양들을 침묵시키기 위해서 먼저 자신의 내면, 그 의식의 저 밑바닥까지 들어가야 하는 것처럼 말이지요. 그러면 이제 대승은 모든 중생을 구제할 길로 들어설 수 있는 걸까요?

적어도 한 가지 대승大乘이 진정 큰 수레가 되려면 누구라도 주체적으로 쉽게 도달할 수 있어야 합니다. 굳이 렉터 박사의 도움을 받지 않더라도 스탈링은 스스로의 힘으로 평화로운 잠을 잘 수 있어야 하는 것입니다. 정문훈습으로 전식성지하는 길, 그 길은 사실 너무도 멀고 어렵습니다. 아마 대부분의 중생들은 그 길을 끝까지 가기 힘들어 할지도 모릅니다. 결국 대승이 나아가려면 누구라도 쉽게 스스로의 힘으로 갈 수 있어야 합니다. 부처님의 말씀을 듣지 못하고, 요가수행을 하지 못하더라도 지혜를 얻을 수 있어 하는 것입니다. 한니발 렉터 박사의 도움 없이도, 스탈링이 쉽게 양들을 침묵시킬 수 있는 방법은 없을까요? 이제 우리는 유식학을 이어 이 일을 해낼 대승불자들을 기다려야 합니다.

여래장자성청정심(Ⅰ) : 왜 여래如來인가?

하늘은 그 마음으로 만물을 두루 덮어도 무심하고,
성인은 그 정으로 만물을 따라도 무정하다.
정명도程明道

1. 성인은 아무나 되나?

1175년 중국의 강서성 연산현江西省 鉛山縣에 있는 아호사鵝湖寺에 당대의 석학 두 사람이 만납니다. 주자朱子와 육상산陸象山. 주자는 성리학을 집대성하여 이른바 주자학을 완성한 바로 그 주자이고, 육상산은 명明대의 왕양명王陽明과 병칭하는 육왕학陸王學의 창시자입니다. 이들은 이곳에서 사흘을 머물며 토론과 논쟁을 이어갔습니다. 이를 '아호의 회담[鵝湖之會]'이라고 합니다. 물론 만남 전에 두 사람은 서신을 통하여 상당한 논변을 진행하고 있었지요. 그러다가 마침내 직접 만난 것입니다. 양쪽 공히 수백 명의 제자들과 수많은 학자들이 모인 자리에서 말입니다.

토론 주제는 주로 공부에 관한 것이었습니다. 주자는 사물의 이치를 하나씩 하나씩 탐구해 가다 보면 어느 순간 활연관통豁然貫通하게 된다고 하였고, 육상산은 자신의 마음으로 들어가 마음수양에 힘쓰는 것이 곧 우주의 이치를 깨닫는 바른 공부라는 주장을 펼쳤습니다. 주자의 입장을 객관인식론이라고 한다면, 육상산의 경우는 주관유심론이라고 할 수 있겠지요. 이들은 각각 전자는 이학理學으로 후자는 심학心學으로 발전하며, 중국은 물론 한국과 일본의 사상계와 문화에 심대한 영향을 끼칩니다. 조선은 특히 주자학의 영향을 강하게 받았고, 중국과 일본은 육왕학을 추구하였습니다.

논변은 일방의 승리와 패배로 끝나지 않았습니다. 회담장에는 두 사람의 서로를 향한 존경심이 흘러 넘쳤지만, 또한 타협할 수 없는 거리가 있음을 확인하는 자리이기도 하였습니다. 회담이 끝나고 주자는 육상산을 향해 너무 간이簡易하다고 했고, 육상산은 주자를 향해 너무 지리支離하다고 하였지요.

확실히 주자학은 복잡하고 어렵습니다. 어느 세월에 그 많은 사물의 이치를 다 알아내고, 어느 겨를에 활연관통한단 말인가요? 말이 활연관통이지 그게 말처럼 쉬운가요? 설혹 어렵게 도달했다 해도 다 늙어 죽기 직전에 깨달아서야 무슨 소용인지? 아니 그나마 죽기 전이라도 알면 다행이지만, 그렇지도 못하고 평생공부 도로아미타불 되면 이 또한 어떻게 하나요? 결국 주자의 문제는 깨달음에 이르는 과정이 너무 어려워서 아무나 도달하지 못한다는 데에 있습니다. 치열한 탐구정신과 엄격한 도덕성으로 무장하고 수십 년에 걸친 수행을 거쳐도 보장할 수 없는 것입니다.

육상산은 주자의 문제를 지적하며 누구라도 쉽게 성인이 될 수 있는 길을 열고자 하였습니다. 사실 육상산이 열어놓은 길은 이미 맹자가 밝힌 길이기에, 상산 자신도 맹자를 직접 이었다고 자부하였습니다. 맹자의 주장을 간단히 요약하면 다음과 같습니다.

누구라도 요순堯舜이 될 수 있다. 요순이 사람들과 무엇
이 다르겠는가? 다른 사람들과 똑같다. 무거운 쇳덩어리
를 힘이 없어서 들 수 없다고 하면 과연 그렇겠지만, 가벼
운 깃털 하나를 힘이 없어 들 수 없다고 하면, 이는 하지
않는 것이지 하지 못하는 게 아니다. 요순의 도는 효제孝
悌일 뿐이다. 어른을 공경하고 아랫사람을 사랑으로 대
하는 것이다, 이는 알기 어려운 것도, 행하기 불편한 것도
아니다. 누구라도 쉽게 알 수 있고, 쉽게 실천할 수 있는
것이다.

요임금과 순임금은 유교에서 가장 숭앙하는 성인이지요. 그런 성인의
경지를 누구라도 쉽게 도달할 수 있다는 것입니다. 마치 깃털 하나를 드는
것과도 같이 쉬운 것이어서, 이를 어려워서 못한다고 하면, 이는 안 하는
것이지 못하는 게 아니라는 주장입니다. 그것은 사람이라면 누구나 태어
날 때부터 가슴 속에 지니고 있는 사랑의 마음을 실천하면 된다는 것입니
다. 바로 공자가 말하는 인仁을 실천하는 것입니다. 사랑을 실천하는 것도
어려운 게 아닙니다. 어른을 공경하고 아랫사람을 보살펴주는 것. 폐지를
줍는 할머니에게 폐지를 모았다가 주는 것입니다.

2. 성인은 누구라도 될 수 있다

공부工夫는 쉬워야 합니다. 공부는 어떤 목표를 이루기 위하여 투입하
는 공력을 말합니다. 책과 씨름하며 밤을 새우는 노력도 공부고, 깨달음이
나 해탈을 위한 수행도 공부입니다. 기독교에서 구원을 얻기 위해 기울이

는 정성과 수고도 물론 공부입니다. 그런데 공부가 어려우면 도달하지 못하는 사람들이 많아집니다.

주자의 문제는 공부방법이 너무 어렵다는 것입니다. 그 이유는 ①성인의 경지에 오르기 위한 근거가 주체의 안과 밖으로 이원화되면서, ②이론체계가 너무 방대하고 분석적으로 되었기 때문입니다. 성인이 되는 길은 주체인 '내'가 걸어 가야할 길이고, '나'의 문제임을 주자도 충분히 인지하고 있으며, 이에 대한 정밀한 분석을 가합니다. 하지만 그 근거가 주체와 외부사물로 이원화되다보니 무엇이 선이고 무엇은 악이며, 무엇은 옳고 무엇은 그른지를 엄격히 구분하지 않으면 안 되는 것입니다. 이런 엄격한 구분을 통해 악이 선을 침범하거나, 추醜가 미美를 가리는 일이 없도록 하여야 하는 것입니다.

북송北宋의 낙양洛陽에 정명도程明道와 정이천程伊川 두 형제가 있었습니다. 이들은 이정二程이라 불리며 이른바 낙학洛學을 이루었습니다. 하루는 두 형제가 연회에 초대되었습니다. 술잔이 돌고 취기가 도도해져 가자, 형 명도는 다른 사람들과 함께 기생들과 어울려 진탕 놀았습니다. 하지만 동생 이천은 꼿꼿한 자세를 잠시도 흐트리지 않았지요. 마침내 술자리는 파하고 형제는 집으로 돌아갔습니다. 이튿날 정이천이 형 명도를 찾았습니다.

이천 : 형님! 도학자道學者가 되어 어찌 그러실 수 있소?
        기생들과 말이요!
명도 : 너는 아직도 기생 끌어안고 있냐! (난 벌써 잊었
        다.)

겸재 정선의 <정문입설도>. 초옥 안엔 정이천이 있고, 양시와 유초가 기다리고 있는데 눈이 한 자나 쌓여 있다. 주자는 양시와 유초가 방 안에서 기다리다가 밖으로 나와 보니 눈이 쌓여있었다고 서술하였다.

정문입설程門立雪이란 고사가 있습니다. 양시楊時와 유초遊酢 두 사람이 정이천程伊川을 스승으로 모시고 있었습니다. 하루는 스승을 기다리고 있었는데, 마침 이천은 정좌 중이었습니다. 두 사람은 스승을 깨울 수가 없어 그대로 선 채 기다렸고, 기다리던 중에 눈이 내렸습니다. 정이천이 깨어보니 눈이 한 자나 쌓이도록 두 사람은 그대로 서 있었다는 얘기입니다. 이 고사는 흔히 스승에 대한 제자의 지극한 공경심을 표현하는 이야기로 회자되지만, 한편으론 정이천의 평소 태도가 얼마나 엄격하였는가를 나타내는 좋은 보기라 할 수 있습니다. 형 명도가 봄바람에 화기애애하였다면, 동생 이천은 가을 삭풍 같고 차가운 얼음 같은 기풍이라고 하겠습니다. 이런 정이천은 주자를 단번에 사로잡습니다. 주자는 정이천의 책을 한 번 보고 평생 마음의 스승으로 삼습니다. 주자학에는 정이천의 영향이 매우 짙게 드리워져 있어서, 주자학을 흔히 정주학程朱學이라고도 부르기도 합니다.

북송에는 다섯 명의 뛰어난 성리학자가 있었습니다. 주렴계周濂溪, 장횡거張橫渠, 소강절邵康節, 그리고 정명도와 정이천, 이 다섯 사람을 가리켜 흔히 북송오자北宋五子라고 합니다. 한번은 장횡거가 정명도에게 편지를 보냅니다. 편지에는 "본성이 안정되더라도 움직이지 않을 수 없으니 외물에 구속되는 누를 피할 수 없는 것에 대해 어떻게 생각하십니까?"라는 횡거의 물음이 있었지요. 이에 대한 답장이 정명도의 「정성서定性書」란 글입니다. 횡거보다 한참 후배인 명도는 이렇게 말합니다.

> 이른바 안정이란 움직일 때도 안정되고 고요히 있을 때도 안정되어 보내고 맞이함에 안과 밖이 없는 것입니다. 만약 외물을 나의 밖으로 여겨서 나를 끌어다가 외물을 따른다면 이는 자기의 본성을 안과 밖으로 나누는 것입니다. …… 이미 안과 밖으로 두 가지 근본을 삼았다면 어찌 안정되었다고 말할 수 있겠습니까.

우리는 사물에는 사물 고유의 특성이 있어서 이를 아는 것이 그 사물을 아는 것이라고 생각합니다. 꽃에는 꽃의 속성이 있으니까 우리는 "이것은 꽃이다"라고 판단하는 것입니다. 이렇게 꽃의 특성을 알고, 봄에는 피었다가 가을에 열매를 맺는 이치를 찾아가며, 꽃에서 나무로, 나무에서 새와 온갖 짐승들로 넓혀가며 이치를 깨달아가다 보면, 어느 날 문득 활연관통, 깨달음의 경지에 이른다는 게 주자의 생각입니다. 그리고 술자리의 정이천은 외부환경과 자기 자신을 엄격히 구분하고 외부로부터 자신을 지켜냅니다. 외물에 깨끗한 본성이 더럽혀지지 않도록 하는 것이지요. 잠시라도 조심하지 않으면 안 되는 일입니다. 이 공부가 어찌 어렵지 않겠습니까. 그런데 정명도는 이런 공부는 안과 밖, 주체와 객체를 나누는 것이기 때문에 결코 성인의 경지에 이를 수 없다고 말합니다.

3. 양지, 배우지 않고 아는 힘

유식학唯識學이 너무 어려운 길로 접어든 이유도 이와 유사하다고 생각
됩니다. 아뢰야식은 본질적으로 염정혼합식染淨混合識입니다. 그러다 보
니, 무엇이 더러운 염식이고 무엇이 깨끗한 정식인지를 분명히 나누어 염
식은 제거하고 정식만을 유지하는 일이 중요한 공부가 됩니다. 결국 유식
학의 이론체계에는 이 문제가 매우 엄밀하게 서술되어야 하고, 아뢰야식
의 속성상 정문훈습에 의존하지 않을 수 없게 됩니다. 정문훈습은 해탈의
근거가 밖에 있는 것이고 깨달음의 주체는 여전히 '나'이므로, 이렇게 안
과 밖으로 근거가 이원화되면, 이를 일원화시켜야하는 과제가 유식학자들
에게 주어지는 것입니다. 외람되지만 이 숙제는 유식학 안에서는 풀기 어
렵습니다.

안과 밖으로 이원화되든, 아님 밖으로 일원화되든, 해탈의 근거가 밖에
있으면 결코 대승이 되지 못합니다. 불교의 성불이든, 유교의 성인의 경지
이든, 혹은 기독교의 구원이든, 그 목표에 도달하는 길이 밖에 있으면, 그
길은 매우 어렵고 복잡해집니다. 기독교는 주체 밖에 있는 절대적 초월신
에 구원을 맡겨놓았기 때문에 그 신에 매달리지 않으면 안 되는 구조가 되
고 맙니다. 그리하여 신을 믿느냐 안 믿느냐로 세계를 나누는 엄청난 우를
범하게 되지요. 사람 모두가 각자 스스로의 힘으로 구원이 가능하다면 신

이 다르다는 이유로 사람을 죽이는 일은 일어나지 않았을 것입니다.

진정한 깨달음의 근거는 주체 안에 있습니다. '내' 안으로 들어가면 거기에 해탈의 문이 있고, 성인의 길이 놓여 있습니다. 구원의 사다리 또한 거기에 있고, 또 그래야만 합니다. 정명도에 의한다면 억지로 찾을 필요도 없고, 강제로 막아서도 안 되는 것입니다. 그건 누구라도 태어나면서 다 갖고 태어난 지혜이고 능력입니다. 이게 맹자의 양지良知 · 양능良能이라고 하였습니다.

4. 죽은 사람이 없는 집은 한 곳도 없나이다

부처님께서 기원정사에 계실 때였습니다. 한 여인이 어렵게 외아들을 얻었는데, 그 아들이 그만 병으로 죽고 말았습니다. 여인은 슬픔에 거의 반 미쳐갔습니다. 여인은 부처님을 찾아가 아들을 살려달라고 요청합니다. 그러자 부처님께서 말씀하셨습니다.

> "여인이여, 아들을 살리고 싶다면 죽은 사람이 없는 집의
> 겨자씨를 얻어 오너라."

어디에 죽은 사람이 없는 집은 있겠습니까. 결국 찾다가 못 찾고 지친 여인은 부처님에게 돌아가 말하지요.

> "세존이시여. 죽은 사람이 없는 집은 한 곳도 없나이다."

만약 부처님이 여인의 슬픔에 끌려 같이 울며 슬픔을 함께한다면 여인의 고통이 해결될까요? 아마 여인은 위로를 받고, 힐링이 되어 얼마간 고통을 해소한 채 집으로 돌아가 그날은 조금은 편한 잠을 잘 수 있을 것입니다. 하지만 이게 과연 여인을 고통으로부터 해탈에 이르는 바른 가르침일까요?

부처님은 이 세상에 죽지 않는 사람은 아무도 없다는 사실을 바로 알게 합니다. 어찌 보면 매우 냉정한 처방입니다. 한마디 위로 말도, 따뜻한 손길도 없습니다.

> 무릇 천지는 그 마음으로 만물을 두루 덮어도 무심하고,
> 성인은 그 정으로 만물을 따라도 무정하다.
>
> 정명도,『정성서』

하늘은 만물을 낳고 길러도 무심합니다. 무심히 꽃이 피고 열매가 맺힐 따름이지요. 성인은 만물을 거역하지 않습니다. 기쁜 일엔 기쁨으로 슬픈 일엔 슬픔으로 응할 뿐, 자신의 감정은 없습니다. 여인의 지독한 슬픔 앞에서 부처님은 아무런 감정을 드러내지 않습니다. 다만 여인으로 하여금 그 슬픔의 본질을 보게 할 따름입니다. 그리하여 지독한 슬픔으로부터 근원적으로 벗어나게 해주지요. 어떻게 이게 가능할까요? 부처님은 실상을 바로 보게 함으로써 해탈의 근거가 밖이 아니라 여인의 마음 안에 있음을 스스로 깨닫게 하는 것입니다. 이게 큰 사랑입니다.

5. 왜 여래인가

가수 김국환씨가 부른 <타타타>란 노래가 유행한 적이 있습니다. '타타타tathata'는 '그와 같이', 혹은 '있는 그대로'란 의미의 산스크리트어입니다. 여기에 '옴', 혹은 '온 자'란 의미의 '아가타agata'란 말을 합하면 '타타가타tathagata'란 합성어가 만들어집니다. 그러므로 '타타가타'는 '온 그대로', 혹은 '온 그대로인 자'란 의미이며, 이를 한자로 여래如來라 번역하였습니다.

죽음의 슬픔은 외아들을 잃은 여인의 고통에서 충분히 느낄 수 있습니다. 부처님이 여인에게 제시한 해법은 죽음을 죽음 그대로 보라는 것입니다. 태어남이 있으면 반드시 죽음이 있고, 꽃이 진 자리에 열매가 맺는 법입니다. 이게 바로 '타타타', 있는 그대로의 모습입니다. 그런데 사람들은 삶을 기뻐하고, 죽음을 슬퍼하니, 이는 삶과 죽음에 기쁨과 슬픔의 관념을 더한 것입니다. 여래는 꽃이 피면 피는 그대로, 꽃이 지면 지는 그대로 관조하는 자입니다. 부증불감不增不減. 더할 것도 덜 것도 없이 생긴 그대로를 보는 자 입니다.

유식학은 무엇이 더해지고 무엇이 덜어지는지를 분석함으로서 세계는 결국 나의 의식이 만들어 내는 거대한 그림임을 밝혀냅니다. 유식학에 의한다면 우리들의 의식에는, 색칠하고 그 위에 덧칠하고 다시 또 덧칠한 그림들이 층층히 쌓여 있는 것입니다. 따라서 덧칠을 지워 본래의 깨끗한 바탕을 회복하는 일이 유식학의 중요한 공부가 됩니다. 하지만 여래장사상은 굳이 지우려고 하지 않습니다. 온전히 내 안으로 들어와 본래 하얀 바탕 그대로를 만나고자 하는 것입니다.

여래장자성청정심(Ⅱ) : 자성自性은 아我가 아닌가?

1. 보편종교로써의 불교, 성불의 근거는 초월적이며 선천적이어야 한다

종교는 인류와 함께 시작하였습니다. 고대인들은 하늘에서 내려치는 번개를 보며 신의 권능을 상상했고, 한겨울의 추위를 이겨내고 새봄에 돋는 새싹에서 신의 섭리를 생각했습니다. 고대인의 종교성은 그들이 처했던 환경과 어울려 특유의 종교형태를 갖추게 됩니다. 이런 원시종교가 고대원시문화를 구성하는 주요한 특징이라고 보면, 지구상엔 존재했던 종족의 수만큼이나 많은 종교가 있었다고 말할 수 있습니다. 그 많은 종교 중에 아주 특별한 몇몇 종교만이 세계인이 다함께 믿는 종교, 이른바 세계종교로 발전하였습니다. 세계종교란 특정 인종이나 민족을 초월하여 세계인이 공통으로 믿을 수 있는 종교를 가리킵니다. 기독교, 이슬람교, 불교, 유교 등등의 몇몇 종교만이 이 이름으로 불리어지고 있습니다.

원시종교나 민족종교가 세계종교가 되려면 반드시 거쳐야만 하는 과정이 있습니다. 교리의 보편화과정이지요. 피부색이 다르고 언어와 전통이 다른 사람들이 공통의 신앙을 갖는다는 게 쉬운 일이 아닙니다. 뜨거운 신앙심만으로 되는 게 아닙니다. 반드시 보편적인 교리체계를 갖추어야만 가능한 것입니다. 세계종교가 되려면 오랜 시간을 두고 진행되는 보편화과정은 필연입니다. 기독교의 경우 이스라엘 민족의 민족종교에서 보편종교로 변신하는 과정은 치열한 논쟁의 과정이었습니다. 무수히 많은 토론과 공회公會를 거치며 어떤 이론은 살아남고 어떤 건 사라져갔습니다. 이렇게 존몰存沒이 교차하며 기독교교리는 체계화되고 보편화되었습니다. 이 과정에서 교부철학자 아우구스티누스의 역할이 결정적이었기에 지금도 기독교에서 아우구스티누스는 가장 위대한 성인으로 추앙되는 것입니다.

불교도 같은 과정을 거칩니다. 대승불교의 출현은 불교가 본격적인 세계종교로의 도약을 시도하였음을 보여주는 것입니다. 중관학中觀學이 소수에게 독점되는 종교성을 혁파함으로써 그 보편화의 길을 열었다면, 유식학唯識學은 중생 하나하나가 우주의 주체임을 천명함으로써 보편적인 성불의 길을 열었던 것입니다. 유식학에 이르면 우주는 내가 그리는 대로 그려집니다. 우주를 향기 가득한 연화장의 세계로 그리는 것도, 악취가 진동하는 지옥으로 만드는 것도 결국 나의 문제입니다. 이때의 '나'는 보편적 주체임에 틀림없습니다. 하지만 보다 철저하게 이 길을 가지는 못했습니다. 성불에 도달하기까지 많은 제약이 있어서는 또 다른 차별이 되고 마는 것입니다.

보편종교가 되려면 무엇보다도 목표에 도달하는 길이 쉬워야만 합니다. 그 목표가 기독교적 구원이든, 불교적 깨달음이든, 넘기 힘든 장애가 놓여있다면 이 또한 차별입니다. 선택받은 소수만이 가능한 것이라면 결코 온전한 세계종교가 될 수 없습니다. 예컨대 기독교가 진정한 세계종교로 서고자 한다면, 먼저 선민의식을 완전히 버려야만 합니다. 그리고 더 나아가 기독교를 믿지 않는 사람까지도 구원받을 수 있는 교리가 갖추어져야 하는 것입니다. 이런 면에서 대승불교는 유식학 이후에 또 다른 교리를 필요로 하는 것입니다.

인도 대승불교는 중관학, 유식학, 여래장사상의 세 갈개가 있습니다. 학자에 따라서는 중관학과 유식학이 주류이고, 여래장계통은 비교적 미미했던 것으로 보는 분도 있습니다. 발생 시기에 대해서도 중관학 다음에 유식학이, 그리고 이어서 여래장사상이 등장하는 것으로 보는 분도 있고, 동시발생을 주장하는 분도 있습니다. 저는 중관학이 처음 나오고 이에 대한 비판으로 유식학이 등장하여 양대 흐름을 형성한 이후에 여래장사상이 출현하는 것으로 이해합니다. 이는 철저한 고증과 깊은 문헌분석을 통해서라기보다는, 인류 지성의 보편적인 흐름상의 이해입니다.

중국의 현대신유학자인 머우쫑싼[牟宗三]선생은 종교적, 혹은 형이상학적 교의는 반드시 초월적이며 선천적인 근거가 갖추어지는 방향으로 나아가야한다고 합니다, 즉 구원이든 깨달음이든, 그 근거가 초월적이며 선천적으로 주어져야 한다는 것이지요. 여기에서 초월적이라 함은 어떤 상태나 조건에 구속되어서는 안 된다는 의미이고, 선천적이어야 한다는 것은 후천적인 노력의 결과가 아니라 선천적으로 가능해야 한다는 의미입니다. 예컨대 반드시 선지식의 도움이 있어야만 성불이 가능하다든가, 교회에 나가지 않으면 구원이 불가능하다면, 이는 조건이 붙는 것으로, 후천적이며 경험적인 것입니다. 따라서 초월적이고 선천적이어야 한다는 말은 아무런 조건 없이 누구라도 오직 본인의 선천적인 힘만으로 가능해야 된다는 말입니다.

> 자성적으로 처음과 중간, 끝이 없기 때문에 만들어지지
> 않은 것이며,
> 적정한 법의 핵심이기 때문에 노력 없이 이루어진다고
> 전해졌다네.
>
> 『보성론』

후천적으로 만들어진 것이 아니기 때문에 선천적이며, 이런 선천성을 자성적自性的이라고 언표하는 것입니다. 이것이 법의 핵심, 즉 모든 존재의 근거를 이루며, 그 근거는 아무런 노력 없이도 선천적으로 주어지는 것입니다.

> 세존이시여! 그는 죽었다거나 그는 태어났다고 하는 이
> 것은 세간의 언어용법입니다. 세존이시여! 죽었다는 것
> 은 감각기관의 손상입니다. 세존이시여! 태어났다는 것
> 은 새로운 감각기관이 생기한 것입니다. 세존이시여! 여
> 래장은 결코 태어나지도 않으며 늙지도 않으며 죽지도
> 않으며 떠나지도 않으며 생겨나지도 않습니다. 그 이유
> 는 무엇입니까? 세존이시여! 유위의 특질을 초월해 있는
> 여래장은 상주이며 항구적이며 적정하고 영원합니다.
>
> 『보성론』

모든 존재는 태어나고 죽습니다. 그러나 이런 존재 자체의 생사존멸은

세간에서 사용하는 언어에 불과합니다. 불교의 인식에 의한다면 생멸은 다만 감각기관의 생멸에 불과합니다. 감각기관은 경험이 이루어지는 곳입니다. 경험한다는 것은 눈으로 보고 귀로 듣는, 즉 감각기관을 통해 외부사물을 수용하는 것입니다. 그러므로 생멸은 경험적인 것입니다. 이렇게 태어나 늙고 병들어 죽는 현상, 즉 유위법은 경험적이고 후천적인 것입니다. 따라서 여래장이 유위법을 초월한다는 말은 곧 경험적이거나 후천적인 게 아닌 선

『보성론』. 여래장계통의 논서로 유일하게 온전한 산스크리트본 남아있다.

천적이며 초월적인 것이라는 의미입니다. 이런 선천성과 초월성을 상주불변, 적정영원으로 표현하고 있는 것입니다. 인도대승불교에서 여래장계통에 와서야 초월적이며 선천적인 성불의 근거가 비로소 구체화되는 것입니다.

2. 자성自性은 아我가 아닌가

여래장如來藏은 타자에 의지하여 만들어지는 것이 아니기 때문에 자성自性입니다. 그런데 만약 어떤 조건이나 상황논리에 따라 자성의 발현이 제한될 수 있다면, 이는 차별입니다. 따라서 여래장자성은 어떤 조건이나 상황에 따라 변질되거나 왜곡되어서는 안 됩니다. 언제나 그 상태 그대로 존재하여야 하는 것입니다. 이런 특성을 상주불변常住不變이라고 하는 것

입니다.

그렇다면 자성은 아我, atman가 아닌지요? 이른바 독립불변의 실체實體인 아와 무엇이 다르단 말입니까? 만약 다르지 않다면 이는 부처님의 제1교설인 무아설無我說에 정면으로 배치되는 주장이 아닐 수 없습니다. 주지하다시피 무아설은 연기설과 더불어 불교교설의 양대 축을 이루는 가장 중요한 교리인데, 이와 정면으로 배치된다면 심각한 교리훼손이 아닐 수 없습니다.

이런 논리적 모순 때문에 어느 학자는 여래장사상은 불교 사상이 아니라는 극단적인 주장까지 하게 됩니다. 그 정도까지는 아닐지라도 상당수의 불교학자들은 여래장사상이 비불교적인 요소, 특히 인도 정통의 브라만교가 주장하는 범아일여梵我一如사상과 이를 바탕으로 하는 베단타철학의 영향을 받은 것으로 이해하기도 합니다.

불교가 당시 인도의 주요 사상이나 종교의 영향을 받는 것은 결코 어색하지 않습니다. 이는 매우 자연스런 현상이고, 조금도 나쁜 게 아닙니다. 다만 그 영향이 불교의 본질까지 왜곡하거나 훼손한다면 이는 분명히 문제가 되는 것입니다. 이제 초월적이며 선천적인 성불의 근거를 갖추면서 교주인 부처님의 교설과 모순을 일으키지 않아야 하는 과제가 대승불자들에게 놓여진 것입니다.

> 공성空性을 확신하지 못하는 자는 비불교도와 다르지 않다.

> 나는 그들의 스승이 아니며, 그들은 나의 제자가 아니다.
> 샤리푸트라여! 나는 그들이 어둠에서부터 어둠으로, 내

적인 무지로부터 더 커다란 무지로 가는 자들이며, 어둠
을 더욱 증대시키는 자들이라고 말한다.

『보성론』

여래장자성이 실체로 존재한다고 보는 자들에 대해 거의 저주와도 같
은 비난입니다. 『보성론寶性論』에 드러난 여래장사상은 어떤 형태로든 결
코 실재론이 아닙니다. 따라서 여래장을 실유형태로 해석하는 어떤 이론
도 다 잘못된 것이라고 저는 생각합니다.

> "여래장 사상은 ……대승불교정신의 기본이념을 형이
> 상학적으로 기초 다지려는 하나의 시도인 것이다. 그럼
> 으로써 절대적인 것은 필히 긍정적인 것으로 되고 붓다
> 를 구성하는 무수한 공덕의 담지자가 되는 것이다. 이 공
> 덕은 본래 산출된 심적 요소이지만 이제 절대적인 것의
> 무위적 본성 속에 용해된 것이다. 비로소 이런 구체적인
> 공덕의 용해를 통해 여래장 문헌에게 있어 절대적인 것
> 은 동시에 불성으로서, 그럼으로써 해탈하지 못한 중생
> 의 구제를 위해 작용하는 것으로 사유하는 것이 가능해
> 졌다. 이러한 작용성이야말로 여래장 문헌의 절대적인
> 것을 아드바이타 베단타의 완전히 정적靜的인 '이기적인'
> 절대자와 구별시키고 진실로 불교적으로 만드는 점이다.

『보성론』

형이상학적으로 기초를 다진다는 말은 곧 교리의 보편화를 시도한다는
말입니다. 대승불교정신이란 일체중생을 고통에서 구제하고자 하는 정신
입니다. 누구든지 어떤 경우라도 피안彼岸에 도달할 수 있는 논리체계를
세우는 과정에서 여래장사상이 등장하는 것입니다. 이 과정에서 부딪히는

문제들을 당시의 불자나 논사들은 어떻게 극복하고 어떻게 대응하였는지를 살피며 그 의미를 추적하여야 하는 것입니다.

여래장 사상은 반드시 붓다 교설 안에서 독해되어야만 합니다. 붓다의 가르침인 무아설을 부정하거나 벗어나는 것으로 이해하는 것은 사상발전의 맥락을 이해하지 못하는 것입니다. 이것이 불교 밖에 아무리 비슷한 사상이나 이론이 있다고 하여도 함부로 끌어들일 수 없는 이유입니다. 표면상의 유사함에 현혹되지 않고 그 차이를 분명히 이해하여야만 합니다.

여래장자성如來藏自性은 베단타철학과 매우 유사합니다. 하지만 이는 외견일 뿐 내면적으로 큰 차이가 있습니다. 슈미트하우젠은 베단타의 절대자, 즉 초월적이며 선험적인 존재는 완전히 정적이며 이기적인 것으로 여래장과는 현격한 차이가 있음을 말합니다. 여래장은 동적動的이며 이타적인 것입니다. 여래장자성은 고통에서 벗어나지 못하는 중생에 대한 무한한 자비심이며, 이들 모두를 구제하겠다는 지극한 이타심이며, 반드시 구체적인 행위로 실현되는 역동적인 열정입니다. 여기에는 어떠한 번뇌도 자리하지 않는 지극히 깨끗한 것이기에 여래장자성청정심如來藏自性清淨心이라고 하는 것입니다.

3. 여래의 세계, 부정에서 절대긍정으로

여래장사상은 대승불교 <인간학>의 한 축을 이루고 있는 것으로 이해되어야 한다. 성불의 당위성을 대전제로 하면서 한편으로 유식학이 인간의 미혹된 현존으로부터

따지고 보면 붓다도 인간인데 나와 다를 게 뭐 있겠습니까? 나도 얼마
든지 붓다가 될 수 있지요. 유교의 맹자는 누구라도 요순이 될 수 있다고
하였습니다. 불교도 마찬가지입니다. 누구는 되고 누구는 안 된다는 사상
은 지극히 천박한 것입니다. 생각해 보면 너무도 간단한 건데, 여기까지
혹 너무 먼 길을 돌아온 것은 아닐까요?

불교가 추구하는 해탈을 현대적 용어로 말한다면 완벽한 자유입니다.
이를 절대자유라고 말할 수 있을 겁니다. 그 어떤 사상이나 관념에 구속되
지 않고 완전히 자유로운 경지가 곧 여래의 경지입니다. 이를 위해 불교는
종교나, 사상, 어떤 이념이나 관념에 의해 야기되는 일체의 독단과 억압을
부정합니다. 심지어 대부분의 종교가 갖고 있는 신성神性마저도 거부합니
다. 이것이 불교가 무신론적 교리체계를 갖추게 되는 이유입니다.

이런 태생적 특성이 불교교리가 부정론, 즉 "~이 아니다"라는 형태로
기술되게 하는 것입니다. 대부분의 종교는 "~이다"라는 긍정론으로 서술
됩니다. 존재론적 사유에 따른 실유형태의 교리체계를 이루고 있기 때문
입니다. 예컨대 어떤 절대적인 신이 존재한다고 보고, 신은 "~이고, ~이
다."라는 형태로 기술되는 것입니다. 반면에 불교는 이런 관념, 즉 신이 존
재한다든가, 혹은 어떤 불변의 실체가 있다는 생각을 망념으로 간주합니

다. 이런 망념을 깨기 위해서 "~아니다"라는 형태의 기술을 하게 되는 것입니다. 시종일관 이런 부정론으로 무장한 대표적인 불자들이 바로 중관학자들이며, 유식논사들도 같은 맥락에 있다고 하겠습니다. 중관학은 일체의 독단을 깨뜨리기 위해서 그리고 유식학은 인간실존의 미혹을 씻어내기 위해서 이들은 부정론적 논리를 구축해 가는 것입니다.

반면에 여래장사상은 긍정론입니다. 같은 인간으로써 붓다와 조금도 다를 게 없는 성불의 가능성을 직접 제시하며 스스로를 믿으라고 말하는 것입니다. 슈미트하우젠에 의하면 불교교리는 크게 두 방향, 즉, 부정적-주지주의적negative-intellectualist 경향과 긍정적 - 신비주의positive-mystical 경향이라는 두 방향으로 전개된다고 합니다. 중관학이나 유식학이 전자를 대표한다면, 후자의 대표는 여래장사상입니다.

하나의 종교나 사상은 시간이 지나면서 다양한 해석과 이해를 낳습니다. 나아가 서로 다른 해석과 이해 간에 치열한 논쟁도 일어납니다. 그리하여 정통과 비정통을 나누고, 그런 와중에 이단異端이 발생합니다. 이 모든 현상은 사상이 전개되어 나가는 필연적 과정입니다. 그렇다면 여래장사상은 정통인가요? 아님 이단인가요? 한 가지 분명한 건 부정은 절대긍정을 향할 때 의의가 있다는 것입니다. 붓다의 무아설도, 나가르주나의 팔불설도, 절대긍정의 세계를 위한 것입니다. 일체의 구속으로부터의 해방, 그 어떤 이념이나 사유에 의해서도 장애되지 않는 경지, 이를 절대자유의 경지라고 한다면 여래장사상은 그 경지를 직접 제시하였던 것입니다.

> 여래장 또는 불성은 소박하게는 핍박받는 민중의 고통을
> 위무하기도 하였지만 근본적으로는 깊은 종교적 체험을
> 촉발시키고 인간의 궁극적 자유와 해방을 일깨우는 가르

침으로 작용하였다.

정호영, 「여래장사상의 실천적 이해」

여래장사상은 비록 가난하고 천한 중생일지라도, 단 한 명의 예외 없이 누구라도 아무런 장애 없이 성불할 수 있어야 한다는 각성에서 출발하여 절대자유의 경지를 열어 놓은 것입니다. 이것이야말로 붓다 교설의 대자비심입니다. 만발한 연꽃이든 시든 연꽃이든 어디에도 부처님은 앉아 계십니다.

제3장 _ 중국불교

대승기신론(Ⅰ) : 중국불교의 개화

1. 논에다 밀을 심으면 빵을 배불리 먹을 수 있을까?

중학교 때 한 선생님께서 이런 말씀을 하신 것으로 기억됩니다. 만약 사도 바울이 서쪽 로마가 아니라 동쪽으로 방향을 틀었더라면 우리가 지금의 서양처럼 잘 살게 되었을 것이라고.!? '근대화=서구화'라는 등식이 별다른 의심 없이 자리 잡고 있던 시절이었습니다. 허망하게도요.

과연 기독교가 처음부터 동방으로 선교에 나섰다면 동양이 서양처럼 되었을까요? 분명한 사실은 기독교는 처음부터 동방으로의 선교에 나섰습니다. 『노득개교시말기路得改敎始末記』에는 서기 34년에 바빌론이 유태인을 학살하자 유태인들은 사방으로 뿔뿔이 흩어졌는데 마원馬援이 교지交趾, 베트남 북부지방를 정벌할 때 서로 만나 천주교도도 함께 중국으로 들어왔다는 기록이 있습니다. 노득路得은 '루터'의 음역입니다. 마원은 중국 후한後漢의 장군으로 교지에서 발생한 반란을 진압한 공으로 신식후新息侯에 봉해진 인물입니다. 서기 34년이면 예수가 죽고 불과 5년밖에 되지 않은 때입니다. 또『연경개교략燕京開敎略』에 의하면, 서기 65년에 로마 황제 네로가 천주교도들을 학살하고 69년 예루살렘이 패망하자 천주교도들은 재난을 피해 동으로 왔다고 합니다. 기타 실증된 건 아니지만 몇몇 자료에 기독교가 비교적 이른 시기에 중국에 전파되었음을 알려주는 기록이 있습니다. 당나라 태종연간에 이르면 카톨릭의 교리논쟁에서 패배한 네스토리우스파가 경교景敎라는 이름으로 중국에 들어와 융성합니다. 경교는 당시 당나라 황제의 적극적인 비호 하에 크게 교세를 떨치다가 무종武宗연간에 벌어진 훼불사건과 함께 배척되면서 중국에서 사라집니다.

한편 불교 또한 일찍부터 유럽쪽으로 전파에 나섭니다. 불교가 서쪽으로 가다가 그리스문명과 만나 탄생한 것이 바로 간다라 불상입니다. 간다라 미술Gandhara Art은 이미 BC 2세기에 싹을 틔웁니다. 하지만 불교는 더이상 서진하지 못합니다.

당무종에 의한 배척은 불교나 경교나 같았는데, 불교는 다시 일어나 중국문화에서 매우 중요한 역할을 담당하는데 비하여, 경교는 왜 그냥 사라지고 만 것일까요? 그리고 불교는 왜 유럽 깊숙이까지 들어가지 못했을까요?

아무리 좋은 음식이라도 체질에 맞지 않으면 소화를 시키지 못합니다. 종교나 사상도 마찬가지입니다. 여름이 무덥고 습기 찬 동양에는 벼가 잘 자라고, 더워도 건조한 유럽에는 밀농사가 제격입니다. 그렇듯 기독교는 본래 서양의 토양에는 잘 맞지만 동양에는 맞지 않았고, 불교는 동양에는 잘 맞았지만 서양에서는 뿌리 내리기가 쉽지 않았던 것입니다. 지금같은 세계화시대에는 지리적 경계가 무의미해져서 유럽에도 불교신자가, 중국에도 기독교신자가 많아졌지만 근대 이전은 달랐습니다. 따라서 그 토양이 어떤 것인지를 먼저 잘 살펴보지 않으면, 중학교 때의 선생님처럼 물 가득한 논에다 밀을 심고서 배불리 빵을 먹기를 바라게 되는 것입니다.

2. 중국문화의 원동력, 화이부동和而不同의 정신

중국문화는 황하강가의 작은 부족에서 시작합니다. 하화夏華족이 중국 인들의 시조입니다. 시작은 미미하였으나 끝은 창대하리라는 성경말씀이 오히려 중국문화에 어울릴 정도로, 작았던 하화족이 어떻게 이처럼 거대한 문명을 세울 수 있었을까요? 비밀은 포용력에 있습니다. 이들은 좋은 것이라면 내외, 고하를 가리지 않고 받아들였습니다. 중국문화의 수용능력을 보면, 그 탄력성에 감탄이 절로 나옵니다. 중국의 역대 왕조중에 가장 폐쇄적이었던 왕조가 명明나라입니다. 남방에서 탄생한 유일한 왕조답게 명나라는 북방왕조의 개방성을 따라가지 못합니다. 그런 명나라의 신종神宗황제는 천주교 예수회 소속 선교사 마테오리치에게 선교에 필요한 모든 편의를 제공합니다. 마테오리치가 북경에서 본격적인 선교활동을 할 때가 1600년인데, 이때 유럽은 카톨릭과 프로테스탄트간의 이른바 종교전쟁으로 죽고 죽이는 피의 제전이 한창이었습니다. 스페인과 네덜란드 사이에서 붙은 불은 프랑스를 거쳐 독일로까지 번지며 거의 100여 년 동안 유럽을 화염에 휩싸이게 하였던 것이지요. 같은 하느님, 같은 예수를 믿으면서도 신·구교 간의 전쟁은 참혹한 것이었습니다. 이런 곳에 동양의 한 스님이 나타나서 내가 절을 짓고 부처님의 말씀을 전파할 수 있게 도와달라고 했다면 그 스님은 어떻게 되었을까요?

중국에는 전 세계 거의 모든 종교와 사상이 유입됩니다. 공자가 설파한 화이부동和而不同의 정신은 기본적으로 다름을 인정하는데서 출발합니다. 나와는 다른 종교, 다른 사상, 다른 문화에 대한 거부감 없이 전 세계의 주요 문화와 사상을 흡수하였던 것입니다. 당연히 기독교든 이슬람교든, 그리고 불교든 중국에 들어오지 못하게 막은 적도, 종교가 다르다는 이유로 무자비하게 살상한 적도 없습니다.

3. 중국에서 기독교는 왜 뿌리를 내리지 못하였나?

공자의 제자인 자로子路가 공자에게 귀신 섬기는 법을 물었습니다. 이에 대한 공자의 대답은 "사람 섬기는 줄도 모르면서 어찌 귀신 섬기는 걸 알려 하느냐?"였습니다. 또 사후세계를 묻자 "생이 뭔지도 무르는데 어찌 죽음 이후를 알려고 하느냐?"라고 대답합니다.

중국의 이른바 3대 종교인, 유교, 불교, 도교 중에 오직 유교만이 종교적 신앙의 대상으로서 신神의 존재를 인정합니다. 주지하다시피 불교에서 이런 신은 허망한 망념이고, 도교 또한 이와 크게 다르지 않습니다. 오직 유교만이 이런 신을 긍정하기에 마테오리치는 유교에 맞춰 『천주실의』를 썼던 것입니다.

하지만 유교조차도 신보다는 인간이 우선입니다. 사후세계가 인간의 사고에 더 이상 영향을 끼치지 못하는 곳이라면 기독교는 뿌리를 내리지 못합니다. 경교나 마테오리치가 당시 황제의 비호 아래 잠시 세력을 키우지만, 이는 일시적인 기세에 불과합니다. 중국문화의 인문주의人文主義는 절대적 초월신이나 현세를 지배하는 내세와는 잘 어울리지 못합니다. 비록 수용된다 하더라도 현세적 인간을 위해 변형되거나 재구성됩니다. 마테오리치가 제사를 용인했던 것처럼 변하여야 하는 것입니다. 마테오리치 사후 로마 카톨릭은 제사를 금지시키고, 중국내의 천주교는 쇠퇴합니다.

4. 중국 불교는 왜 소승이 아닌 대승인가?

수신제가치국평천하修身齊家治國平天下란 말이 있습니다. 안으로는 도덕적 인격을 완성하고 밖으로 세계평화를 이룬다는 의미인데, 『대학』에 나오는 말이지요. 『대학』은 옛날 중국 사회를 이끌고 갈 사람들이 반드시 배워야 하는 가장 중요한 교재중의 하나입니다. 어려서부터 이렇게 공부한 중국 엘리트들의 의식에는 언제나 평천하平天下라는 관념이 있게 되는 것입니다.

춘추시대 제자백가들도 대부분이 천하태평을 꿈꾸었던 사람들입니다. 공자와 맹자는 말할 것도 없고, 묵자나 한비자 모두 태평천하를 위해 불철주야 몸을 아끼지 않았습니다. 이런 흐름 속에서 양주楊朱처럼 "터럭 하나를 뽑아 천하가 이롭다고 해도 하지 않겠다"는 극단적 위아爲我주의자의 출현 또한 자연스런 반동으로 이해되는 것이지요. 이처럼 천하경영이 중국인의 기본적인 사유임을 이해하여야 노자와 장자의 너 자신으로 돌아가라는 주장이 비로소 온전한 의미로 다가오게 되는 것입니다.

　이런 세계에 불교가 들어갔다면 그건 소승이 아닌 대승이어야 할 것입니다. 소승불교는 중국문화를 소화시키지 못합니다. 대승이라야 비로소 유교나 도교와 대화가 됩니다. 천하를 한 사람의 소유물로 여기지 않으며, 외롭고 불쌍한 사람이 없는 세상, 그리하여 누구라도 문 활짝 열고 편안히 잠 잘 수 있는 세상, 이른바 대동大同세계가 중국인들이 꿈꾸었던 세계이고, 이런 세계라야 대승불교가 비로소 만개할 수 있는 것입니다.

5. 법法은 곧 중생의 마음이다

　만물은 모두 내게 갖추어져 있다.

　맹자가 한 말입니다. 맹자의 이 말을 듣는 순간, "아니 어떻게 저 소나무와 대나무가 내 안에 있다는 말이야?"라고 의문을 품는다면 그는 중국문화를 이해 못하는 것입니다. 중국인들은 맹자의 이 말을 아주 쉽게 받아들입니다.

　법은 곧 중생의 마음이다.

　『대승기신론大乘起信論』―이하 기신론으로 약칭―의 이 말은 맹자의 말과 똑같은 논리입니다. 중국인들은 이 말을 이해하는데 아무런 어려움이 없습니다. "그래 세계는 곧 마음이야. 마음이 보는 대로 보이는 거지."

라고 바로 받아들입니다.

그렇다면 인도인들도 쉽게 이해할 수 있을까요? 왜 유식학과 여래장사
상의 등장이후에 불교가 인도에서는 더 이상의 진전을 이루지 못했을까
요? 저는 인도인들의 사유에는 유식무경唯識無境의 의미를 바로 받아들일
수 있는 논리구조가 없었던 건 아닌지 조심스럽게 추측해 봅니다. 인도의
전통 브라만사상은 영원불변의 실체인 브라흐마나의 존재성을 의심하지
않습니다. 비록 그들이 범아일여梵我一如를 말한다고 할지라도 그 객관적
실재성은 결코 부정되지 않습니다. 이런 인도인들에게 아뢰야식연기설의
주관인식론은 쉽게 받아들여지지 않았을 것입니다. 그리고 나름의 보편적
실재성을 띠게 되는 여래장사상은 그들 고유의 종교 사상으로 흡수되고만
것은 아닐까요.

인도인들과 매우 비슷하게 사유하는 사람들이 그리스 사람들입니다.
플라톤에 의한다면 눈에 보이는 이 세계의 배후에는 영원히 변치 않는 이
데아가 존재합니다. 따라서 이데아를 아는 게 가장 중요한 일이 됩니다.
플라톤의 이데아론은 기독교의 교리를 구성하는 중요한 철학적 기반이 되
어 영원불변한 절대신의 모습으로 나타나게 됩니다. 이런 사유에는 유식
무경이란 말이 쉽게 이해되지 못하는 것입니다. 하지만 중국인들은 다릅
니다.

그 마음을 다하는 자는 본성을 알고 본성을 아는 것이 곧
하늘을 아는 것이다.

맹자의 말입니다. 신의 존재를 인정하는 유교에서조차 하느님은 마음
밖에 존재하지 않습니다. 설혹 저 높은 하늘에 계신 하느님이라고 할지라

도, 그 하느님은 나의 마음으로만 이해되는 하느님입니다. 철저하게 마음으로 돌아가 이 세계의 일체 현상을 이해하려는 태도는 실로 중국철학과 종교문화의 중요한 특징입니다.

6. 생명 없는 논리, 생명 있는 논리

주지하다시피 맹자는 성선설을 주장하였습니다. 그리고 그 근거로 제시하는 게 측은지심惻隱之心입니다. 갓난아이가 우물에 빠지려 하면 누구나 다 불쌍한 마음이 들어 구하고 본다는 거지요. 하지만 같은 논리라면 인간의 이기심은 성악설의 근거가 됩니다. 사실 맹자의 논리는 전혀 논리적이지 못합니다. 그럼에도 불구하고 오히려 강한 설득력이 있습니다. 왜 그럴까요?

일본의 한 불교학자는 중국인은 생명없는 질서보다는 생명있는 무질서를 더 좋아한다고 말했습니다. 중국인들이 생명을 중시하고 그 방향으로 나아간 것은 맞습니다. 그렇다고 하여 중국인들이 무질서하거나 비논리적인 것은 아닙니다. 단지 서양의 논리와는 많이 다른 것뿐입니다.

『노자』에 보면 '형상이 없는 형상無狀之狀', '하지 않는 함爲無爲'등의 말들이 툭툭 튀어 나옵니다. 서양의 논리로 보면 매우 비논리적인 궤변입니다. 이런 궤변을 장자는 조궤弔詭라고 하였습니다. 이상한 이야기라는 뜻이지요. 바로 역설paradox입니다. 역설에는 통쾌함이 있습니다. 파딱파딱 뛰는 생명이 있습니다. 중국인들은 이런 생명력을 좋아하는 것입니다. 중국문화속의 역설과 모순어법은 공허한 말장난이 아닙니다. 그것은 생명을 일깨우는 논리입니다. 대승불교는 이제 활짝 꽃을 피울 기름진 토양을 발견한 것입니다.

7. 왜 꼭 필연이어야 하는가? 우연이면 안 되나?

> 삼계三界는 거짓이요 오직 마음이 지은 것이다. …… 마음이 생하면 가지가지 법이 생하고 마음이 멸하면 가지가지 법이 사라진다.

이 세계가 온통 마음이 짓는 것이라는 말은 바로 이해하겠습니다. 여기에서 "도대체 어떻게 마음으로부터 가지가지 법이 생한다는 말이냐?"라고 재차 묻는다면 어떻게 될까요? 마음과 법사이의 인과관계를 거듭 추구하며 그 시원을 밝히라고 한다면 뭐라고 대답할까요?

『기신론』에 의한다면 마음이 빚어내는 일체의 상념[念]은 모두 망념입니다. 이 망념이 둘쑥날쑥 참치부제參差不齊한 세계를 만드는 것이지요. 가지가지 법은 모두 망념이 만들어 내는 것이고, 망념은 무명無明에 의해 발생합니다. 즉 법의 원인은 망념이고 망념의 원인은 무명입니다. 그렇다면 무명의 원인은 무엇이고 어떤 계기로 망념이 생기는가라고 묻는다면 뭐라고 대답해야 하나요?

> 마음에 상응함 없이 홀연히 망념이 일어난다. 이를 이름

하여 무명이라고 한다.

그냥 생기는 것입니다. 마치 평지에 풍파가 일 듯, 계곡에서 문득 구름이 피어나듯, 그렇게 홀연 일어난다고 합니다. 『기신론』에서는 아예 “마음에 일어나는 그 시초는 알 수 있는 게 아니다.”라고 합니다. 주역에서도 “어떻게 태극으로부터 음양이 생하는가?”라는 질문에 “부득이해서 그렇다.”고 대답합니다.

서양이나 인도 사람들은 이런 식의 대답에 만족하지 못합니다. 그들은 끊임없이 시원을 파고듭니다. 인과관계가 분명할 때까지 그들은 질문과 대답을 계속합니다. 결국 그들은 궁극적 실체나 초월적 절대자에 도달하고 나서야 분석을 멈출 수 있는 것입니다. 이 필연적 인과사슬의 시초에 전지전능한 신이나, 영원불변의 브라흐마나가 존재하는 것입니다.

하지만 이렇게 되는 순간, 우리는 결국 또 하나의 독단을 만들어내고, 그 독단에 스스로를 묶게 됩니다. 그래서 붓다는 이런 식의 분석적 질문에 대해 무기無記, 즉 대답하지 않는 것으로 대답하는 것입니다. 그저 독화살의 비유를 들어 네가 지금 독단이란 독화살을 맞았는데, 화살을 뽑을 생각은 안 하고, 이 화살이 어디에서 왔으며 왜 나를 쏘았나를 생각하고 있으면 어찌 되겠느냐고 오히려 반문하는 것입니다. 이런 무기를 인도나 서양의 사상가들은 수용하지 못하지만, 중국인들은 아주 잘 이해합니다. 왜냐하면 그들은 논리보다는 생명을 더 중시하니까요. 그리하여 필연적 인과율을 좇음으로써 생명이 다치기 보다는 우연을 따라 자유로운 생명을 선택하는 것입니다.

8. 불교의 재구성, 『대승기신론』

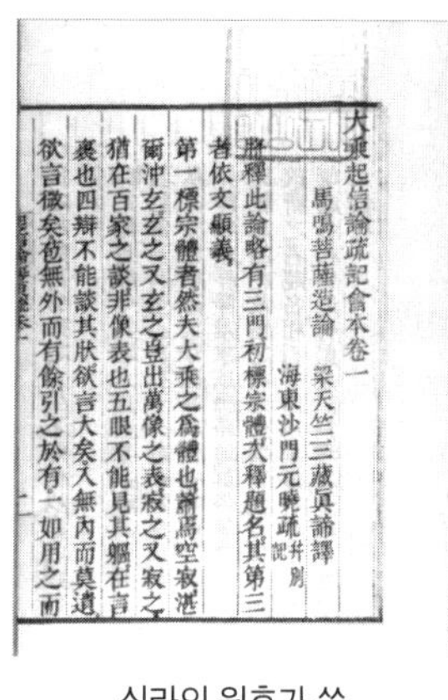

신라의 원효가 쓴
『대승기신론소』

중국은 대승불자들에겐 마음껏 사유를 펼칠 수 있는 공간이었습니다. 처음 불교가 중국으로 전래되고, 중국 속에 뿌리를 내리기 위해 그들은 도교에 기탁합니다. 이를 격의불교格義佛教라고 하지요. 이때까지는 인도로부터 들어오는 불교를 그냥 수용하는 정도였다면, 어느 시점에 이르게 되면 중국인에 의해 주체적으로 불교를 추구하게 됩니다. 이런 변화를 상징하는 인물이 바로 삼장법사三藏法師 현장玄奘입니다. 현장은 스스로 인도로 건너가 불교를 공부하고 돌아와서는 번역에 매진합니다. 바로 중국인의 시각에서 중국인의 사유에 맞게 불교를 재해석하였던 것입니다. 천태·화엄에 의한 교상판석敎相判釋도 같은 맥락에서 수행되는 것입니다.

『기신론』은 인도불교가 중국에서 다시 해석되고 재구성되는 과정을 종합적으로 보여줍니다. 『기신론』은 산스크리트어 원본이 없습니다. 저자인 마명(馬鳴, 아슈바고샤Aśvaghoṣa) 또한 확실치가 않습니다. 이런 이유로 많은 가설과 주장이 나옵니다만 『기신론』에 중국적인 사유가 농후하다는 점은 분명해 보입니다. 아울러 주요 개념이나 사상은 여전히 인도 대승불교에서 온 것임을 이해한다면 대략 얼마간의 해명이 가능하리라고 봅니다. 『기신론』은 불교가 중국으로 동래東來하여 중국적으로 개화하기 시작하였음을 알리는 선언문과도 같다는 생각입니다.

대승기신론(II) : 일심一心, 자유와 평등을 위하여

하나의 마음에 의지하여 두 개의 문이 열린다.
『대승기신론』

1. 자유와 평등은 함께하지 못하는가?

자본주의는 자유를 누리는 대신 평등은 희생할 수밖에 없다고 하며, 공산주의는 평등을 실현하는 대신 부자유를 감수하여야 한다고 합니다. 전자는 자유를 선택한 대가로 빈부격차의 불평등을 정당화하고, 후자에서는 경제적 평등을 구현하는 대신 자유가 제한됩니다. 그렇다면 자유와 평등은 동시에 구현될 수 없는 것일까요?

한 가지는 확실합니다. 자유롭지 못한 평등은 있을 수가 없고, 불평등한 자유 또한 존재할 수 없습니다. 자유롭지 못한 평등이란 감옥에 똑같이 수감된 것과 같습니다. 그렇다면 누구는 죄수이고 누구는 간수인가요? 그 자체가 이미 불평등입니다. 불평등한 자유 또한 거짓입니다. 못 가진 자는 가진 자에게 예속되기 마련입니다. 따지고 보면, 월급을 받는 대가로 월급을 주는 사람이 시키는 일을 해야만 하는 노사관계는 현대판 노예제도인지도 모릅니다. 너무 심한 비유인지는 몰라도, 적어도 돈 앞에 자유로울 수 있는 사람은 많지 않습니다.

자유는 평등의 반대급부가 아니라 가난의 대가인지 모르겠습니다. "다섯 되 쌀을 위해 허리를 굽힐 수는 없다."며 벼슬자리 팽개치고 낙향한 사람은 도연명陶淵明이었습니다. 그는 자유를 얻는 대신 평생을 가난 속에 살아야만 했습니다. 초楚나라 왕이 장자莊子가 현명하다는 말을 듣고 재상에 앉히고자 많은 예물과 함께 사자를 보냈습니다. 사자에게 장자는 말합니다.

> 천금이라면 큰돈이고 경상卿相이라면 높은 지위이지요. 그대는 큰제사에 희생으로 바치는 소를 보지 못했소? 수년간 맛난 음식을 먹이고 아름답게 수놓은 비단 옷을 두르고 있다가 태묘에 끌려갑니다. 이때에 그가 비록 어린 돼지가 되고 싶어 한들 가당치나 하겠소? 그대는 돌아가시오. 나는 정녕 더러운 시궁창에서 노닐며 스스로 즐거워할지언정 나라를 소유한 권력자에게 재갈이 물리는 짓을 하고 싶지 않소이다.

부귀영화는 그만큼의 재갈을 물리는 것입니다. 우리나라 최고 재벌이신 분은 입만 열면 "위험하다! 불안하다!"를 되풀이 합니다. 그 분은 엄청난 재산을 쌓아놓고 매일을 불안 속에 사는 것 같습니다. 왜 안 그렇겠습니까. 돈이 너무 많으면 내가 돈의 주인이 아니라 노예가 되어 그 돈을 관리하고 지키며 살아야 합니다. 결코 자유로운 인생이라고 하지 못할 겁니다.

자유는 필연적으로 불평등을 가져온다고 자유시장주의자들은 말합니다. 왜냐하면 시장은 자유경쟁을 통해 효율성을 높이는 체제인데, 경쟁의 결과로 승패가 갈라지고, 이에 따라 빈부차가 나타나는 것은 당연하다는 것입니다. 하지만 이 말이야말로 허구이며 거짓입니다. 먼저 경쟁의 결과가 정당하려면 경쟁자체가 공정하여야 합니다. 그런데 만약 힘센 레슬링 선수와 어린 아이를 함께 링 위에 올려놓고 자유롭게 싸우라고 한다면 이 경쟁을 공정하다고 말할 수는 없을 것입니다. 또한 체급이 같은 선수들끼리 싸우도록 한다면 그 자체가 자유시장주의자들이 말하는 자유경쟁이 아닙니다. 그래서 케인즈는 말합니다. 저들 자유시장주의자들이 말하는 공정한 자유시장이란 현실 속에 존재하지 않는다고요. 실재하지 않는 것을 실재하는 것처럼 말하는 것이야말로 거짓이고 허위입니다. 불평등한 자유란 허구입니다.

2. 지배체제와 지배이념

> 그들은 자기에게 다가오는 인간들은 누구든 다 유혹해
> 요.
> 그대는 얼른 그 옆을 지나가되, 꿀처럼 달콤한 밀랍을 이
> 겨서
> 전우들의 귀에다 발라주세요. 다른 사람들은 아무도 듣
> 지 못하도록
> 말예요. 그러나 그대 자신은 원한다면 듣도록 하세요.
> 그대는 돛대를 고정하는 나무통에 똑바로 선 채 전우들
> 로 하여금
> 날랜 배 안에 그대의 손발을 묶게 하되, 돛대에다 밧줄의

끄트머리들을 매게 하세요. 그러면 그대는 즐기면서 세
이렌 자매의 목소리를 듣게 될 거예요.
호메로스, 『오뒷세이아』

M. 호르크하이머와 Th. 아도르노가 『계몽의 변증법』에서 이 이야기로
문명사회의 성립을 설명하였습니다. 세이렌의 유혹을 극복하는 과정은 문
명화의 알레고리입니다. 인간이 자연의 위협을 극복하며 문명을 건설하는
과정은 곧 대장과 병사, 노동하지 않는 자와 노동하는 자로 분리되는 과정
입니다. 이런 분리를 통하여 지배와 피지배관계가 만들어집니다. 맹자孟
子는 스스로 농사를 지어 먹는 허행許行을 비판하며, 정신을 쓰는 자는 사
람을 다스리고 힘을 쓰는 자는 다스림을 받는다고 하였습니다. 지배자와
피지배자의 영역은 서로 다르다는 의미입니다. 이런 지배체제가 완성되는
과정이 곧 사회화의 과정이며 이 과정을 통해 문명이 탄생하는 것입니다.
이집트의 피라미드나 중국의 진시황릉 같은 고대문명의 거대한 무덤들은
이런 문명화의 과정을 보여주는 상징물입니다. 오직 한 사람을 위해 만 사
람의 희생이 정당화되는 권력구조가 완성되었음을 보여주는 것입니다.

한편 세이렌의 노래는 오직 오디세우스 한 명만이 듣습니다. 세이렌의
노래가 자연의 신비를 의미한다고 할 때, 이 우주의 비밀은 오직 대장 한
명에게만 알려지는 것입니다. 지배체제의 최고 정점에 있는 분, 즉 왕만이
하늘의 명령을 받을 수 있고, 교황만이 신의 음성을 들을 수 있습니다. 일
반 백성들은 왕이나 교황을 통하여 간접적으로 얻어 듣는 것뿐입니다. 신
의 뜻은 모두가 함께 공유할 수 있는 게 아닙니다.

예수께서 이르시되, 내가 곧 길이요 진리요 생명이니, 나

제3장 중국불교　243

를 말미암지 않고는 아버지께로 올 자가 없느니라.

서구 기독교의 전통적인 해석대로라면 하늘나라는 오직 예수와 그의 후계자인 교황을 통해서만 갈 수 있습니다. 카톨릭의 지배체제하에서 이런 불평등구조는 정당화됩니다. 동양도 다르지 않습니다. 천자天子는 천명天命을 받은 자로 하늘을 대신하여 그 뜻을 집행하는 단 한 사람입니다.

이런 지배체제를 정당화하기 위해 이념이 다듬어지고 사상이 체계화됩니다. 이런 이념이나 사상을 지배이념이라고 한다면 지배이념은 필연적으로 개인의 자유를 억압하거나 제한하게 됩니다. 왜냐하면 사람들로 하여금 지배체제에 순응하고 복종하도록 하여야만하기 때문입니다. 그렇다면 도연명이나 장자가 누린 자유란 무엇인가요?

3. 방외지사

자상호子桑戶와 맹자반孟子反과 자금장子琴張 세 사람은 드넓은 세계에서 자유롭게 놀던 막역한 친구들입니다. 그러다가 자상호가 죽었는데 장사를 치르지 않자 공자가 자공을 시켜 장례를 도와주도록 하였습니다. 자공이 가보니 한 사람은 곡을 만들고, 한 사람은 거문고를 타면서 노래하고 있었습니다. 이에 자공이 종종걸음으로 그들 앞에 나아가 묻기를, "시신을 앞에 놓고 노래하는 것이 예입니까?"라고 하자, 두 사람은 마주 보고 웃으며 "이 사람이 어찌 예를 알겠는가?"하는 것이었습니다. 자공이 돌아와 공자에게 이런 사실을 아뢰자, 공자가 말했습니다.

저들은 방외方外의 사람들이니라. 나는 방내方內의 사람
이니, 예법禮法의 테두리 안에서 살아가는 사람이다. 예
법의 안과 밖은 서로 관여하지 않는데 내가 괜히 너를 보
냈다. 저들은 조물자와 벗이 되어 천지 사이에서 노는 사
람들이다. 저들에게 생은 쓸데없이 붙어 있는 사마귀요,
죽음은 종기가 터지는 것에 불과하다. …… 그러니 어찌
번거롭게 세속의 예를 갖추어 사람들의 이목에 띠려 하
겠느냐.

예법은 유교적 질서체계의 근간입니다. 동양사회는 유교적 예법과 그 이념으로 유지되는 사회입니다. 이 질서에서 예법을 지키지 않는 사람은 행세할 수 없습니다. 예법에 밝고 유교적 이념에 투철한 사람이 관료로 선발되어 백성들을 다스렸습니다. 부귀영화 또한 이 체제에 순응하며 기여하는 사람에게 주어지는 것입니다.

유교적 예법이 지배하는 사회에서는 부모가 돌아가셨으면 마땅히 삼년상을 치러야 하고, 친구가 죽으면 슬픔으로 애도하여야 합니다. 그런데 어떤 사람들은 죽음 앞에서 노래하며 춤을 춥니다. 이들은 유교적 가치질서에 순응하지 않는 사람들입니다. 이들을 방외지사方外之士라고 합니다.

하늘이 허균許筠이란 한 괴물을 세상에 내셨는데 ……
균의 일생은 모든 악이 구비되었으며, 인륜의 도덕을 어
지럽혔고 행실을 더럽혔습니다. 이는 사람의 도리라고
할 수 없습니다. 상중에도 기생을 끼고 놀아서 사람들로
부터 버림을 받았습니다.

허경진, 『허균평전』

허균은 어머니 상중에 기생하고 놀아나며 애까지 낳습니다. 이런 행위

는 유교적 예법질서에 크게 위배되는 것이기에 당연히 많은 비난을 받게 됩니다. 이런 비난에 대해 허균은 이렇게 말합니다.

> 남녀 간의 정욕은 하늘이 주신 것이요, 인륜과 기강을 분별하는 것은 성인의 가르침이다. 하늘이 성인보다 높으니, 나는 차라리 성인의 가르침을 어길지언정 하늘이 내려주신 본성을 감히 어길 수는 없다.
>
> 허경진, 『허균평전』

성인의 예법을 지키기보다는 본능에 충실하겠다는 선언입니다. 그런데 허균이 참으로 성인의 가르침을 어길지언정 하늘이 내려준 본성을 어길 수 없다고 생각하였다면, 그는 방외지사로 살아야 합니다. 그랬다면 그는 온전히 주어진 삶을 다 했을 것입니다. 하지만 허균은 방내에 있으면서 방외지사로 살고자 하였습니다. 이는 욕심입니다. 누군들 부귀영화를 누리며 자유롭게 살고 싶지 않겠습니까. 하지만 이 두 가지를 다 가질 수 없는 것은 방내에서 방외의 삶을 살 수 없기 때문입니다.

방내와 방외를 오간 사람도 있습니다. 김시습 그는 승려가 되어서도 유교의 절의를 지켰고, 유교적 가치를 존중하면서도 방외의 자유를 누렸습니다. 그래서 더 슬픈 건지도 모르겠습니다. 그의 경계를 어찌 헤아릴 수 있겠습니까만, 다만 분명한 건 지배체제에 순응함으로써 얻게 되는 달콤한 인생에 뜻을 두지 않았기에 율곡선생의 평가대로 "기휘忌諱를 범하고 공경대신公卿大臣에게 모욕을 주어도" 존경을 받을 수 있었던 것입니다. 그는 어쩌면 유교든 도교든, 그리고 불교든 자유자재, 막힐 게 없었던 매우 큰 방외지사였는지도 모릅니다.

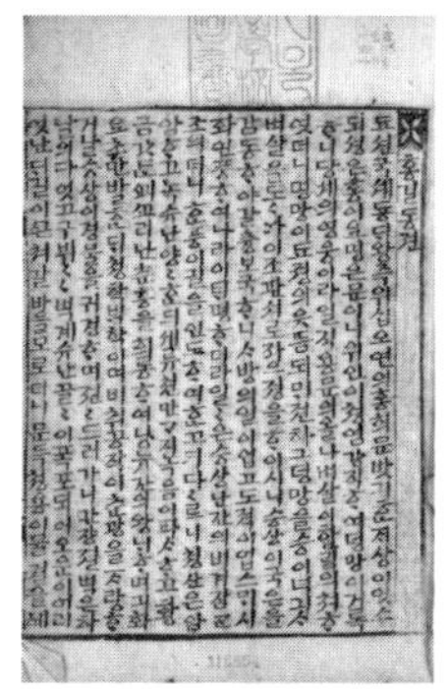

허균의 『홍길동전』.
허균은 자유로울 수 없는 곳에서 자유를 꿈꾸었다.

오랫동안 불경을 읽어온 것은
내 마음 머물 곳이 없었기 때문일세
이제껏 아내를 내버리지 못했거든
고기를 금하기 더욱 어려웠네
내 분수 벼슬과는 벌써 멀어졌으니
파면장 왔다고 어찌 근심할 건가
인생은 또한 천명에 따라 사는 것
돌아가 부처 섬길 꿈이나 꾸리라

허균, <파직되었다는 소식을 듣고[聞破官作]>

삼척부사로 내려간 허균許筠을 파직시키라는 사헌부의 계가 연이어 올라왔습니다. 선조도 어쩔 수 없이 허락합니다. 삼척에 내려온 지 13일만에 허균은 파면장을 받습니다. 이 시는 파면장을 받아들고 이제부터는 부처를 섬기며 살겠다는 속내를 드러내 보인 것입니다.

진작부터 허균은 당시의 지배체제, 즉 성리학적 지배질서에 저항하였습니다. 승복을 입고 부처에게 절을 한다는 비난은 허균을 내내 따라다니던 것이었습니다. 예불 행위는 유교적 가치체제 내에서는 용납되지 못하는 것입니다. 만약 허균이 시에서 밝힌 것처럼 진실로 부처를 섬기며 살겠다면, 이는 방외지사方外之士로 살아야 함을 의미합니다. 하지만 그는 방내方內를 떠나지 않았고, 오히려 권력을 추구하였습니다. 안에서는 방외에서 놀고 싶은 욕망이 가득하고, 밖에서는 방내의 지배권력을 지향하는 모순은 비극적인 결과로 이어집니다. 당연합니다. 전자는 자유로운 개인으로 살고 싶은 건데, 후자는 그런 개별적인 자유를 용납해서는 안 되는 것이기 때문입니다.

4. 비판담론, 불교 자유롭고 평등한 세계를 꿈꾸다

이 현상세계에서도 무애자재하시고
세상을 구하시는 대자비하신 분

『대승기신론』 귀경송歸敬頌 중의 한 구절입니다. 여기에서 무애자재無礙自在란 장애됨이 없이 자유롭다는 말이니 곧 절대자유를 의미합니다. 이 경지가 어떤 경지인지는 설명할 수도 생각할 수도 없습니다. 다만 한 가지 분명한 건 아주 작은 것일지라도 차별이 존재한다면 이는 이미 절대자유의 경지가 되지 못한다는 것입니다. 자유는 언제나 평등과 함께하여야 하는 것입니다. 귀천, 시비, 선악의 차별이 있게 되면 이미 구속이 시작되는 것입니다. 하지만 무엇이 시是고 무엇이 비非며, 무엇이 선善이고 무엇이 악惡인지는 아무도 모릅니다. 우리가 알고 있는 시비선악은 본래 그러한 게 아닙니다. 특정한 가치체계는 특정한 방내方內에서만 통용되는 일시적인 것입니다. 예컨대 삼강오륜이 조선시대에서는 시비선악을 가르는 지배이념이었다면, 현대에서는 이미 그런 지배력이 없습니다.

『대승기신론』에는 평등平等이란 말이 참 많이 나옵니다. 진여평등眞如平等, 본래평등本來平等, 평등성平等性, 평등연平等緣 등등 …… 쓰임새는 매우 다양할지라도 평등이 지향하는 바는 하나입니다. 무차별의 절대자유. 나와 너, 이것과 저것의 구별조차 여읜 일체평등 절대자유의 세계가 불교의 이상경계입니다. 그리고 『기신론』에서는 이 자유와 평등을 일심一心이란 한 단어로 수렴합니다.

> 하나의 마음에 의지하여 두 개의 문이 열린다. 두 문이란
> 무엇인가? 하나는 심진여문이요, 다른 하나는 심생멸문
> 이니 각각 일체법을 총섭한다.

궁극적 진리의 세계인 진여문이나 우리가 살아가는 이 현상세계나, 모든 것은 다 한마음으로 수렴됩니다. 그리고 이 한마음은 모든 중생에게 똑같이 있습니다. 왕이라고 해서 더 있고, 천민이라 해서 덜 있는 것도 아닙니다. 부증불감 일체평등不增不減一切平等한 것입니다.

서구기독교의 문제는 구원을 모두 신에게 귀속시켰다는 것입니다. 이런 체제에서 인간은 결코 자유로울 수 없습니다. 마르틴 루터가 종교개혁을 주창하며 '나는 신앙의 자유로운 군주'임을 주장하지만, 이 또한 '섬기는 종'으로써의 자유일 뿐입니다. 여전히 신에게 구속됨을 피할 수 없습니다.

불교에서 성불은 부처에게 예속되는 게 아닙니다. 이는 주체 스스로의 문제입니다. 성불이 절대자유 일체평등의 경지라고 할 때, 그 가능성은 자유를 꿈꾸었던 많은 사람들을 매료시킵니다. 특히 차별적 질서체제에 저

항하거나, 지배이념에 의심을 품었던 당대의 지식인들에게 불교는 그들의 문제의식을 일깨우고, 현실을 비판하는 가장 중요한 담론이 되었던 것입니다. 중국에 들어와 불교는 가장 중요한 비판담론을 형성하였던 것입니다.

허균이 실제로 지배체제의 권력을 탐했는지, 아니면 평등사회를 위한 혁명을 도모하였는지 잘 모르겠습니다. 다만 그가 꿈꾸었던 자유롭고 평등한 세상이 불평등한 구조 속에서 차별받고 억압받는 사람들에 대한 깊은 사랑의 발로라고 한다면, 그는 이미 보살의 길을 걷고 있었던 것입니다.

교종, 권력과 종교의 만남

1. 통합을 위하여

서라벌 왕궁에 달빛은 고고했다. 왕은 잠을 이룰 수 없었다. 생각해 보면 분통이 터졌지만 어쩔 수 없었다. 오늘 화백회의和白會議에서 왕이 제안했던 불교 공인이 또 부결되었다. 왕위에 오른 지 7년이 흘렀건만 왕은 자신의 이상을 펼칠 수 없었다. 화백회의가 번번이 왕의 제안을 부결하였기 때문이었다. 왕의 입에서 긴 탄식이 흘렀다. 이튿날 젊은 관료 이차돈異次頓이 접견을 요청하였다. 그는 진언하였다.

폐하! 제 목을 치십시오. 목숨만큼이나 버리기 어려운 건 없나이다. 그러나 이 땅에 부처님의 가르침을 널리 전파하고 임금이 평안할 수 있다면, 기꺼이 제 목을 바치겠나이다.

이차돈이 순교하게 되는 배경을 대략 소설처럼 꾸며본 것입니다. 신라

의 이차돈은 순교를 자청하였습니다. 그리고 알다시피 그의 목에서는 우
윳빛 흰 젖이 솟구쳤고 이는 이적異蹟으로 받아들여져 불교가 공인됩니다.
『삼국유사』가 전하는 이차돈의 순교는 국가와 종교의 관계가 매우 밀
접한 관계임을 분명하게 보여줍니다. 당시 신라는 귀족들의 영향력이 막
강하였습니다. 귀족들은 자신만의 특정지역을 근거지로 중앙정부에서도
막강한 권한을 행사하였습니다. 귀족들의 합의기구인 화백회의는 만장일
치제여서 단 한 사람이라도 거부하면 어떤 안건도 결정될 수 없었던 것입
니다.

신라는 부족별로 종교와 문화전통이 달랐습니다. 어느 부족은 개를 숭
배하고, 어느 부족은 곰을 숭배하였습니다. 이처럼 서로 다른 전통과 문화
로 말미암아 통일된 국론을 모으기가 어려웠습니다. 고구려나 백제는 일
찌감치 각 부족들을 통합하여 단일한 국가체제를 갖추었습니다. 왕을 중
심으로 하는 강력한 통일체제를 갖추어 국력을 키웠고, 이런 점이 신라에
게는 매우 큰 위협이 되고 있었던 것입니다. 하지만 신라는 여전히 부족연
맹체 수준을 넘지 못하고 있었으니 법흥왕의 고민을 알만합니다. 이 때 이
차돈이 나와 목숨을 바쳐 풍전등화의 위기에 빠져가는 신라를 구했던 것
입니다. 불교의 포교사에서 이차돈의 행위는 순교이지만, 신라의 역사에
서 그는 고대국가로 도약하는 일등 공신입니다.

삼국시대 고대국가의 성립에는 두 가지 과정이 필수적으로 수행됩니
다. 첫째는 율령의 반포이고, 둘째는 불교수용입니다. 전자는 귀족들의 합
의가 아닌 왕이 선포한 법에 의한 통치를 나타내는 것입니다. 율령반포는
부족의 해체와 절대왕권의 성립을 의미합니다. 그리고 후자는 하나의 국
가체제 아래에 사상과 문화가 통일되었음을 뜻하는 사건입니다. 기존의

부족들은 그들 고유의 종교와 문화 전통을 버리고 불교라는 보편종교 아래에 통합되는 것입니다. 우리 역사에서 고구려, 백제, 신라가 모두 불교에 의해 종교적 · 사상적 · 문화적 통일을 이루었는데, 이런 통일은 이후 정치적 통일체제를 매우 수월하게 완수하는 기반이 되는 것입니다. 또한 하나의 민족적 정체성을 유지하는 데에도 크게 일조하였던 것입니다.

2. 권력과 종교, 그 호혜의 역사

실크로드를 통해 유입된 불교가 중국문화 속에 급속히 뿌리를 내리기 시작합니다. 불교교설의 높은 경지와 그 논리의 정밀함은 중국철학이 따라갈 수 있는 게 아니었습니다. 격의불교格義佛敎시대를 조기에 마감하게 되는 것도 도교철학으로는 불교를 담을 수 없기 때문입니다.

이제 불교는 독자적인 색채를 드러내지 않을 수 없습니다. 더 많은 불경이 번역되고, 더 많은 지식인들이 이 가르침에 경도되었습니다. 그 경도가 더 가팔라지면서 더 많은 불승과 불교 지식인이 중국으로 속속 유입되었습니다. 이들은 중국인들의 환대와 비호 속에 불경을 번역하고 교리를 계발하였습니다.

불도징(佛圖澄, 232~348)은 서역西域의 구자국龜玆國 출신의 승려입니다. 그가 낙양洛陽에 도착한 310년은 이른바 오호십육국五胡十六國의 혼란기였습니다. 날이 새면 왕이 바뀌고, 달이 가면 나라가 뒤집히는 극도로 혼란한 시대. 팔왕八王의 난이 미처 수습되기도 전에 영가永嘉의 난이 일어나며 수십만의 사람들이 죽어 갔습니다. 이 처참한 상황에서 불도징은 죽어가는 사람들을 살리며 여러 가지 기적을 행합니다. 이런 불도징과 후조後趙의 왕 석륵石勒의 만남은 서로를 필요로 하는 것이었습니다. 혼란기에 사람들의 신망을 필요로 했던 왕과 신앙을 전파하기 위한 후원자가 필요했던 외국인 승려는 서로가 원하는 것을 주며 서로가 필요로 하는 것을 얻었습니다. 석륵은 불도징의 명성이, 불도징은 석륵의 권력을 주고받았습니다. 석륵과 그의 조카 석호石虎로 이어지는 국가권력의 비호 하에 불도징은 893개의 절을 건립하고, 도안道安·축법태쓰法汰·법화法和·법상法常 같은 당대를 대표하는 승려들을 배출하면서 초기중국불교 융성에 크게 기여합니다.

통일왕조인 수隋·당唐시대가 열리며 중국불교는 만개합니다. 위진남북조의 대분열기를 거치고 통일천하를 연 나라가 바로 수와 당입니다. 수의 문제文帝는 불교를 높이 숭상하였고, 이 시기에 천태天台 지자대사智者大師에 의해 천태종天台宗이 완성됩니다. 그리고 드디어 당 시대가 열립니다. 당대에는 거의 모든 불교종파가 크게 융성합니다. 현수賢首 법장(法藏, 643~712)의 화엄종華嚴宗을 비롯해, 도선(道宣, 596~667)의 율종律宗, 삼장법사三藏法師 현장(玄奘, 602~664)과 자은대사慈恩大師 규기(窺基, 632~682)의 법상종法相宗, 선무외(善無畏, 637~735)·금강지(金剛智, 671~741)·불공(不空, 705~774) 등의 밀교密敎, 그리고 정토종淨土宗, 선종禪宗까지 거의 모든 불교종파가 만발합니다. 아마도 인류역사상 단일 문화의 폭과 깊이를 잰다면 당대의 불교문화를 능가하는 것은 없을 것입니다. 그만큼이나 이 시기의 불교는 철학적으로나 문화적으로나 세계 최고수준의 성취도를 보입니다. 중세의 기독교도, 사라센의 이슬람도 당대의 불교문화에 미치지 못합니다. 무엇이 이 화려한 문화를 가능하게 했을까요?

수와 당은 모두 이민족이 세운 나라입니다. 이들은 선비鮮卑족으로써 중앙아시아의 유목민들이었습니다. 흉노匈奴 · 갈羯 · 저氐 · 강羌 등과 선비족을 합쳐 오호五胡라고 불렀습니다. 이들은 처음에는 한족의 노예나 일꾼으로 중원에 조금씩 들어오다가 혼란기에 용병으로 대거 진출합니다. 그리고 마침내는 이들에 의해 중원에 통일제국이 세워지니 그게 바로 수와 당입니다. 마치 로마가 국력이 쇠퇴해지자 게르만 용병들에게 의지하게 되고, 마침내는 이들 용병들에게 망하는 것과 비슷한 궤도라고 하겠습니다. 이민족이 중원에 세운 나라. 당연히 한족의 반발도 클 거고 그런 만큼이나 국가통합은 시급히 해결하여야할 중요한 과제임에 틀림없습니다. 이런 국가시책에 가장 적절히 응대한 게 불교였습니다.

본래 불교는 서역西域으로부터 중국에 들어옵니다. 서역은 인도가 아닙니다. 멀리 중동지역에서부터 중앙아시아까지 중국 서쪽 지역을 가리키는 말입니다. 이곳엔 여러 이민족들이 살고 있어서 중국인들은 이들을 서융西戎이나 호胡라고 불렀습니다. 이들은 중국보다 앞서 불교를 받아들였습니다. 인도와 지리적으로도 가까울 뿐만 아니라, 그들 자신의 것보다 훨씬 높은 수준의 문화였기 때문에 불교는 이들에게 급속히 전파되었던 것입니다. 특히 고구려나 신라의 예에서 보는 것처럼 각 부족들을 통합하고 고대 국가체제를 건설하는 데 있어 불교는 매우 중요한 역할을 수행하였습니다. 이런 상황은 중국과는 분명 다릅니다. 왜냐하면 중국에는 본래부터 그들 고유의 수준 높은 문화가 있었기 때문입니다.

수나 당은 중국에 들어오기 전부터 이미 불교를 수용하고 불교에 의한 국민통합시대를 열고 있었던 것입니다. 그런 바탕에서 이들에 의한 천하

통일은 불교가 세계종교로 우뚝 설 수 있는 바탕이 되었던 것입니다. 불교는 명실상부하게 인종이나 언어, 문화 등등의 일체의 차별상을 여의고 만유의 일체평등 대화합을 이뤄야만 하는 과업을 완수해야만 했던 것입니다. 이른바 원융무애圓融無碍, 화엄의 법계연기설法界緣起說은 이런 시대적 요구에 부응한 결과이기도 합니다. 화엄의 현수 법장이 오늘날 사마르칸트 지역인 서역西域의 강거康居 사람임을 이해하면 그의 법계연기설이 태동하게 되는 바탕이 좀 더 절실하게 가슴에 와 닿게 됩니다.

법계연기설은 우주를 구성하는 사물은 비록 천차만별이지만 서로 인연을 맺으며 뗄 레야 뗄 수 없는 관계를 맺고 있다는 우주관입니다. 이 우주관에 따르면 부처나 중생이나 생사열반의 일체의 대립물이 실상은 모두 평등한 것으로 상즉상입相卽相入하고 있습니다. 개체가 전체를 이루고, 전체는 곧 개체에서 드러나는 '일즉일체 일체즉일一卽一切 一切卽一'의 거대한 전일적全一的 유기체론有機體論인 것입니다.

이를 정치적으로 해석하면 중화나 오랑캐나, 잘난 자나 못난 자나, 부처의 눈에서 보면 일체가 평등하며 서로 의존하고 있다는 의미가 됩니다. 어느 하나라도 홀로 존재하는 일 없이 서로 의지하고 있다는 사상은 실로 이 민족의 천하 수·당에서 바라던 세계관이고 철학이었던 것입니다. 작게는 신라가 부족간의 통합을 이루고, 크게는 천하가 하나의 통합체가 되는 철학. 하지만 각자의 개성 그대로를 인정하면서도 상호연관구조속에 조화를 이루는 철학인 것입니다.

바로 이 지점에서 천태의 성구설性具說과 화엄의 성기설性起說이 나옵니다. 성性을 유교에서는 천성이니 본성이니 하여 어떤 실체로 이해하지만 불교에서는 실체가 아닙니다. 유교와 마찬가지로 천성이나 본성으로 새길지라도 그 의미는 다릅니다. 왜냐하면 불교는 시종일관 실체부정, 무자성無自性의 철학이기 때문입니다. 비록 불교가 중국화되었다고 할지라도 이 근본은 변함이 없습니다. 따라서 성구와 성기의 성은 무자성의 성입니다.

따라서 불교에서의 성은 '타고난 그대로'란 의미로 이해해야 합니다. 새는 타고나길 날개 달고 타고 났으니 하늘을 나는 거고, 물고기는 타고 나길 지느러미 달고 타고 났으니 물속을 헤엄치며 사는 것입니다. 이런 생각을 자유와 결합시켜 보면 어떻게 될까요? 남녀가 서로에게 끌리는 건 타고나길 그렇게 타고 났기 때문입니다. 누구는 자신의 욕망을 스스로를 통제하기도 하지만, 누구는 걷잡을 수 없이 빠져들기도 합니다. 생긴 게 그렇게 생겼으니 무어라 비난할 수 있겠습니까? 하지만 이런 도덕관은 중국 전통과는 쉽게 어울리지 못합니다. 중원에는 유교라는 매우 강력한 도덕철학이 이미 깊은 뿌리를 내리고 있었기 때문입니다. 그렇다면 무엇이 천태 · 화엄학의 성구 · 성기설을 가능하게 하였을까요?

3. 당唐대의 불교, 자유가 준 선물

무측천은 중국의 유일한 여황제입니다. 이름은 조曌. 당시의 유력자였던 무사확武士彠의 딸로 14살 때 재인才人이 되어 궁중에 들어갑니다. 태종太宗 이세민李世民은 그녀를 매우 귀여워하여 그녀에게 무미武媚란 이름을 지어줍니다.

태종이 죽자 무미랑武媚娘은 감업사感業寺에 들어가 비구니가 됩니다. 당시의 풍습에 따라 죽은 태종의 극락왕생을 빌며 평생을 보내야만 했습니다. 하지만 아직 젊고 꿈 많은 무미랑에게 이런 삶은 견딜 수 없었습니다. 그녀는 기회를 엿보았습니다. 그리고 마침내 기회가 왔습니다. 태종의 병을 간호하며 알게 된 태자 이치李治가 이젠 황제가 되어 감업사에 온 것입니다.

붉은 색이 푸른 색으로 보이고 마음 어지럽습니다
그대 생각하며 얼굴은 초췌하고 몸은 야위어갑니다
그대 믿지 못 하나요 한없이 흐르는 눈물을
상자를 열어 살펴 보세요 고이 접은 석류치마를
看朱成碧思紛紛　　　憔悴支離爲憶君
不信比來長下淚　　　開箱驗取石榴裙

용문석굴과 무측천, 용문석굴의 부처상은 이 불사를 후원한 무측천의 얼굴이라고 한다.

무미랑이 고종高宗 이치에게 보낸 <여의랑如意娘>이란 시입니다. 이 시에는 많은 수수께끼가 숨어있어 여러 설이 분분합니다. 다만 고종과 무미랑은 태종이 살아 있는 동안에 이미 서로 알고 있었고, 또한 서로에게 끌리고 있었던 것만은 분명해 보입니다. 석류치마는 석류처럼 붉은 치마입니다. 상중의 비구니에게 어울리는 옷은 아니지요. 아마도 태자시절의 이치가 무미랑에게 선물한 것일 수도 있고, 무미랑의 유혹일 수도 있습니다. 아무튼 무미랑은 고종에 의해 다시 궁중으로 돌아오고 정식 부부가 되어 평생을 함께 합니다. 무미랑이 정말로 태종의 여자이냐 아니냐를 따지는 것은 그리 중요한 것 같지는 않습니다. 다만 무미랑이 태종의 총애를 받던 재인인 것은 사실이고, 당시 풍습대로 죽은 왕을 위해 비구니가 되었던 것도 사실이고, 또한 태종의 아들인 고종의 왕후가 된 것도 사실입니다.

한편 성당盛唐시대를 이끈 현종玄宗은 아들의 여자를 후궁으로 삼았습니다. 며느리로 들어온 양귀비楊貴妃를 시아버지가 될 현종이 자기 여자로 만들었던 것입니다. 이 폐륜廢倫을 백거이白居易는 <장한가長恨歌>에서 이렇게 읊고 있습니다.

구름 같은 머릿결 옥 같은 얼굴에 금비녀 꽂고
연꽃무늬 휘장 두른 따뜻한 침실에 봄밤은 깊어가네
봄밤 너무 짧아 해가 높이 올라서야 일어나니
이때부터 황제는 조회에 나오지 않았다네
雲鬢花顔金步搖　　芙蓉帳暖度春宵
春宵苦短日高起　　從此君王不早朝

조회를 폐하는 어리석음조차 사랑의 열정 앞에 녹아버리고 맙니다. 나의 인생 전부를 바친다 해도 한번쯤은 빠져보고 싶은 사랑을 백거이는 현종과 양귀비에게서 펼쳐 보입니다. 여기에는 유교적 도덕의식도 윤리강상도 없습니다.

　중국역사상 최고의 태평성대라면 당 태종의 정관貞觀의 치세治世와 현종의 개원開元의 치세治世가 대표적입니다. 그런데 이 두 치세가 유교적 관점에서 보면 폐륜과 불륜으로 시작한 것이라면 어떻게 이해하여야 할까요? 하지만 본래 유목민이었던 선비족들에게 고종과 무측천, 현종과 양귀비의 경우와 같은 일들은 흔히 있는 일이었습니다. 그런 면에서 이들은 매우 자유로웠고 대단히 포용적이었던 것입니다. 이런 자유분방함이 당태종과도 같은 뛰어난 정치지도자들과 만나 역사상 그 유래를 찾기 어려울 정도의 문화극성기를 이룰 수 있었던 것입니다. 특히 이 시기 불교의 발달은 눈이 부실 정도로 광대하고 화려한 성취를 이루게 됩니다.

　애초부터 불교, 특히 대승불교는 일체의 관념을 망념으로 봤습니다. 유교적 도덕 가치나 윤리강상 또한 불교의 눈으로 보면 망념에 불과합니다. 이런 불교가 유목민이 세운 통일국가 수·당의 자유로운 분위기 속에서 국가권력의 적극적인 후원 하에 마음껏 논리를 계발하고 사유를 펼쳐 갔던 것입니다. 중국불교의 교종敎宗이 갖고 있는 거대한 이론체계는 이렇게 탄생하고 완성되어 갔던 것입니다. 그리하여 통일된 하나의 질서체계 속에 개체적 자율성을 조화시킬 수 있었던 것입니다. 천태·화엄학의 성구·성기설과 법계연기설 등으로 이루어지는 교리체계는 이런 시대의 혜택을 흠뻑 누리며 피어난 인류정신의 보물입니다.

　권력의 후원으로 형성되는 거대 담론은 여럿 있습니다. 서양의 기독교나, 중동의 이슬람도 이런 예에 속합니다. 하지만 당대의 불교처럼 자유까지 동시에 누리며, 절대자유의 경지를 교리체계에 적극적으로 반영한 종교나 사상은 그리 많지 않습니다. 불교 이외에는 거의 없다고 하여도 과언은 아닙니다. 교종은 그 교설이 너무도 방대하여 평생을 공부해도 다 이해하기가 어렵습니다. 다만 인류역사상 세계에서 손꼽는 부자나라의 적극적인 후원 하에 가장 자유로운 분위기를 만끽하며 교리를 체계화하고 논리를 갖추어 간 유일한 종교사상이며 철학이라고 한다면, 그 사상의 깊이와 폭이 어느 정도인지 가늠하는 것으로도 즐거운 경험이 되리라 생각합니다.

선종(Ⅰ): 절대자유를 위하여

1. 가사袈裟는 조정의 옷이 아니고, 발우鉢盂는 종묘의 그릇이 아니다

고대 문명 중에 종교적이지 않는 문명은 단 한 곳도 없습니다. 종교는 고대 문명을 구성하는 가장 중요한 요소 중의 하나입니다. 생각해보면 사람들을 하나의 공동체 속으로 편입시키는 데에 종교처럼 유효한 것도 없습니다. 아직은 미개했던 고대에 자연으로부터 인간이 느꼈을 두려움과 공포를 생각해 보면 종교의 힘이 얼마나 큰지 알 수 있습니다. 고대의 왕들은 곧 신의 대리인이었습니다. 이집트의 파라오는 태양신의 아들이고 중국의 천자는 하늘의 아들입니다. 제정일치祭政一致 시대에 종교는 곧 정치권력이었던 것입니다.

인지가 발달하고 과학적 성과가 축적되며 종교의 영향은 많이 줄었습니다만 여전히 사람의 마음을 움직이는 가장 강력한 힘을 종교는 갖고 있었습니다. 이런 특징은 종교로 하여금 원하든 원치 않든 정치적 선택을 하도록 강요하게 만듭니다.

중국의 위·진남북조魏晉南北朝 시대, 동진東晉의 고승 혜원(慧遠, 334~416)은 여산廬山의 동림사東林寺에 머물며 시인 도연명陶淵明, 도사 육수정陸修靜 등과 깊은 교류를 맺어 왔습니다. 세 사람의 우정은 더할 나위가 없었으니, 유儒·불佛·도道의 만남이 이보다 더 아름다울 수도 없었습니다. 하루는 여느 때처럼 혜원이 도연명과 육수정을 배웅하러 동림사를 나섰습니다. 동림사 앞의 계곡을 호계虎溪라고 합니다. 혜원은 본래 이 호계를 벗어나지 않는 걸 계율로 삼아서, 호계를 벗어나면 호랑이가 울음으로 알려 주었다고 합니다. 그래서 붙여진 이름입니다.

이날도 혜원은 도연명과 육수정을 배웅하며 호계를 내려왔는데, 그만 이야기에 심취하여 호계 앞 돌다리를 건너는 줄도 몰랐습니다. 호랑이 울음소리를 듣고서야 그들은 호계를 벗어난 걸 알았고 껄껄 웃었다고 합니다. 중국회화사에서 가장 많이 그려지는 고사 중의 하나인 호계삼소虎溪三笑 이야기입니다.

한韓나라의 절대 권력이 붕괴되고 중원은 무주공산無主空山, 먼저 갖는 자가 주인인 세상이 되었습니다. 존주양이尊周攘夷, 즉 중국은 높고 오랑캐는 낮다는 천하질서는 무너졌습니다. 이민족들에겐 중원에 진출할 수 있는 절호의 기회가 온 것입니다. 낙양洛陽엔 이민족들로 넘

조선후기 천재 화가 최북(崔北)이
그린 호계삼소도(虎溪三笑圖)

쳐났습니다. 특히 흉노匈奴, 선비鮮卑, 갈羯, 저氐, 강羌 등 중앙아시아의 유목민들이 중원으로 흘러들어갔습니다. 역사는 이들을 오호五胡라고 부릅니다. 이들 비한족非漢族 오호와 한족이 엉켜 중원의 패권을 다투었으니, 이를 5호 16국 시대라고 합니다.

자고 일어나면 황제가 죽었고, 해가 가면 왕조가 바뀌었습니다. 천하는 가장 강한 자만이 살아남을 수 있었습니다. 황제도 황제가 아니었습니다. 이 시기 야심만만한 젊은 권력자 환현(桓玄, 369~404)이 당대 최고의 고승인 혜원에게 직접 편지를 씁니다. 탈속의 승려일지라도 왕에게는 경의를 표하는 게 당연하지 않느냐는 은근한 압력이었지요. 만약 혜원의 지지를 받을 수만 있다면 천하가 모두 그에게 복종하리라는 게 환현의 계산이었습니다. 혜원은 다음과 같이 답합니다.

> 가사袈裟는 조정에서 입는 옷이 아니고, 발우鉢盂는 종묘
> 에서 사용하는 그릇이 아닙니다. 사문沙門은 속세 바깥
> 의 사람이니 왕에게 공경을 표하게 하는 것은 마땅치 않
> 습니다.

사문은 세속 바깥의 사람이고 왕은 세속의 왕이니 서로 관여할 게 없다는 말입니다. 혜원은 그의 스승 도안(道安, 312~385)이 당시의 권력자들에게 어떻게 부대끼는지 익히 보았기 때문일까요? 여산의 동림사에 자리 잡으며 혜원은 일찍이 정교분리를 선언한 것입니다.

한편 르네상스의 여명이 밝아올 즈음 이탈리아의 단테(Alighieri Dante, 1265~1321)는 『신곡』에서 마르코의 입을 빌려 다음과 같이 말한다.

로마시대에는 세속의 권력인 황제와 정신의 권력인 교황
이 서로 분리되어 평온했으나,
지금은 교권이 황제의 권력을 빼앗아 하나가 되었고
그 결과 어떤 것이 옳은지 알 수 없는 혼돈의 세계가 되어
버렸다.

단테에 의한다면 혼란의 원인은 정치와 종교가 분리되어 있지 않기 때문입니다. 교황이 황제의 권력을 빼앗아 종교가 세속의 일까지 관여하는 일을 혼돈으로 보는 것입니다. 따라서 이러한 혼돈으로

도메니코 디 미첼리노, 『신곡』을 들고 있는 단테

부터 벗어나려면 교권과 왕권의 분리, 정치와 종교가 분리되어야한다는 생각입니다.

만약 하늘의 탓이라면 인간에게 자유의지가 없다는 말이
니,
인간 세상에는 정의도, 선에 대한 기쁨도 악에 대한 슬픔
도 없을 것이다.
인간에게 자유의지가 있기 때문에 하늘의 탓이 아니라
인간의 탓이다.

더 이상 하느님만을 바라보지 말고, 인간의 의지로, 그 자유의지로 선택
하여야 한다는 말입니다. 그 선택의 결과 기쁨과 슬픔이 따르겠지만 이 또

한 인간이 해결하여야할 문제라는 것입니다. 그러니 신은 이제 그만 세속의 일에 관여하지 말고 인간의 자유의지에 맡기라는 주장이지요.

정교분리는 자유를 위한 필연이었습니다. 종교로부터 세속의 권리를 해방시키지 않고는 인간은 자유로울 수 없었던 것입니다.

중세천년은 엄숙과 경건이 지배했습니다. 사람들은 함부로 웃지도 못했고 놀지도 못했습니다. 단테가 정교분리를 주장한 것은 이러한 중세적 질곡에서 벗어나기 위해서였습니다. 하느님의 세계에서 벗어나는 것이야말로 인간이 자유롭게 숨 쉴 수 있는 첫 번째 조건이었던 것입니다. 이게 르네상스의 시작입니다.

단테의 정교분리가 종교로부터의 해방을 위한 것이었다면 혜원의 그것은 정치로부터의 해방을 위한 것이었습니다. 방향이 어느 쪽이든 억압으로부터의 해방이라는 점에서 모두 같습니다. 세속적 자유이든 종교적 자유이든 자유를 향해 나아갔다는 점에서는 모두 같습니다.

2. 하루 일하지 않으면 하루 먹지 않는다

인류문명에서 불가사의한 성취들은 대개 종교와 권력의 만남에 기인합니다. 중국의 수·당隋唐시대에 불교는 권력의 전폭적 지원 아래 교세를 크게 확장할 수 있었습니다. 당나라의 수도 장안에는 초대형 사찰이 수십 개나 세워지고, 각 사찰에는 승려들이 수천 명이 있었다고 합니다. 국가의 정책이 어느 방향으로 결정되느냐에 따라 인재 또한 그쪽으로 몰리는 법입니다. 당나라의 숭불정책은 천하의 우수한 인재들로 하여금 불교에 귀의하게 하였습니다. 뛰어난 두뇌와 뜨거운 열정을 품은 많은 인재들이 모여들었고, 이들에 의해 당대 불교는 크게 융성합니다. 엄청난 양의 불경이 번역되고, 이를 바탕으로 거대한 이론체계가 완성되었습니다. 당대의 불교문화는 대적할 게 없다고 하여도 과언이 아닙니다.

하지만 이런 관계는 결국 권력에의 예속으로 귀결되곤 합니다. 권력이 오래가는 게 아니듯, 이런 만남도 오래갈 수 없습니다. 따지고 보면 부처님의 출가는 세속적 권력으로부터의 해방이었는데, 중국 교종敎宗에 와서는 오히려 세속적 권력으로의 회귀와도 같은 모양새가 되었습니다. 이는 종교의 세속화를 의미합니다. 종교의 세속화 또한 어느 정도 필연입니다. 세속을 떠난 종교는 존재할 수 없습니다. 종교가 포교의 대상으로 삼는 것은 속인이며, 그들의 온갖 세속적 굴레를 벗겨주는 것이 종교의 목표입니다. 기독교의 구원救援이든, 불교의 해탈解脫이든 종교가 존재하는 근거는 세속에 있는 것입니다.

세속은 종교의 존재이유이지만, 세속화는 종교의 타락을 의미하곤 합니다. 종교가 세속권력과 결합해서 타락하지 않는 예가 없고, 결말에 이르러 불행해지지 않는 예도 없습니다. 당말唐末 무종武宗에 의한 폐불廢佛사건은 새삼 권력과 종교의 무상함을 느끼게 합니다.

백장산百丈山의 회해(懷海, 749~814) 선사는 아흔이 다되도록 하루도 빼놓지 않고 밭에 나가 일을 했습니다. 제자들의 만류에도 불구하고 노스님은 일을 멈추지 않았습니다. 하루는 제자들이 꾀를 내어 농기구를 모두 감췄습니다. 호미나 가래가 없으면 노스님도 어쩔 수 없이 쉬지 않겠느냐는 생각이었지요. 제자들의 생각대로 노스님은 밭에 나가지 않았습니다. 그리곤 공양을 거절하였습니다. 노스님은 말했습니다.

하루 일하지 않으면 하루 먹지 않는다.

백장회해의 이 유명한 말은 흔히 노동의 신성성을 강조하는 말로 이해됩니다. 선가에서는 불문율로 여겨지지요. 그런대 이 규율은 실상 부처님의 가르침과는 다릅니다. 왜냐하면 부처님은 분명히 출가수행자는 노동하지 않는다고 하셨으니까요. 수행자는 노동하는 대신 탁발托鉢, 즉 걸식乞食을 해야 합니다. 두타행頭陀行에서 탁발이 중요한 이유는 아집我執을 버리는 중요한 수단이기 때문입니다. 내 것이 아님을 깨닫게 하는 것이지요.

노동을 통해 얻어진 수확은 노동한 사람의 소유물이 됩니다. 더구나 백장회해처럼 내가 일하지 않았으니 먹을 수 없다는 태도는 자기 소유에 대한 매우 강한 관념으로 읽힐 수도 있습니다. 그럼에도 불구하고 '일일부작 일일부식一日不作一日不食'이 선가의 불문율이 된 이유는 세속적 권력으로부터 독립하기 위해서입니다. 너희들에게 의지하지 않고 자유로운 신앙생활을 하겠다는 의지의 표현입니다. 혜원이 환현의 청을 거절하고, 달마가 양무제梁武帝의 물음에 시큰둥한 이유인 것입니다.

자유의 대가는 가난입니다. 가난은 자유에 필수적으로 따라 오는 것입니다. 선사禪師들은 기꺼이 가난을 택했습니다.

두 젊은 수행자가 훌륭한 선지식善知識이 있다는 말을 듣고 먼 길을 찾아 왔습니다. 산 중턱에 이르러 물가에서 잠시 쉬는데 시냇물에 상추 한

잎이 떠내려 오는 것이었습니다. 상추잎을 보는 두 젊은이 얼굴에 낭패감이 스쳤습니다. 상추잎 하나라도 흘려보내는 자라면 존경할만한 선지식이 아니라는 생각 때문이지요. 두 사람은 그만 내려가자는 의견과 여기까지 왔으니 그래도 얼굴이라도 보고 가자는 의견으로 나뉘어 옥신각신하였습니다. 그러는 참에 한 늙은 중이 내려오더니 그 상추 한 잎을 들고 다시 올라가는 거였습니다. 두 젊은 수행자의 얼굴은 다시 환해지며 노스님을 뒤따라 올라갔다고 합니다.

상추잎 하나도 함부로 버리지 않는다는 정신은 권력으로부터 독립하기 위한 최소한의 조건입니다. 백번 옷을 기워 입고, 죽 한 그릇으로 하루를 보낼 수 있어야 권력의 노예가 되지 않는 것입니다.

3. 부처를 만나면 부처를 죽이고 조사를 만나면 조사를 죽여라

바른 깨달음을 얻으려면, 사람에게 미혹되어서는 안 된다. 안으로도 밖으로도, 만나는 것은 모두 죽여라. 부처를 만나면 부처를 죽이고, 조사祖師를 만니면 조사를 죽여라. 나한羅漢을 만나면 나한을 죽이고, 부모를 만나면 부모를 죽여라. 그리하여야 비로소 해탈하여 자유로울 수 있다.

임제臨濟 의현義玄의 이른바 살불살조殺佛殺祖는 일체의 관념으로부터의 해방을 주장하는 것입니다. 부모형제로 이어지는 세간의 끈으로도, 부처와 조사로 맺어지는 출세간의 사슬에도 얽매여서는 안 됩니다. 나를 구속하는 일체의 사슬에서 벗어난 절대자유의 경지인 것입니다.

선종은 여러모로 부처님의 가르침을 거스르는 것입니다. 부처님의 말씀조차 버리라고 합니다. 이른바 교외별전教外別傳이니, 부처님의 가르침밖에 별도로 전해지는 것입니다. 하지만 따지고 보면 별전別傳이란 말은 정통이 아니란 뜻입니다. 선종은 정통이 아닙니다. 정통과 비정통을 애써 구분하는 것은 교종의 몫입니다. 교상판석教相判釋같은 게 그런 것입니다. 선종은 본래부터 정통이 아님을 표방하는 것입니다. 그러니 선가에서 누가 정통이냐 아니냐 옥신각신하는 건 참으로 웃기는 이야기입니다.

정통성을 따지는 건 권력의 속성입니다. 권력이 정통성을 갖고 있느냐 아니냐는 그 권력 행사의 정당성과 관계되기에 매우 중요한 문제입니다. 정통성이 확보되지 못한 권력의 행사는 강압에 불과한 게 되는 것입니다.

선종은 본래 권력으로부터의 해방을 추구합니다. 당대의 교종의 사찰은 권력의 중심, 즉 수도 장안에 자리잡았습니다. 하지만 선종 사찰은 모두 산으로 들어갑니다. 이런 경향은 당말 폐불사건 이후에 더욱 가속화됩니다. 모두 권력에서 벗어나 장자莊子로 말하면 방외方外의 자유를 누리고자 하는 것입니다.

당대 이후 불교가 다시 권력과 손을 잡는 일은 일어나지 않습니다. 대신 불교는 방외의 자유를 꿈꾸는 자들의 고향이 됩니다. 어쩌면 이로써 부처님의 가르침은 더욱 충실하게 재현하게 된 것인지도 모르겠습니다. 본래 부처교설이 지배질서를 거부하고 지배이념을 비판하는 데에서 출발하였다는 점을 상기하면 오히려 선종이 부처님의 본래 가르침에 가장 가까이

간 것입니다. 그렇다면 오히려 선종이 정통입니다. 정통 아닌 정통. 정통을 추구하지 않아야만 정통이 되는 구조. 이 변증법에 선종의 묘미가 있습니다.

한 수좌가 조주趙州 선사를 찾아와 가르침을 청했습니다.
조주가 물었습니다.
"자네는 여기에 와 본 적이 있는가?"
"없습니다."
"차나 한 잔 하게."
다른 수좌가 조주를 찾아와 가르침을 청했습니다. 조주
가 물었습니다.
"자네는 여기에 와 본 적이 있는가?"
"있습니다."
"차나 한 잔 하게."
이 말을 듣고 원주院主가 물었습니다.
"어째서 여기에 와 본 적이 있는 사람이나 없는 사람이나
똑같이 차나 한 잔 하라고 하십니까?"
그러자 조주선사가 대답합니다.
"자네도 차나 한 잔 하게."

질문과 대답 사이엔 아무런 의미연관이 없습니다. 이 양자 사이가 의미로 연결되어야만 하는 건 세속의 질서입니다. 빨간 신호등과 건너지 말라는 의미의 관계 같은 것이 세속의 질서입니다. 세속에서 살려면 이런 질서를 지켜야만 합니다. 이 질서를 어기면 벌금을 내야 합니다. 따라서 처벌받지 않기 위해서는 먼저 신호가 담고 있는 의미를 머릿속에 넣어 두어야 합니다.

선禪은 먼저 우리들의 뇌리에 각인된 그 의미연관부터 지우라고 합니

다. 그런 다음 빨간 불이든 파란 불이든 거리낄 것 없이 길을 가로질러야 합니다. 질서를 거스르고 자유를 만끽하는 것이지요. 하지만 이는 현실적으로 불가능할뿐더러 무모한 짓입니다. 도시는 방내方內의 질서를 지키며 살아야 하는 곳입니다. 산속 깊은 곳이 선사들의 집입니다. 아무데든 걸으면 그게 길이고, 누우면 집이 되는 곳이 그들의 고향입니다. 이게 방외의 자유입니다. 도시의 풍요는 없지만 자연 속에서 자유로울 수 있습니다.

도시의 풍요를 누리면서 자유롭고자 한다면, 그건 도둑놈 심보입니다. 결코 가능하지도 않습니다. 영화『매트릭스』에서 네오가 선택한 삶은 매우 가난한 것입니다. 그는 진실을 본 대가로 죽 한 그릇에 거적때기 같은 옷 한 벌로 지냅니다. 하지만 자유롭습니다. 하늘을 날고 총알도 피합니다. 그러니 자동차 사이를 마구 달리는 것쯤이야 아무 것도 아닙니다. 정말로 그럴 수 있을까요? 분명한 사실은 진정으로 용기 있는 자만이 걸어가 얻을 수 있는 삶입니다.

선종(II) : 일상의 재구성

평상심이 곧 도이다
마조 도일馬祖導一

1. 산은 산이요 물은 물이다

정해진 시간에 일어나고 정해진 시간에 밥을 먹고 정해진 시간에 집을 나섭니다. 정해진 시간에 출근하여 정해진 시간만큼 일 하다가 정해진 시간에 퇴근합니다. 다람쥐 쳇바퀴 도는 것처럼 반복되는 일상日常. 뭔가 허전하고, 뭔가 아닌 것 같다는 느낌이 문득문득 듭니다. 여행 가고 싶은데 …… 시골에 내려가 농사지으며 살까? 세계여행을 꿈꾸고, 전원생활을 그려보지만 정작 결단을 내리지는 못합니다. 그저 짧은 휴가 시간에 잠시 맛보는 정도로 만족하며 삽니다. 우리는 왜 용기를 내시 못할까요? 아니 일상은 왜 그토록 공허한가요?

영화 <쉘 위 댄스>의 주인공 스기야마야쿠쇼 고지 분도 그런 사람이었습니다. 스물여덟에 결혼해서 서른에 딸을 낳고 마흔이 넘어 과장이 됩니다. 그리고 교외에 일부 융자를 받아 아담한 이층집도 마련하였습니다. 은

퇴하기까지 이제껏 해온 것처럼 정해진 시간에 출근하고 정해진 시간에 퇴근하며 대출금을 갚아나갈 생각입니다. 하지만 왠지 모를 공허가 가슴 한 켠에 자리하고 있습니다.

영화 <쉘 위 댄스>. 본업
과 딴짓, 그 일상과 비일상
사이를 오고가던 한 남자의
이야기.

어느 날, 여느 때처럼 지하철을 타고 퇴근하던 길에 창밖에 서서 멍하니 밖을 내다보는 여인을 보게 됩니다. 그녀는 마이구사가리 다미요 분로 프로 댄서입니다. 알 수 없는 힘에 이끌리듯 스기야마는 마이가 있는 댄스학원 에 등록하게 되고 춤을 배웁니다. 첫사랑의 기억을 쫓듯 그렇게 시작한 춤 이 스기야마에게 새로운 활력소가 됩니다. 그는 춤을 배우며 생기가 돌고 열정을 느낍니다. 춤을 추는 동안만큼은 자신이 살아있음을 느낍니다.

스기야마가 40대 중년이 되어 느꼈던 삶의 공허함은 실상 춤과는 아무 상관이 없습니다. 그는 다만 뭔가를 잃어버리고 어딘지도 모를 곳을 해매 고 있었던 것입니다. 꿈을 잃고, 열정을 잃고 정처 없이 해매는 것입니다. 나는 집이 있고 직장이 있다고 생각하겠지만, 그 생각은 공허한 메아리에 불과합니다. 집도 직장도 나의 정처定處가 되어주지 못합니다.

노승이 30여 년 전 아직 깨닫기 이전에는 산은 산이요 물은 물이었다.[見山是山 見水是水] 그러다가 큰스님을 만나 깨달음을 얻고 보니 산은 산이 아니요 물은 물이 아니더라.[見山不是山 見水不是水] 그러나 이제 진실로 깨치고 보니 산은 의연코 청산이요 물 또한 녹수이다.[見山祇是山 見水祇是水] 이 세 가지 견해가 서로 같은 것이냐? 다른 것이냐? 만일 이를 터득한 자가 있다면 나와 같은 경지에 있음을 인정하겠노라.

성철스님의 말로 더 유명해진 청원靑原유신惟信 선사의 산중법어입니다. 첫 단계는 상식과 과학적 인식이 지배하는 세계입니다. 눈에 보이고 귀로 들리는 세계가 모두 이 세계입니다. 늘 마주하는 세계, 어느덧 일상이 되어버린 세계입니다.

"좋고 싫고가 어딨어? 그냥 일이니까 하는 거지."

스기야마의 대답 속에 진실이 묻어납니다. 일이 꼭 좋아서 하는 사람 몇이나 되겠습니까? 그냥 주어진 일이니까 하는 거지요. 사는 게 다 그러려니 하며 사는 겁니다.

그러다가 문득 허무가 찾아옵니다. "사는 게 뭔가?" "이렇게 살다 그냥 가는 건가?" 이런 물음이 불현듯 떠오를 때면 왠지 일상이 낯설게 느껴집니다. 더 이상 아내는 사랑스럽지 않고, 자식 또한 귀엽지 않습니다. 부처님이 아들을 라훌라(장애)라고 이름 지은 뜻이 가슴에 와 닿는 순간이기도 합니다. 사는 게 사는 게 아닌 느낌. 이제 산은 더 이상 산이 아니고 물도

물이 아닙니다.

많은 사람들은 이런 낯선 느낌이 수시로 찾아와도 그냥 묻혀 삽니다. "인생이란 으레 그런 거야."라고 하면서 말이지요. 하지만 이 때 누군가의 도움으로, 혹은 어떤 계기가 되어 다른 세계에 발을 들여놓기도 합니다. 스기야마가 댄스교습소에 쓸려 들어가듯, 뭔지 모를 힘에 끌리어 다른 세계에 들어갑니다. 일상이 파괴되는 순간입니다. 수요일 하루는 댄스교습소에 가기에 평소의 퇴근 시간을 어기는 날이 됩니다. 그리고 그 세계에 점점 빠져들면서 수요일 하루에 토요일이 더하고 매일매일 춤 속에서 살게 되지요. 몸은 회사에 있지만 손발이 춤을 추고, 온몸에 기분 좋은 전율이 흐릅니다. 야릇한 흥분감은 잃어버린 열정을 일깨웁니다.

스기야마는 비로소 삶의 활력을 되찾습니다. 사는 것 같고 숨 쉬는 것 같습니다. 질곡에서 벗어난 것처럼, 저 하늘을 나는 새처럼 가슴이 뛰고 에너지가 넘칩니다. 이런 해방감이 장자莊子가 말하는 현해懸解입니다. 현해란 거꾸로 매달린 상태에서 벗어나는 것입니다. 꿈을 접고 욕망을 억누르며 살아온 세월에 익숙해져 거꾸로 매달린 것도 모르며 사는 게 인생입니다. 그저 나 같지 않고, 조금 자유스럽지 못한 것도 으레 다들 그렇게 사는 것이려니 하며 사는 것입니다. 하지만 문득 부자유가 좀 더 간절히 느껴질 때 일상에 균열이 생깁니다. 그 벌어진 틈으로 보이는 저 세계를 향해 용기를 내어본다면, 그리하여 마치 새가 알을 깨고 나오듯 일상에서 벗어나 본다면, 그 때 비로소 느껴보는 해방감이 바로 현해입니다. 스기야마가 춤추며 느끼는 해방감이 그런 것입니다.

상식이 깨지고 새로운 진리가 드러나는 경험처럼 짜릿한 것도 없습니다. 그 희열이 어렵고 배고픈 구도의 길을 가게 하는 것입니다. 마치 춤을 익히느라 겪게 되는 육체적 고통이 오히려 쾌락인 것처럼 구도자는 산과 물이 부정否定되는 황홀경을 경험합니다. 부정이 희열인 이유는 긍정으로 돌아가기 때문입니다. 산이 산이 아닌 부정성은 잘못된 것을 바로 잡는 것입니다. 부정을 부정함으로써 절대 긍정에 도달하는 것입니다. 현해 ― 거꾸로 매달린 것을 풀어 바로 설 수 있게 해주는 것입니다. 유신선사가 만난 큰스님은 거꾸로 매단 줄을 풀어주는 분입니다. 신화 속에 흔히 등장하는 조력자이고 스승이지요.

그렇다면 훌륭한 스승을 만났거나 혹은 좋은 계기가 되어 구속으로부터 해방되었다면, 이제는 다시 일상으로 되돌아올 필요가 없겠지요? 그 기쁨과 자유를 버리고 다시 스스로를 구속할 필요가 없는 것 아닌가요? 그렇다면 그는 이제까지와는 완전히 다른 세계에서 살게 되는 것입니다. 스기야마의 경우에는 댄서로써의 새로운 인생을 사는 것이지요. 분명 그럴 수도 있습니다. 그것도 하나의 길이고 삶입니다. 주변에 그런 사람들을 여럿 봅니다. 잘 나가던 회사 때려치우고 귀농하거나, 여행을 떠나는 사람들도 그런 분들입니다. 하지만 그가 귀농을 하든 여행가의 인생을 살든 그 또한 되풀이 되는 일상을 살아야합니다. 농사를 짓는다고 해서, 여행을 다닌다고 해서 일상에서 벗어나는 게 아닙니다. 그게 직업이고 밥벌이의 수단인 한 일상은 되풀이 되는 겁니다. 그렇다면 다시 거꾸로 매달려 살아야 하는 건가요?

스기야마가 댄서로써의 새 삶을 시작했는지, 본래의 성실한 직장인으로 돌아갔는지는 알 수 없습니다. 사실 그가 어떤 삶을 선택했는지는 그리 중요한 문제가 아닙니다. 왜냐하면 어떤 인생을 살 든 여느 때와 다름없이 아침에 일어나 밥 먹고 일하다가 저녁에 집으로 돌아오는 일상은 똑같기 때문입니다. 아마도 성실한 스기야마는 본래의 자리로 되돌아가겠지만, 이전의 공허함에 사로잡혀 있던 모습은 아닐 겁니다. 예전과 똑같은 일을 하고, 똑같은 사람들을 만나지만 이전과는 다릅니다.

유신선사의 이 "산은 산이요 물은 물이다"라는 화두는 신화의 서사구조를 하고 있습니다. 늘 익숙해 있는 삶에서 벗어나 낯선 세계에 들어갔다가 다시 본래의 자리로 돌아오는 것입니다. 이 시리즈 12회에서 언급한 것처럼 '분리 → 입문 → 귀환'으로 이루어지는 이야기 구조이지요.

부처님은 싯다르타 태자로써 화려하고 평안한 세속의 삶을 버리고 거칠고 험한 구도의 길에 들어섭니다. 그리고 깨달음을 얻고는 다시 세속으로 돌아옵니다. 예수도 부모와 벗들에게서 벗어나 황야에 들어가 악마의 시험을 받고 다시 본래 자리로 돌아옵니다. 부처님이나 예수님이나 스기야마나 모두 익숙하던 일상에서 벗어나 낯선 곳으로 들어갔다가 다시 본래의 자리로 돌아오는 구도는 같습니다. 그렇다면 스기야마의 인생이 부처나 예수의 인생과 별반 다를 게 없는 거 아닌가요?

그렇습니다. 알고 보면 일상이 곧 깨달음의 세계입니다. 산은 의연코 그 산이고 물 또한 의연코 그 물입니다. 다만 산과 물을 바라보는 나의 눈이 달라져 있는 것입니다. 헤르만 헤세의 『싯다르타』에서 싯다르타는 온갖 풍상을 겪은 후에 마침내 삶의 진실을 깨닫게 됩니다. 그런 후에도 그는 여전히 뱃사공으로 살아가지만 그가 늘 대하는 강물은 예전의 강물이 아닙니다. 그는 온전히 강물과 하나가 되어 살아갑니다. 산과 강은 그대로이지만 그 속에서 살아가는 내가 달라져 있는 것입니다.

2. 평상심이 도이니라

나무

박목월

유성에서 조치원으로 가는 어느 들판에 우두커니 서 있는,
한 그루의 늙은 나무를 만났다.
수도승일까, 묵중하게 서 있었다.
다음날 조치원에서 공주로 가는 어느 가난한 마을 어귀에
그들은 떼를 져 몰려 있었다.
멍청하게 몰려 있는 그들은 어설픈 과객일까. 몹시 추워
보였다
공주에서 온양으로 우회하는 뒷길 어느 산마루에 그들은
멀리 서 있었다.
하늘 문을 지키는 파수병일까. 외로워 보였다.
온양에서 서울로 돌아오자, 놀랍게도 그들은 이미 내 안에
뿌리를 펴고 있었다.
묵중한 그들의, 침울한 그들의, 아아 고독한 모습
그 후로 나는 뽑아낼 수 없는 몇 그루의 나무를 기르게 되
었다.

시인은 서울을 떠나 충청도 여러 고을을 여행합니다. 아마도 그날 시인
은 부인과 부부싸움을 하였거나, 자식들이 짐스러웠는지도 모릅니다. 적

어도 분명한 건 이 여행이 시인의 일상은 아닙니다. 일탈이고 비일상임에 틀림없습니다. 이 일탈에서 시인이 만난 나무는 나무가 아닙니다. 그것은 수도승이고 과객이고 파수병입니다. 나무가 나무가 아닌 경험을 하고 시인은 서울로 돌아옵니다. 비일상적 경험을 안고 다시 일상으로 돌아왔을 때 나무는 그 나무 그대로입니다. 여전히 푸른 나무가 되어 시인의 마음속에서 자랍니다.

M. 엘리아데라는 종교학자는 이런 일상과 비일상의 경험을 『성聖과 속俗』의 변증법으로 해명하였습니다. 성스러움과 속됨은 마치 동전의 양면과도 같이 한 몸이라는 것입니다. 다만 인간이 경험하는 양태가 다를 뿐이라는 것이지요. 예컨대 축제는 일상적인 게 아닙니다. 일 년에 한번 있는 축제 기간에 사람들은 몸과 마음이, 나와 우주가 하나가 되는 경험을 합니다. 삼매경에 푹 빠지는 것이지요. 하지만 일년 열두 달이 모두 축제일 수는 없습니다. 축제가 끝나면 다시 일상으로 돌아가야 합니다. 그렇다면 일상을 축제처럼 살면 안 되는 걸까요?

마조 도일(馬組 道一, 709~788)은 늘 "평상심이 곧 도이다.[平常心是道]"라고 가르쳤습니다. 도일로부터 비롯한 이 선풍이야말로 진정 대승불교의 완성이라고 할 수 있습니다. 왜냐하면 이에 이르러 비로소 일상에서 벗어나지 못하는 중생들에게, 차마 용기를 내지 못하는 중생들에게, 그들이 살아가는 일상에서 곧 깨달음의 세계를 열어줄 수 있었기 때문입니다. 누구나 꿈을 꾸고 누구나 가 보고 싶은 저 세계. 그 피안彼岸이 멀리 있는 게 아니라 이 곳 일상 속에 있음을 여실히 드러낸 것입니다. 마조도일의 법맥을 잇는 장사 경잠(長沙 景쪽, 788~868)은 이렇게 가르칩니다.

평상심이란 무엇입니까?
졸리면 자고 앉고 싶으면 앉는다.
좀 더 자세히 가르쳐 주십시오.
더우면 부채질하고 추우면 불 쬐지.

먹고 마시는 일상이 곧 도입니다. 아침에 일어나 출근해서 일하고 저녁
에 돌아와 자는 이 모든 삶이 곧 깨달음의 세계입니다. 피안彼岸은 멀리 강
건너에 있는 게 아니라 지금 이곳에 있는 것입니다. 성속불이聖俗不二, 색
즉시공色卽是空이 일상에서 구현되는 것입니다.

선종이 위대한 것은 일상 그대로 깨달음의 세계를 연 것입니다. 인도의
대승불교가 구상했던 세속 그대로가 곧 진리의 세계임을, 그래서 굳이 세
속을 떠나지 않고서도 진리를 깨달을 수 있다는 논리를 중국의 선사들은
바로 몸으로 보여주었던 것입니다. 먹고 자고 싸는 일상 하나하나가 곧 삼
매 아닌 게 없는 경지. 아침에 일어나 일하고 집에 돌아와 쉬는 일상 모두
가 마치 축제와도 같은 세상. 불가능한 것만은 아닙니다. 우리들 모두가
시인이 되어 시인의 눈으로 본다면 나무와 이야기하고 우주가 춤을 추는
일이 불가능한 것도 아닙니다. 사실 결코 어려운 건 아닙니다. 마음먹기에
달린 것이니까요. 육조 혜능(六祖 慧能, 638~713)의 말마따나 흔들리는 건
내 마음이니, 한번쯤 용기를 내어 마음 흔들리는 대로 가보는 것도 괜찮지
않을까요.

기나긴 여정

1. 그대들의 세계가 더 위험하오

당나라의 도림(道林, 741~824)선사는 절강성 진망산秦望山의 늙은 소나무 위에 둥지를 틀고 살았습니다. 그래서 사람들은 그를 조과鳥窠선사, 혹은 작소鵲巢화상이라고 불렀습니다. 마침 그곳 항주杭州의 자사로 내려온 백거이(白居易, 772~846)가 하루는 소나무 위 스님을 향해 말했습니다.

백거이 : 스님은 너무 위험한 곳에 사십니다.
도　림 : 태수께선 더 위험한 곳에 사십니다.
백거이 : 저야 두 다리로 땅 위에 있는데 어찌 위험하다
　　　　 하십니까?
도　림 : 티끌 세상에 일진광풍 망념에 사로잡혀 사는 그
　　　　 대들이 더 위험하지 않겠소.

정말로 이 대지 위가 저 높은 소나무 가지 위 보다 더 위험할까요?

맑은 하늘에서 갑자기 포탄이 쏟아진다면 어찌될까요? 어느 날, 베트남
의 한 시골 마을은 여느 때와 마찬가지로 아침의 화창함 속에서 하루가 시
작되고 있었습니다. 늘 그랬던 것처럼 농부들은 밭으로 나가고, 아이들은
학교에서 공부하고 있었습니다. 이들은 저쪽 하늘에서 들려오는 헬리콥터
소리가 자신들을 겨냥한 것이라고는 꿈에도 생각하지 못하였습니다. 잠시
후 바그너의 〈발퀴레의 기행〉 이란 음악과 함께 재앙이 시작됩니다. 하
늘에서 포탄이 쏟아지고 총알이 빗발쳤지요. 마을은 순식간에 쑥대밭이
되었습니다. 지옥이 따로 있는 게 아니었습니다.

영화 <지옥의 묵시록>에 나오는 유명한 장면입니다. 이 장면은 비록
영화 속 장면이지만, 무수히 많은 실재상황이 이랬습니다. 그 중 하나가
미라이 학살사건입니다.

1968년 3월 16일 아침, 미 보
병중대가 베트남의 한적한 시골
마을을 습격합니다. 습격이라기
보다는 비무장 민간을 상대로 한
일방적인 학살공격이지요. 이 사
건에서 대략 347명에서 504명으
로 추정되는 마을주민들이 죽습

미라이에서 미군에 의해 살해된 양민들

니다. 상당수는 부녀자와 어린아이였고, 그들 중 많은 사람들이 성폭력이
나 고문을 당한 후 살해되었으며, 심지어 시체 중 일부는 절단된 채 발견
되기도 하였습니다.

따지고 보면 베트남전쟁은 일어나야할 이유가 전혀 없는 전쟁이었습니다. 프랑스의 식민지배로부터 미국의 개입까지 어느 것 하나 옳은 게 없습니다. 오랜 세월 동안 하나의 공동체를 이루며 가족들과 이웃들과 행복하게 살아오던 베트남인들을 프랑스는 식민지배하며 수탈하고, 그들의 독립투쟁을 억압해 왔습니다. 그리고 제2차 세계대전이 끝나고 독립을 선언한 나라에 다시 식민통치를 하겠다고 전쟁을 일으키고, 프랑스가 물러난 자리에 미국이 다시 개입하는 이 모든 일련의 역사가 모조리 잘못된 것입니다. 특히나 통킹만 사건을 조작하면서까지 베트남에 전쟁을 확대시킨 미국은 비난받아 마땅합니다.

프랑스가 물러난 곳에 미국이 개입한 명분은 공산주의의 확대를 막는다는 것이었습니다. 이른바 도미노 이론에 따라 인도차이나의 공산화를 차단하겠다는 것이지요. 이런 미국의 생각에 한국도 동조했고, 전투병을 파병하였습니다. 그러나 만약 이 생각이 옳은 것이라면 지금 베트남과의 교류는 있어서는 안 됩니다. 왜냐하면 베트남은 여전히 공산주의 국가이니까요. 하지만 현재 한국과 미국은 베트남과 교역하고 있고 그 교역은 갈수록 확대되고 있습니다. 결국 그 시절의 반공주의는 헛된 망념이었음이 분명합니다. 하지만 이 망념은 너무도 많은 인적 물적 피해와 상처를 아직까지도 남기고 있습니다.

지나고 보면 허상에 불과한 망념들이 여전히 세계를 덮고 있습니다. 이스라엘은 팔레스타인 사람들의 마지막 숨통마저 끊으려는 듯 연일 폭격을 해대고, 이스라엘을 말려야 할 미국은 흑인 폭동을 유발하며 뿌리 깊은 인종차별의 덫에서 헤어나지 못합니다. 유럽과 일본에는 극우 전체주의 망령이 장마철에 독버섯 피어나듯 스멀스멀 피어오르고, 이 땅에는 좌파 빨갱이란 말이 아무런 제재도 없이 횡행하고 있습니다. 어찌 위험한 세상이 아닌가요?

2. 자본의 개가 되지 않겠다

1968년 3월 20일 프랑스 파리에 베트남전쟁을 반대하는 시위가 대대적으로 벌어집니다. 이 시위 중에 아메리칸 익스프레스 파리 지부 사무실이 점거되고 유리창이 박살납니다. 다음날 사무실을 점거했던 학생들 모두가 집에서 체포되는데, 그 중 낭테르대학 학생도 한 명 있었습니다. 이에 낭테르대학 학생들은 이 학생의 석방을 요구하는 집회를 열고, 프랑스 정부는 기동타격대를 앞세워 과격하게 진압하였습니다. 사태는 걷잡을 수 없이 확대되며 프랑스 전 대학의 궐기로 이어집니다. 그러면서 구호도 과격해지고 다양해집니다.

금지를 금지하라!
자본을 지키는 개가 되지 않겠다!
삼십대 이상의 말은 결코 믿지 마라!
아스팔트 밑에는 해변이!

<68혁명 당시 구호를 외치는 시위대>

한편 1967년 6월 독일에선 이란의 독재자 팔레비국왕의 독일 방문을 반대하는 시위가 있었습니다. 이 시위에서 베를린 자유대학 학생 오네조르크가 경찰이 쏜 총탄에 머리를 맞고 숨지는 사건이 벌어집니다. 이후 시위는 점점 격화되고, 덩달아 우익 언론에서는 이들 시위대를 좌파불순세력으로 몰아가며 친미반공 시위를 부추겼습니다. 이런 혼란의 와중에 1968년 4월 프랑크푸르트에 있는 백화점 두 곳이 시위대에 의해 방화됩니다. 이들은 선량한 소비자들을 맹목적인 소비 노예로 전락시키는 타락한 자본주의의 상징에 불을 지른 것이라고 주장하였습니다.

프랑스 낭테르 대학에서 시작된 대학생 시위는 전 세계를 돌아 극동의 일본까지 진동시켰습니다. 이를 68혁명이라고 합니다. 1968년도 당시 세계의 젊은이들은 "불의를 외면한 채 사람들을 출신에 따라 차별하는 이 꿈쩍도 하지 않는 사회"를 향해 돌을 던졌습니다. 그들은 바리케이드를 치고 기성세대의 허위와 체제의 모순에 저항하였던 것입니다. 이들이 볼 때 기성세대는 진실을 은폐하고 왜곡하며 그들의 탐욕을 채우기 위해 젊은이들을 전장으로 내몰면서도 그 잘못을 모르는 자들이었습니다. 결국 폭력적으로 뒤집지 않으면 안 된다는 극단적인 생각에까지 미친 일부 과격파들은 바더 마인호프나 적군파 같은 테러단체를 탄생시켰던 것입니다.

60년대는 자유와 이상을 향한 진보가 좌절되는 시기였습니다. 63년 케네디 대통령, 65년에는 급진 흑인운동가 말콤 X, 그리고 68년에는 마틴 루터 킹 목사가 암살되었습니다. 이들이 꿈꾸었고 제시했던 자유는 흉탄 앞에 쓰러져 가고, 상황은 허위와 위선의 민낯을 드러내고 있었던 것입니다. 케네디를 이어 미국 대통령에 취임한 존슨은 통킹만 사건을 조작하면서 베트남에 확전을 결정합니다. 이후 50만이 넘는 대군이 베트남에 파병

되고 그간 인류가 터트린 폭약보다 많은 폭약을 베트남에서 터트렸습니다. 그뿐만이 아니지요. 고엽제에 네이팜탄까지, 저들은 인간이 상상할 수 있는 모든 범죄를 베트남에서 자행했던 것입니다. 세계의 젊은이들은 이런 거짓과 위선, 전쟁과 차별에 저항했습니다. 한편에선 시위와 토론이 벌어지고 한편에선 록과 포크에 몸을 흔들며 그들의 문화공동체를 일구어 갔습니다.

> 샌프란시스코에 가면
> 잊지 말고 머리에 꽃을 꽂으세요
> 샌프란시스코에 가면
> 평화를 사랑하는 이들을 만나게 될 거에요
> 샌프란시스코에 오는 사람들을 위해
> 여름에는 사랑의 모임이 열릴 거에요
> 샌프란시스코의 거리에는
> 평화주의자들이 머리에 꽃을 꽂아요

68년도 당시에 전 세계 젊은이들의 애창하던 <샌프란시스코>라는 노래입니다. 도시이름이 기독교의 성인인 성 프란치스코를 가리켜서인지는 몰라도 당시 샌프란시스코는 반전평화주의자들의 고향이었습니다. 그들은 샌프란시스코에 모여 기성세대의 거짓과 위선을 조롱하며, 록에 열광하고, 포크를 함께 불렀습니다. 인위적 제도를 거부하며 자연으로 돌아가고자 하였습니다. 이들은 일부일처제를 거부하고 남녀가 공동체를 이루어 살았습니다. 젊은 남녀들이 혼숙하며 마리화나를 피워대는 한편으로 일군의 젊은이들은 동양종교의 참선에 심취했습니다. 이들 중 일부는 히피hippie문화를 이루었고, 또 일부는 뉴에이지New Age운동을 이끌기도 했습니다.

　히피는 오래전에 사라졌습니다. 다만 당시의 히피문화를 거울삼아 그 시대를 비춰볼 수는 있을 것입니다. 히피들은 맨발의 허름한 옷차림에 자유와 무소유를 지향하였습니다. 이들은 기존체제가 소유를 권장하고 탐욕을 정당화하며 법과 제도로 개인의 자유를 억압한다고 비판하며 저항하였던 것입니다.

　기존체제에 대한 당시 젊은이들의 비판은 결코 틀린 말은 아니었습니다. 베트남 전쟁은 자유주의 국가 미국의 위선과 탐욕이 여실히 까발려진 사건에 다름 아닙니다. 미국은 통킹만 사건 같은 거짓 사건을 조작하고, 온갖 고문과 테러, 무차별적인 폭력과 자연파괴를 일삼으면서도 진실을 은폐하고 왜곡하였습니다. 어디 베트남에서 뿐이겠습니까? 그들은 남미에서, 아프리카에서, 그리고 중동에서 미국의 이익을 위해서라면 독재정권을 세우고 지지하고, 그들에 의해 자행되는 민주인사들에 대한 고문과 폭력을 은폐하였습니다. 자유의 수호자를 자처하며 사람들의 증오심을 부추기고 소비사회의 노예로 만들면서도 그 해악을 고백하려 하지 않습니다. 이런 기성세대를 향해 68년의 젊은이들은 일어났던 것입니다.

　68혁명은 미완의 실패로 끝났습니다. 그리고 70년대의 석유파동을 거치며 세계는 신자유주의체제로 급속히 재편되었습니다. 신자유주의 체제 아래에 지난 30여 년간 엄청난 규모의 금융자본이 전 세계를 돌아다니며 마음껏 분탕질 해댔습니다. 말이 좋아 세계화고 금융 선진 기법이지, 따지고 보면 약자의 고혈을 빼먹는 짓거리들이었습니다. 돈이 되는 것이라면 가리지 않았습니다. 투기는 기본이고 노동착취와 대량 해고를 통한 이익은 고스란히 대주주와 금융자본가의 수중으로 들어갔습니다. 2008년 미

국의 금융위기는 신자유주의체제가 어떤 얼굴을 한 것인지를 여실히 보여
준 사건입니다. 그럼에도 불구하고 우리 서민들은 그나마 밥줄이나마 끊
어질까봐 전전긍긍하고 있습니다. 왜 그럴까요? 68혁명 당시 혁명의 주역
들이 현재 세계의 지도자들로 성장했는데도 말입니다.

3. 모든 악을 짓지 말고 모든 선을 받들어 행하라

지나고 보면 분명해 집니다. 인류의 비극은 결국 탐욕과 증오와 무지가
빚어냅니다. 특히 권력을 탐하는 무리들만큼 위험한 자들이 없습니다. 그
들은 끊임없이 적을 만들어 내고 대결을 부추깁니다. 폭력을 정당화하며
전쟁을 불사합니다. 이런 탐욕과 증오는 결국 무지가 만들어 낸 어리석음
일 뿐임을 역사는 가르쳐줍니다. 그저 애꿎은 생명들만 억울하게 스러져
갈 뿐입니다. 이런 위험사회를 우린 어떻게 살아가야 하나요? 백거이가 다
시 도림선사에게 물었습니다.

> 백거이 : 무엇이 도道입니까?
> 도림선사 : 모든 악을 짓지 말고, 모든 선을 받들어 행하
> 시오. 그 마음을 깨끗이 하면 이게 곧 부처의
> 가르침이오.

『법구경法句經』 중에서도 가장 유명한 칠불통계게七佛通戒偈입니다.
이 게는 과거의 일곱 부처님이 한결같이 설하신 가르침이라 하여 이런 이

름이 붙었는데, 이게 어찌 불교만의 가르침이겠습니까? 인류의 모든 세계 종교, 모든 스승들의 공통된 가르침 아니겠습니까? 결국 세계평화를 가져 오는 것은 곧 착하게 사는 것입니다.

저는 요즘 이 구절을 보며 예전과는 다른 생각을 하게 됩니다. 왜 일곱 부처님들은 착한 일을 하라고 권고하기 전에 먼저 악을 짓지 말라고 했을 까? 괜한 상념이겠지만 그저 착하게만 사는 게 전부는 아니라고, 그전에 먼저 악에 대해 저항하고 거부하여야만 선이 살아날 수 있다는 가르침은 아닐까요? 그저 나 홀로 악한 일 하지 않는 게 아니라, 사회의 악, 국가의 악의 실상을 정확히 알고 이웃에게도 알리며 함께 저항하여야만 선이 함 께 이루어짐을 함축한 건 아닐까요?

먼 길을 돌아 도착한 곳은 결국 일상이 곧 부처의 세계라는 것이었습니 다. 하지만 그저 밥 먹을 때 밥 먹고, 잠자야할 때 잠잔다고 해서 부처가 되 는 게 아닙니다. 좋은 일은 아무리 작아도 꼭 해야 하고, 나쁜 일은 아무리 하찮아도 반드시 거부할 수 있어야 합니다. 아침에 일어나 가장 먼저 눈이 마주치는 사람에게 따뜻한 말 한 마디 던지는 것부터, 자녀들의 성적이 떨 어졌다고 화내지 않는 것부터 하루의 일상을 시작하는 것입니다. 권력을 탐하는 것도, 이념을 따지지도 않는 순수한 마음으로 아파하는 이웃이 있 다면 함께 아파하고, 그들의 저항에 힘을 실어 줄 수 있어야 합니다. 그래 야만 깨달음의 세계가 실현되는 것입니다.

처음 8회로 계획했던 시리즈가 어느덧 30회까지 왔습니다. 지나고 보 니 이 또한 탐욕이 되고 말았습니다. 중간 중간 미진하다고 여겨지는 부분을 보완하면서 2년 6개월을 끌어 왔는데, 지나친 욕심은 아니었는지 ……. 처음의 구상은 불교가 태동해서 완성된 하나의 이론체계를 갖추어 가는 과정을 하나의 철학적 의미체로 서술코자 하는 것이었습니다. 부처의 근본교설에서 대승불교와 중국의 선종에 이르는 과정을 하나의 흐름으로 파악하며, 이 모든 과정은 완성된 체계를 향한 논리적 필연임을 드러내고자 하였습니다. 이제 이 여행의 끝자리에 도착해 보니 처음 출발했던 바로 그곳입니다. 『아함경』에서 출발해서 『아함경』으로 돌아온 것 같은데……기분은 아주 좋습니다. 잃어버린 보물을 다시 찾은 것 마냥 너무 좋습니다. 그동안 졸필을 읽어 주신 분들께 감사의 마음을 전합니다. 행복하십시오.

자본주의와 불교

1. 감옥

예전에는 사형수를 공개적으로 처형하였습니다. 광장이나 시장처럼 많은 사람들이 모이는 장소에서 가능한 더 많은 고통을 더 오랫동안 겪게 하면서 죽였습니다. 미셸 푸코의 『감시와 처벌』에는 프랑스의 루이15세를 시해하려다 실패한 사형수를 광장에 끌고 와서 얼마나 끔찍하게 고문하다 죽이는지 생생하게 묘사되어 있습니다. 이런 신체형은 구체제 하에서 왕권을 유지하는 주요한 수단이었습니다. 전제군주제가 서양보다 더 오래 지속된 동양에서는 지난 세기까지도 이런 공개된 사형집행이 이루어졌습니다. 청말淸末에 이틀에 걸쳐 산 채로 능지처참하는 기록물이 남아 있을 정도입니다.

절대군주제가 저물어 가던 18세기 후반에 이르면 이런 공개적인 고문과 처형에 대해 부정적인 여론이 확산됩니다. 얻는 것보다 잃는 게 많아지게 되면서 공개된 처형이나 잔인한 고문은 점차 사라지고 보다 인도주의적인 방법이 모색됩니다. 그리하여 범죄자에게는 죄에 상응하는 기간 동안의 강제노역형이 합리적인 수단으로 선택됩니다. 이때부터 감옥은 중요한 기능을 수행하게 됩니다. 이제 죄수들은 감옥에 상당히 긴 기간 동안 격리된 채 강제노역에 동원됩니다. 이전의 감옥은 사형이든 태형이든 형이 결정되어 집행되기까지 잠시 머물던 곳이었습니다. 죄수들에게 형이 집행되고 나면 바로 가족들에게 인도되니 감옥은 대기소 정도였던 셈이지요. 그랬던 감옥이 이제는 많은 죄수들을 상당기간동안 격리 수용하며 먹이고 재우고 노역에 종사하게 하고 교화까지 시켜야 하는 복합물로 바뀌게 된 것입니다. 이런 변화는 과학과 산업이 발달하고 자본주의가 확산되면서 부르주아 계급이 중요한 지배세력으로 등장하는 것과 궤를 같이 합니다. 노동이 중요한 사회적 가치로 여겨지면서 일어난 변화입니다. 영화 『퀼스』는 이런 변혁의 시대를 살던 한 음란서생의 이야기입니다.

1789년 바스티유감옥이 피습되며 불붙은 프랑스 대혁명은 극심한 혼란과 많은 희생자를 낳았습니다. 로베스피에르가 공포정치를 행하던 약 10달 동안에만 30만 명이 체포되고 4만여 명 처형됩니다. 허구한 날 단두대에는 목이 잘리며 파리에서만 1700여 명의 피가 광장에 뿌려집니다. 이런 극심한 혼란을 평정한 사람이 나폴레옹입니다. 1799년 나폴레옹은 군사 쿠데타를 통해 집권하며 "혁명은 끝났다."고 선언하고, 5년 후인 1804년 드디어 황제의 자리에 오릅니다.

이런 시대를 배경으로 사드 후작The Marquis de Sade, 제프리 러쉬 분은 변태적인 섹스와 도착적인 소설로 악명을 날립니다. 젊어서는 감옥을 드나들다가 인생의 후반부는 정신병원에서 보냅니다.

17세기에 접어들며 유럽 각지에는 종합병원이란 이름의 감금시설이 우후죽순처럼 생기기 시작합니다. 이곳에 광인은 물론 부랑자나 걸인 등의 사회적 일탈자들을 수용하여 엄격한 규율 하에 강제노동을 시켰던 것입니다. 이들 수용자들은 쇠사슬에 묶인 채 제대로 입지도 먹지도 못하며 강제노동에 시달렸습니다. 이들의 열악한 환경이 세상에 알려지면서, 프랑스 대혁명의 와중인 1793년 인도주의적 의료개혁가였던 피넬Pinel이 비세트르 병원에서 광인들을 묶고 있던 쇠사슬을 풀어주며 이들에게 의술을 시행하게 됩니다. 영화에서 샤렝턴 정신병원장인 쿨미어 신부Abbe Coulmier, 조아킨 피닉스 분는 바로 이런 인도주의적인 의료개혁가의 모습이라 하겠습니다. 반면에 고문의사로 부임하는 로이 꼴라 박사Dr. Royer-Collard, 마이클 케인 분는 고문과 가혹한 육체적 고통을 가하는 예전 방식을 고수하는 보수적인 인물입니다.

쿨미어 신부의 처방은 사드의 머릿속에 있는 사악한 것들을 종이위에 뱉어냄으로써 치료 목적을 달성하려는 것입니다. 사드후작이 마음껏 변태적인 소설을 쓸 수 있도록 한 것이지요. 단 그 소설이 사드가 머물고 있는 병실을 나가서는 안 된다는 전제하에 말이지요. 하지만 병원에서 일하는 처녀 마들렌Madeleine, 케이트 윈슬렛 분을 통해 사드의 소설은 밖으로 유출됩니다.

처음에 쿨미어 신부와 사드는 이성적으로 대화합니다. 사드로부터 복종하겠다는 약속도 받고요. 하지만 사드가 연출한 연극이 로이 콜라 박사를 심하게 비꼬면서 모든 필기도구가 압수되는 징벌을 받습니다. 그러자 사드는 포도주를 잉크 삼고, 닭뼈를 퀼스 - 퀼스는 깃털 펜을 가리키는 말이다 - 삼아 이불보에 소설을 씁니다. 이 일이 발각되자 모든 세간이 압수

됩니다. 다시 사드는 손가락 끝에 상처를 내어 자신의 피로 옷에 소설을 쓰고, 그 징벌로 알몸 신세가 됩니다. 이제 더 이상 글을 쓸 수 없게 된 사드는 정신병자들을 통해 말로 전달하며 마들렌으로 하여금 받아쓰게 합니다. 그 와중에 화재가 발생하고 마들렌은 살해됩니다. 이 일로 사드는 혀가 뽑힌 채 쇠사슬에 묶여 지하 감방에 갇힙니다. 이곳에서 사드는 자신의 배설물을 이용하여 벽에 소설을 쓰고 죽어갑니다. 죽음을 앞에 둔 사드에게 쿨미어 신부는 마지막 종부성사終傳聖事의 기회를 제공하지만, 사드는 십자가를 삼키며 거부합니다. 그렇게 저항하며 사드는 죽습니다.

일찍이 쿨미에 신부가 사드에게 말했습니다. 복종하라고. 복종하고 좋은 말을 쓰라고 말이지요. 하지만 사드는 끝내 복종을 거부합니다. 그리고 온갖 음란한 단어들로 도배하며 죽어 갑니다.

2. 정신병원

유럽의 17·8세기를 이성의 시대라고 합니다. 데카르트, 스피노자, 칸트가 활동하던 시대. 어쩌면 인류 역사상 인간이 가장 존엄했던 시기가 이때인지도 모르겠습니다. "나는 생각한다. 고로 나는 존재한다"는 데카르트의 제1원리에서 인간은 오직 목적으로만 대하라는 칸트의 정언명령定言命令까지 그 중심에는 언제나 인간이 있었습니다. 이런 인간의 위대함은 이성에 의해 뒷받침 됩니다. 사유할 줄 아는 존재, 이성의 소유자이기에 인간은 주체가 되어 우주의 중심에 우뚝 설 수 있었던 것입니다.

이 시대에 이성은 사회질서를 유지하고 체제를 수호하는 가장 중요한 요소였습니다. 중세 때 신앙이 맡았던 기능을 근대가 열리면 이성이 대신하였던 것입니다. 중세에 신을 부정하거나 신앙이 충분치 못하다고 인정될 경우에는 가차 없는 저주와 폭력이 수반되었던 것처럼, 근대에는 비이성적이라고 판단되면 사회로부터의 격리와 강제노역에 처해졌습니다. 바로 이 비이성적이라고 판단되는 사람

영화 <퀼스>

들을 수용하는 시설이 곧 정신병원이었던 것입니다. 근대의 정신병원은 중세의 나환자촌과 유사한 기능을 수행하였습니다. 중세의 나환자촌이 사람들의 신앙심을 북돋고 신의 권위를 더욱 높여주는데 중요한 역할을 담당하듯이, 근대의 정신병원은 사람들로 하여금 이성적인 사고와 합리적 행위를 하게끔 유도하는 중요한 기제였던 것입니다. 그렇게 보면 근대 이성은 자연이 아닌 인위적인 규율이 됩니다. 인간은 선천적으로 이성적 존재이기 때문에 이성적인 행위를 하는 것이 아니라, 이성적으로 행위하여야만하기 때문에 이성적인 존재가 되었던 것입니다. 이성은 이제 인간의 선천적인 능력이 아니라 체제를 유지하고 질서를 확립해 가는 규범이 됩니다.

새롭게 구성되고 치장된 정신병동은 광인을 치료한다는 대의명분을 앞세워, 기실 특정한 도덕적 가치들을 야만적인 강제나 육체적인 징벌로써가 아니고 '인도주의적인' 방법을 사용해서 더욱 강화시키고 능률적으로 내면

화시키는 데 주안점을 두었다. 피넬과 튜크는 정신병동
을 건설함으로써 광기에 대한 무차별적인 공포를, 광인
자신의 숨막히는 죄책감·책임감으로 대치시켰다. 바꿔
말하면 정신병동은 광인이 갖는 죄의식을 처벌하는 것이
아니라 그것을 조직한 것이다.

윤평중, 『푸코와 하버마스를 넘어서』

1972년 11월 27일, 이민자를 지지하는 데모를 벌이는 푸코(마이크를 든 사람)와 사르트르(푸코 앞사람)

정신병원에 수용된 환자들은 자신의 영혼이 병들었음을 인정하여야만 합니다. 정신은 썩었고 영혼은 죄악에 물들어 있습니다. 이 구렁텅이에서 벗어나는 길은 충분히 이성적인 인간이 되어 합리적인 사고와 행위를 할 줄 알아야 합니다. 하지만 이들이 받아들여야만 하는 이성은 따지고 보면 당시의 사회질서를 유지하는 규율이며 규범입니다. 체제에 순응하는 인간을 만드는 것이 정신병원이 해야 할 중요한 일이었던 것입니다.

사드는 이런 순응을 거부합니다. 끊임없이 사드에게 요구하는 복종은 질서체제에의 순응이며 규범에의 복종인 것입니다. 이런 요구에 순응하지 않을 경우에는 오직 죽음만이 남아 있을 뿐입니다.

실상 사드의 작품이 문제가 되는 것은, 음란성이 아니라 풍자입니다. '미덕의 불행'이란 부제가 붙어 있듯, '쥐스틴'은 착한 여주인공이 겪는 고통 이야기입니다. 쥐스틴은 독실한 신앙인으로 매우 이타적이지만, 그녀

제3장 중국불교 297

에게 돌아오는 것은 채찍과 매, 변태적인 학대뿐입니다. 더구나 쥐스틴을 상대로 변태성욕을 만족시키는 자들은 근엄한 종교인이거나 지식인들입니다. 이들의 위선을 폭로하고 사회적 가치체제나 도덕체제를 비틀어버리는 내용이 당시의 권력구조에 흠집을 낼 것을 염려했던 것입니다. 결국 당시의 지배이념이나 가치를 받아들이지 못하는 한, 사드가 살아서 정신병원을 나올 일은 없는 것입니다.

3. 냉장고와 자동차, 그 욕망조직의 메카니즘

저의 세 식구 사는 데에 냉장고가 커야 될 이유가 전혀 없습니다. 냉장고가 커 봤자 전기세만 더 나가고 공간만 차지하고 좋을 거 하나 없음을 아내도 잘 알고 있지요. 얼마 전 이사하며 새 냉장고를 샀습니다. 양문형 냉장고 중에서 제일 작은 걸로 샀습니다. 아내의 눈빛이 마음에 걸려 하나 골라보라고 했습니다.

아내는 남의 집에 가선 그 집의 양문형 냉장고를 참 부러운 눈으로 바라보곤 하였습니다. 한 번은 초대받아 간 집에 정말이지 엄청 큰 냉장고가 있었습니다. 가격도 되게 비싸고, 얼마나 큰지 위 칸은 의자 위에 올라가도 그 안쪽까지는 손이 닿지 않는다고 합니다. 네 식구 사는 집에 그렇게 큰 냉장고가 정말로 필요한 건지 잘 모르겠습니다만, 아내는 은근 부러운 눈빛으로 바라보았습니다. 용도과잉에 면적만 엄청 차지하는 큰 냉장고를 사람들은 왜 살까요?

우리사회는 확고한 자본주의 체제입니다. 특히 산업화된 경제체제에 정보화가 빠르게 진행되고 있습니다. 산업자본주의는 기계화된 공장에서 물건을 만들어내는 체제입니다. 대량생산은 필연이기에 대량소비가 수반되어야만 하는 체제입니다. 이를 위해 우리는 이미 2 · 3차 산업 위주로 산업구조를 개편하였습니다. 이후는 어떻게 하나요? 좋기로야 전쟁이 대량소비를 불러일으키는 매우 좋은 수단이지만 우리는 그럴만한 역량이 되지 않습니다. 식민지경영은 이미 수익대비 비용이 너무 많은 어리석은 선택이구요. 결국 우리 국민 하나하나가 더 많이 사주고 더 많이 소비하는 수밖에 없습니다.

> 제아무리 요구가 많은 여성이라도, 메르세데스-벤츠로 개성적인 취향과 욕망이 만족되지 않는 여성은 없다! 시트와 차체의 색부터 바퀴 그리고 표준적인 또는 선택할 수 있는 수많은 편리한 장치에 이르기까지의 부속품 일체가 그녀를 만족시킬 것입니다. 남성도, 차의 기술적 특성 및 성능을 특히 염두에 둔다 하여도, 역시 기꺼이 아내의 소원을 들어주는 것이 될 것입니다. 벤츠를 선택한 당신의 훌륭한 취향에 아내가 넋을 잃는 것을 보고 당신은 자랑스럽게 생각할 것입니다.
>
> 장 보드리야르, 『소비의 사회』

이 시대에 자동차는 그저 단순한 탈 것이 아닙니다. 자동차는 하나의 기호記號, Sign입니다. 자동차는 그 사람의 사회적 지위와 성공, 그리고 품격을 보여주는 표지입니다. 사람들이 자동차를 사는 이유는 성능 때문이 아니라 기호가 담고 있는 의미 때문입니다. 냉장고 또한 이런 기호입니다.

프랑스의 현대철학자 장 보드리야르는 "사람들은 상품이 아니라 기호를 소비한다.”라고 말합니다. “세탁기(냉장고)는 도구로서 쓰여지는 것과 함께 행복, 위세 등의 요소로서의 역할도 한다. 바로 이 후자의 영역이 소비의 영역”이라고 합니다. 대형 양문형 냉장고가 담고 있는 행복과 위세가 그 안주인으로 하여금 기꺼이 지갑을 열게 하고, 손님들을 초대한 이유입니다.

자동차나 냉장고 같은 사물을 기표記標로 삼고 거기에 성공이나 행복 등의 의미, 즉 기의記意를 더하여 기호가 만들어집니다. 기호는 전적으로 작위적인 것입니다. 현대 자본주의체제는 끊임없이 기호를 생산해 내며 욕망을 조직합니다. 쇼윈도에 펼쳐지는 화려한 세계는 언제라도 내 것이 될 것만 같습니다. 현대인은 쇼윈도를 거울삼아 거울 보듯 쇼윈도를 바라보며 살아갑니다.

4. 파레토의 법칙, 부자 아빠 가난한 아빠

파레토의 법칙이 있습니다. 20 : 80법칙으로 더 잘 알려져 있는데, ‘전체 결과의 80%는 20%의 원인에서 비롯된다’는 법칙입니다. 예컨대 전체 부의 80%는 20%의 사람들이 소유하고 있고, 회사 업무의 80%는 20%의 사람이 해내며, 백화점 매출의 80%는 20%의 고객에게서 나온다는 게 흔한 사례로 제시됩니다.

영화 『행복을 찾아서』는 고등학교밖에 나오지 못한 한 흑인의 성공스토리입니다. 가난에 지겨워 아내는 집을 나가고 주인공은 어린 아들과 공공 화장실에서 잠을 자야만 했습니다. 그러다가 딘 워터 증권회사에 무보수 인턴사원으로 들어가고, 다시 여기에서 20:1의 경쟁을 뚫고 정식사원이 되고, 마침내는 엄청난 부를 일굽니다. 영화는 시종일관 이 한 사람의 성공신화에 초점을 맞춥니다. 그리고 경쟁자였던 다른 19명의 인턴에 대해서는 이름조차 나오지 않습니다. 1명의 부자아빠와 19명의 가난한 아빠. 아니 인턴시험에 통과조차 못한 수많은 가난한 아빠들은 아예 얼굴도 없습니다.

학교에 한 아이의 아빠가 최고급 외제차를 몰고 나타납니다. 그 순간 나머지 모든 아이들의 아빠는 루저loser가 됩니다. 따지고 보면 우리들의 아빠들은 가족과의 행복한 삶을 위해 열심히 일한 사람들입니다. 하지만 산업사회의 광고전략은 이들을 인생 실패자로 만듭니다. 그래서 앙리 르페브르는 "광고는 테러"라고 한 것은 아닐는지 ……

영화 <악마는 프라다를 입는다>에서 저널리스트를 꿈꾸는 사회 초년생 앤디는 우연히 패션잡지 런웨이 편집장의 비서로 취직합니다. 출근 첫날 편집장 미란다의 경멸 섞인 시선에 거절했던 하이힐을 꺼내 신습니다.

> 네가 지미 추Jimmy Choo의 신발을 싣는 순간 너는 영혼을
> 판 거야.
>
> 영화 <악마는 프라다를 입는다>

대량생산체제가 유지되려면 대량소비가 이루어져야만 합니다. 현대사회가 기계에 의한 대량생산이 이루어지는 체제임이 분명할진대 이 체제를 위해서 우리들은 대량소비를 해주어야만 합니다. 소비를 하려면 돈이 필요하고 돈을 벌기 위해 우리들은 새벽부터 밤늦게까지 열심히 일합니다.

열정을 다하여 노동합니다. 결국 우리들 하나하나는 기계화된 사회가 유지되도록 태어나서 죽을 때까지 봉사하는 노예가 아닐까요? 패션쇼의 화려한 주인공이 되고자 기꺼이 영혼을 파는 노예는 아닐는지 …… 그렇다고 해서 이 체제를 벗어나 도망갈 만한 다른 대안이 있는 것도 아닙니다. 그렇다면 이 체제는 온갖 화려한 상품들로 장식한 감옥과 다름없습니다.

우리들 대대수가 원하는 행복한 삶이란 적당한 풍요와 화목한 가족으로 구성됩니다. 이를 위해 오늘도 새벽부터 밤늦도록 열심히 일합니다. 하지만 우리가 열정을 받쳐 일하는 곳은 기계화된 산업사회입니다. 우리는 진정 기계들로 완벽하게 차단된 감옥에 태어나 정신병원에서 교육받은 산업사회의 노예에 불과할지도 모릅니다.

영화 <매트릭스>가 그리고 있는 것처럼 우리는 기계화된 산업사회에 에너지를 제공하기 위해 사육되고 있는 것인지 모릅니다. 우리들의 의식은 대량소비사회에 적합하게 조작된 것인지 모릅니다.

어떤 체제에 부적합한 사람들이 있습니다. 그들을 중세에는 고문하여 죽이고 근대는 정신병원에 수감하여 치료하였습니다. 현대 자본주의에서는 다만 은밀하게 수행합니다. 고문도 없고 치료과정도 없습니다. 자본주의체제에서 우리는 생산과 소비의 주체, 즉 주인으로 삽니다. 하지만 곰곰이 따져보고 바로 직시하면 우리 자신이 이 체제의 노예임을 깨닫게 됩니다.

체제는 그 체제의 이념이나 가치를 주입합니다. 이를 거부하거나 부정하는 사람들을 중세에는 고문하고 죽이고, 근대에는 정신병원에 격리수감하였습니다. 현대 자본주의 체제는 은밀하게 하지만 치밀하게 수행했습니다. 그래서 현대인은 자기 삶의 주인으로 생각하지만, 따지고 보면 이 대량생산 대량소비사회를 위한 노예에 불과합니다.

해결의 열쇠는 시스템이 아니라 우리들의 의식입니다. 그동안의 삶이 노예와 다를 게 없었다는 깨달음이 있어야만 비로소 주인된 삶이 가능해지는 것입니다. 은폐되고 왜곡된 나의 모습을 똑바로 보아야만 잃어버린 본래면목을 되찾을 수 있는 것입니다. 이 시대에 불교가 절실히 요구되는 이유입니다.

저자약력

김문갑

1960년 충남 논산에서 태어났다. 아당(峨堂) 이성우(李性雨) 선생에게 수학하고 한남대학교 대학원에서 동양철학 박사학위를 받았다. 현재 충남대학교 한자문화연구소 선임연구원으로 재직하며 고전번역을 하고 있다. 번역서로『전례문답(典禮問答)』,『고산유고(孤山遺稿)』예송관련부분,『동주집(東州集)』이 있다.

불교 철학 이야기
일상에서 찾은 천년불교

초판인쇄   2016년 10월 30일
초판발행   2016년 11월 10일

지은이 김 문 갑
펴낸이 한 신 규
편   집 박 지 연
펴낸곳 **글앤북**
주   소 ㉾ 05827 서울특별시 송파구 동남로 11길 19(가락동)
전   화 Tel.070-7613-9110   Fax.02-443-0212
E-mail mun2009@naver.com
등   록 2013년 4월 12일(제25100-2013-000041호)

ⓒ 김문갑, 2016
ⓒ 글앤북, 2016, printed in Korea

ISBN   979-11-955266-3-5   03220
정 가   18,000원